Heinrich Zettler

Vom Klimawandel zur Volksverdummung

Heinrich Zettler

Vom Klimawandel zur Volksverdummung

Gerhard Hess Verlag

Heinrich Zettler

Vom Klimawandel zur Volksverdummung

1. Auflage 2023

www.gerhard-hess-verlag.de
Printed in Europe

ISBN 978-3-87336-791-3

Inhalt

Einleitung

Ein provozierender Titel, geeignet, ein weiteres Gebäude in der Stadt namens Verschwörungstheorie zu errichten. Damit darin neue Familien vom Stamme der Querdenker ein bequemes denkfreies Zuhause finden? Nichts liegt mir ferner als dies. Als Naturwissenschaftler mit Leib und Seele klebe ich an Zahlen, Fakten und Naturgesetzen, die innerhalb unserer Welt ihre unwiderlegbare Gültigkeit haben.

Aber ich bin mir der Tatsache bewusst, dass die Verknüpfung von Fakten nach den Regeln der Logik, sofern sie einen Zusammenhang zueinander haben, oft eine mühsame Beschäftigung ist. Für Menschen, die den Naturwissenschaften und der Mathematik nicht nahestehen, insbesondere Politiker, ist es verständlicherweise bequemer, aus dem Bauch heraus Entscheidungen zu treffen. Vor allem, wenn Ideologien und nicht Logik das Denken beherrschen. Zudem ist es intellektuell weniger anstrengend und wesentlich erfolgreicher, der Zielgruppe, also dem Volk, emotional leicht zugängliche Botschaften häppchenweise zu vermitteln.

Definieren wir Klima als den mittleren Zustand der Summe der Wetterereignisse in einem bestimmten Gebiet über einen längeren Zeitraum. Wobei mit einem längeren Zeitraum 50 Jahre, Jahrhunderte oder Jahrtausende gemeint sein können, je nach Belieben und Zielsetzung. Klima unterliegt einer Vielzahl von Faktoren, zum Beispiel Sonnenaktivität, Vulkanismus, Kontinentalverschiebung, Zusammensetzung der Erdatmosphäre, Verlauf der Meeres- und Luftströmungen, um nur wenige der Gesamtheit zu nennen. Lokales und globales Klima unterlag und unterliegt seit rund vier Milliarden Jahren einem ständigen Wandel.

Nimmt man aus dieser Ursachenvielfalt als Einzelfaktor anthropogene Aktivitäten heraus und stellt sie als alleinverantwortlich für einen Klimawandel hin, so sind wir bei der Klimapolitik gelandet. Und damit in einer monokausalen Sackgasse, an deren Ende letztlich die von den Menschen und ihren Tätigkeiten erzeugten Treibhausgase stehen. Die daraus gezogenen Schlussfolgerungen beruhen einerseits auf naturwissenschaftlich begründeten Fakten unter Berücksichtigung der möglichen Unsicherheitsfaktoren, andererseits aber auf ideologisch und politisch motivierten Wunschvorstellungen. Auf diese Weise eskaliert die Forderung nach einer anthropogenen Null-CO_2-Emission zu einem Dogma, das ähnlich wie Glaubensdogmen nur um den Preis der Verächtlichmachung und gesellschaftlichen Ächtung Andersdenkender, in früheren Jahrhunderten mit dem Scheiterhaufen verbunden, infrage gestellt werden kann.

Es ist gängige Praxis bei den Pressemedien, sich mit Wortneuschöpfungen Schreckensszenarien schlagzeilenträchtig für gesteigerte Aufmerksamkeit der Nachrichtenkonsumenten zu bemühen. Auch um den Preis der Wirklichkeitsverzerrung und der Falschaussage. Darin trat sie die natürliche Nachfolge des Klerus an, den Gläubigen und weniger Gläubigen mit bildhaften Darstellungen des Fegefeuers und der Hölle die Folgen ihrer angeblichen Sünden drastisch zu schildern. Die Wortneubildung *Klimakatastrophe* soll analogen Schrecken erzeugen, auch im Sinne des Sensationsjournalismus nach dem Motto *Only bad news are good news.* Alles andere dient nicht der Auflagensteigerung bzw. den Einschaltquoten. Und flugs landen dann die Worterfindungen im Wortschatz zahlreicher Politiker. Wobei von „Schatz“ eigentlich keine Rede sein kann. Eher von Abfall. Die folgenden Kapitel werden Ihnen zeigen, dass das Klima keine Katastrophe erleidet, sondern sich in diesem und in den folgenden Jahrhunderten ändert, so wie es sich in den vorausgehenden Millionen Jahren geändert hat. Und nie auf einem bestimmten

Status verharrte, den lediglich der Mensch in seinem kurzen Leben als unveränderlich empfand.

In Anlehnung an Karl Propper produziert der Versuch, dem Menschen das Klimaparadies zu verwirklichen, in Wirklichkeit die Hölle. Die Verwirklichung dieses Paradieses ist nur um den Preis der Volksverdummung möglich. Denn diese ist definiert als bewusste Irreführung und Manipulation der Bevölkerung. Irreführende Äußerungen und Maßnahmen sollen dem Volk etwas glauben machen, was bei kritischer Betrachtung und Wertung aller Fakten nur um den Preis großer Opfer eben dieser Bevölkerung abverlangt wird ohne Aussicht auf wirklichen Erfolg.

Als die vormalige deutsche Bundeskanzlerin Dr. Angela Merkel am 23. Januar 2020 beim 50. Jahrestreffen des Weltwirtschaftsforums in Davos[1] zur Erreichung der Klimaneutralität von Transformationen gigantischen historischen Ausmaßes sprach, meinte sie sicherlich nicht nur die industrielle Transformation. Nicht nur die Transformation unserer gesamten Wertschöpfungsketten wird stattfinden müssen, sondern ebenso muss auch eine Transformation all unserer Wertebegriffe einschließlich der damit verbundenen Ethiken erfolgen. Mit einem Wort, kein Stein wird mehr auf dem anderen bleiben. Sowohl ökonomisch als auch soziologisch. So lautet die unausgesprochene politische Vision und Botschaft innerhalb der Führungen der Europäischen Union und der G20-Staaten.

Die langfristige Strategie der Europäischen Kommission sieht vor, bis 2050 den Status „Null-Treibhausgas-Emissionen“ zu erreichen.[2]

---

1 https://www.bundesregierung.de/breg-de/suche/rede-von-bundeskanzlerin-merkel-beim-50-jahrestreffen-des-weltwirtschaftsforums-am-23-januar-2020-in-davos-1715534

2 https://ec.europa.eu/clima/eu-action/climate-strategies-targets/2050-long-term-strategy_de

Im *European Grean Deal*[3] soll ein Drittel der geplanten 1,8 Billionen Euro Investitionen im Rahmen des *NextGenerationEU Recovery Plan* dem Wohlergehen und der Gesundheit aller EU-Bürger dienen. Also 600 Milliarden für folgende Ziele:

- Frische Luft, reines Wasser, gesunde Erde und Biodiversität.
- Renovierte energieeffiziente Gebäude.
- Gesunde und erschwingliche Lebensmittel.
- Mehr öffentlichen Transport.
- Reinere Energie und technologische Innovationen nach dem jüngsten Stand der Wissenschaft.
- Langlebige Geräte, die repariert, recycelt und wiederverwendet werden können.
- Zukunftssichere Berufe und passende Umschulungen für die Transformation.
- Global wettbewerbsfähige und robuste Industrie.

So steht es auf der Website der Europäischen Union. Die deutsche Bundesregierung will als Musterschüler natürlich den *Green Deal* restlos umsetzen und bereits 2045 vollständig klimaneutral sein.[4] Aber überall hütet man sich, auch nur ein Wort über die jeden einzelnen Menschen treffenden Konsequenzen zu verlieren. Das wirkte etwa so, als wolle man im Endspurt eines Wahlkampfes das Versprechen drastischer Steuererhöhungen zum Stimmenfang verwenden. Die folgenden Kapitel sollen Ihnen wie eine Wanderung rund um einen imposanten vielgestaltigen Berg vorkommen. Nach

3 https://ec.europa.eu/info/strategy/priorities-2019-2024/european-green-deal_en

4 Die Bundesregierung: https://www.bundesregierung.de/breg-de/themen/klimaschutz/klimaschutzgesetz-2021-1913672

jeder Wegstrecke hat sich sein Anblick gewandelt, dennoch bleibt es immer derselbe Berg. Wer den Gipfel erklimmen will, muss Ausdauer, Kraft und Leidensfähigkeit als Voraussetzung mitbringen. Ganz oben auf dem höchsten Punkt wird er weder ein Gipfelkreuz noch eine Nationalflagge vorfinden, sondern nur eine kleine Tafel mit der Aufschrift *Zero Emission.* Den wenigsten Menschen wird dieses Gipfelerlebnis die Mühen wert sein. Noch dazu, wenn sie für manche tödlich sein werden. Bleiben wir deshalb auf dem Kapitel-Rundweg und vergessen dabei nicht, dass die Vielgestaltigkeit des Berges noch facettenreicher wird, wenn ihn das Licht aus verschiedenen Einfallswinkeln erstrahlen lässt.

Bevor wir nun die Kapitel durchwandern erlauben Sie mir bitte noch einen Hinweis. Ganz bewusst habe ich auf Gendersternchen und ähnliche Gebilde verzichtet. Hin und wieder wurden bei der Nennung von Berufen und Gruppen beide Geschlechter genannt, ohne Diverse zu diskriminieren. Meist aber das generische Maskulinum verwendet. Dies im Sinne der flüssigen Lesbarkeit ohne weitere Hintergedanken. Die farbigen Grafiken zu bestimmten Themen finden Sie im Anhang. Denn ein Bild sagt bekanntlich mehr als tausend Worte.

1.

Klima ohne Menschen – Die Geschichte des Erdklimas

Welches Klima herrschte vor vier Milliarden Jahren auf dem Planeten Erde? Wie hoch war die globale Durchschnittstemperatur vor drei Milliarden Jahren? Wo sind die Datenträger für Klimainformationen aus den letzten Jahrmillionen? Und letztlich die Urfrage: Wie entwickelte sich die Sonne und die von der Sonne ausgestrahlte Energie im Laufe der Jahrmilliarden? Welcher Bruchteil davon kam auf der Erdoberfläche an, welcher Anteil wurde auf dem Weg zur Erdatmosphäre absorbiert und welcher Prozentsatz wurde ins Universum reflektiert?

Aus den unzähligen Beobachtungen der Astronomen und Astrophysiker an Sternsystemen ist man heute ziemlich sicher, dass sich die Sonne etwa vor 4,6 Milliarden Jahren in unserer Galaxis aus einer rotierenden Gas- und Staubwolke bildete, deren Teilchen sich infolge der Gravitation zu extrem hoher Dichte verklumpten, was letztlich zur Zündung der Kernfusion führte. Deren fortlaufender Prozess versorgt uns heute mit Energie.[5] Wobei ein beträchtlicher Prozentsatz in Form von Gammastrahlung frei wird als Folge der Wasserstofffusion.[6]

Seit der Erstzündung hat im Laufe der Jahrmilliarden der Sonnenradius um etwa fünf Prozent und die Strahlungsenergie um 30 Prozent zugenommen.[7] Folglich ist die auf die Erdatmosphäre auftreffende

5 https://solarsystem.nasa.gov/solar-system/sun/in-depth

6 Natalie Wochover: The Sun is Stranger Than Astrophysics Imagined; https://www.quantamagazine.org/gamma-ray-data-reveal-surprises-about-the-sun-20190501

7 Newman M.J., Rood R.T.: Implications of solar evolution for the Earth´s

Strahlungsenergie um eben diesen Prozentsatz stärker geworden.[8/9] Wäre da nicht unser Sonnensystem, das samt seinen Planeten und Kometen mit einer Geschwindigkeit von rund 720.000 Kilometern pro Stunde das Zentrum unserer Milchstraße umkreist und dessen galaktisches Jahr circa 230 Millionen Jahre dauert.[10] Und dabei staubreiche Spiralarme durchläuft, die einen Teil der Sonnenstrahlung aufnehmen. Ebenso kann die höhere kosmische Hintergrundstrahlung die Bildung der Wolken beeinflussen. Womit weniger Strahlung auf dem Planeten Erde ankommt. Über das Ausmaß dieser Einflüsse auf das Erdklima kann man nur spekulieren.

Damit nicht genug, die Eigenrotation der Sonne und der Erde innerhalb unseres Sonnensystems sorgen ebenfalls für ein Auf und Ab der auf die Erdatmosphäre auftreffenden Strahlungsenergie. Die Sonnenfleckenaktivität sorgte früher im 11-Jahresrhythmus für kalte Winter, unter anderem nachzulesen in den Rhein-Schifffahrtsberichten von 1770 bis 1970.[11] Wesentlich größerer Einfluss kommt der Exzentrizität der Erdbahn, der Ekliptik (Obliquität) und der

---

early atmos-phere, Science, 9 Dec.1977, Vol. 198, Issue 4332, pp. 1035-1037.

8 Ramses M. Ramirez et al.: Can Increased Atmospheric CO2 Levels Trigger a Runaway Greenhouse? Astrobiology Vol. 14, No. 8, 2014, pp. 714-731.

9 Farquhar J. (2009) Faint Young Sun Paradox. In: Gornitz V. (eds) Encyclopedia of Paleoclimatology and Ancient Environments. Encyclopedia of Earth Sciences Series. Springer, Dordrecht. https://doi.org/10.1007/978-1-4020-4411-3_86

10 The Physics Factbook; Period of the Sun's Orbit around the Galaxy. Die Umlaufgeschwindigkeit lässt sich aus der Entfernung zum Galaxiszentrums und den Millibogensekunden/Jahr nach dem Prinzip der trigonometrischen Parallaxen berechnen. Siehe auch: Laura Baudis: Die Milchstraße: Morphologie und Kinematik, 25. Jan. 2007, Physik. Inst. RWTH Aachen.

11 Sirocko, F. et al.: Solar influence on winter severity in central Europe; Gephysical Re-search Letters, Vol. 39, L16704, doi:10.1029/2012GL052412, 2012.

Präzession der Erdachse zu. Denn die Erde bewegt sich nicht kreisförmig um die Sonne, sondern in Form einer Ellipse, mal als Fast-Kreis mit einer geringen numerischen Exzentrizität von 0,0006, mal von 0,058.[12] Die Sonne selbst befindet sich in einem der beiden Brennpunkte der Ellipse. Die Erde ist also mal näher, mal ferner zur Sonne, und zwar im 100.000-Jahre Zyklus. *(Siehe dazu: Anhang, Seite 253, Abb. 1,* ***Exzentrizität und Obliquidität, stark überzeichnet****.)*

Gleiches gilt für den Winter. Das macht nach dem 2. Keplerschen Gesetz immerhin einen Unterschied von etwa fünf Millionen Kilometer zwischen Perihel und Aphel aus.[13] So beträgt die Solarkonstante derzeit im Perihel bzw. Aphel 1420 bzw. 1325 Watt pro Quadratmeter.[14] Nach dem Abstandsquadratgesetz sind es bei einer Exzentrizität von 0,058 nur noch 1305 bzw. 1222 Watt/m^2. Also eine Verminderung der Sonneneinstrahlung um fünf respektive acht Prozent, ein durchaus relevanter Wert für eine Klimawirkung.

Die Rotationsachse der Erde bildet mit der Ebene der Erdbahn zurzeit einen Winkel von etwa 66,5 Grad, zur Äquatorebene sind es die Differenz zu 90 Grad, also 23,5 Grad. Aber die Rotationsachse pendelt zwischen 21,8 und 24,4 Grad wie ein Kreisel. Für einen solchen Zyklus bedarf es rund 41.000 Jahre. Dazu braucht es 21.000 Jahre, bis auf der Umlaufbahn um die Sonne die Position erreicht ist, an der sich die Nordhalbkugel am weitesten gegen die Sonne neigt. Oder sich am weitesten von der Sonne abwendet. Umgekehrtes gilt

12 Die numerische Exzentrizität ε einer Ellipse ist das Verhältnis von Brennpunkt zur großen Halbachse der Ellipse. Je kleiner ε, desto kreisähnlicher wird die Ellipse.

13 Perihel/Aphel: Nächste und weiteste Entfernung der Erde auf der Umlaufbahn um die Sonne.

14 IAU Internationale Astronomische Union: Solarkonstante ist die Strahlungsstärke der Sonne außerhalb der Erdatmosphäre E_0 = 1.361 Watt/m^2 als Mittelwert.

natürlich für die Südhalbkugel. Das hat wiederum Auswirkungen auf die Sonneneinstrahlung, die auf der Erdoberfläche ankommt. Nimmt man am Äquator bei senkrechtem Sonnenstand auf einem Hektar eine Einstrahlung von 100 Prozent im Jahr an, so benötigt man im Breitengrad etwa von Frankfurt fast drei Hektar für die gleiche Strahlungsenergie, wenn die Rotationsachse ihren Maximalwert annimmt. Derzeit sind es etwa 1,5 Hektar. Zudem wird der Weg der Strahlung durch die Atmosphäre um das 1,6-fache länger.[15]

Wenn sich die Erde dann auf ihrer elliptischen Umlaufbahn infolge der Exzentrizität am weitesten oder am nächsten zur Sonne befindet, dann erhält sie ein Strahlenmaximum bzw. ein Strahlenminimum. Mit anderen Worten, dann haben wir Kaltzeiten oder Warmzeiten. Berechnet hat diese nach ihm benannten Zyklen der serbische Mathematiker Milutin Milanković[16/17]. Überlagert man die einzelnen Zyklen und berechnet man daraus die solare Einstrahlung, dann erhält man die in Abbildung 2 gezeigte *Solar Forcing*[18], die sich über einen Zeitraum von einer Million Jahre recht gut mit den aus anderen Daten ermittelten Eiszeiten zur Deckung bringen lässt. *(Siehe dazu:*

---

15 Die hierfür durchgeführten Berechnungen basieren auf den astronomischen Daten und unter Annahme einer Atmosphärenschicht von 15 km (Troposphäre), unterhalb derer sichtbares Licht und Infrarot durchlässig ist. UV-, Röntgen- und Gammastrahlung werden in und oberhalb der Stratosphäre gefiltert.

16 Milutin Milanković (1879–1958), jugoslawischer Bauingenieur, Mathematiker und Geowissenschaftler. Nach seiner Theorie der Druckkurven zur Berechnung von Halbkreisgewölben beschäftigte er sich mit astronomisch-mathematischer Grundlagenforschung und entwickelte die nach ihm benannten Milanković-Strahlungskurven, nach deren Formel für jeden Breitengrad die Intensität der Sonneneinstrahlung berechnet werden kann.

17 Milutin Milanković: Théorie mathématique des phénomènes thermiques produits par la radiation solaire; Verlag Gauthier-Villars et Cie., Paris, 1920. Erstveröffentlichung auf Französisch.

18 Solar forcing = Strahlungsantrieb, Strahlungsstärke

Anhang, Seite 253, Abb. 2, ***Solarstrahlung und Eiszeiten im Zeitraum einer Million Jahre bis heute.****)*

Diese Zyklen alleine erklären aber das klimatische Auf und Ab nur unvollständig. Denn sie beschreiben lediglich die auf die äußere Erdatmosphäre auftreffende Strahlungsenergie. Die mitentscheidenden Faktoren sind die Erdatmosphäre selbst, die Oberflächenbeschaffenheit, Vulkanismus mit Staub und Aerosol, geochemische sowie biochemische Vorgänge. Dazu Wärme- und Stoffaustausch mit Wasser und Land, Sonnenreflexion von der Oberfläche sowie die langwellige Rückstrahlung der Erde. Ferner die Größe, Lage und Wanderung der Kontinente und die damit beeinflussten Meeresströmungen. Nicht zu vergessen die Windzirkulation, Wolken und Niederschläge.

Sie sehen also, eine Vielzahl an unterschiedlichen Faktoren bestimmt letztlich das, was wir als Summe der Wetterereignisse über die von uns definierten Zeiträume als Klima bezeichnen. Dabei ist es leicht einzusehen, dass wir schon aufgrund der unterschiedlichen Sonneneinstrahlung gemäß den Milanković-Zyklen allenfalls für einen kurzen Zeitraum ein „unveränderliches" Klima beanspruchen können. Anders formuliert, wir befinden uns in einem winzig kleinen Zeitfenster des permanenten Klimawandels. *(Siehe dazu: Anhang, Seite 253, Abb. 3,* ***Klimarelevante Faktoren.****)*

Meteorologen und Atmosphärenphysiker haben wie alle Wissenschaftler den Ehrgeiz, ihre Einzelbeobachtungen in einer Formel oder einem Formelsystem zu bündeln. Dazu schaffen sie erst einmal ein Modell, wie etwa in *Abbildung 3, Anhang, Seite 253*, dargestellt.

Viele Veränderliche in eine einzige Formel zu packen, um zum Beispiel eine Temperaturerhöhung oder -absenkung zu berechnen, ist zwar möglich, aber dann müssen alle anderen Faktoren jeweils konstante Werte annehmen, will man nur eine Variable daraus bestimmen. Folglich muss man eine Reihe von Gleichungssystemen verwenden, um die gesuchten Unbekannten zu berechnen. Ändert man auch nur einen der als konstant angenommenen Parameter, dann kann sich das gesamte Rechenergebnis ändern. Anders ausgedrückt, aus einer berechneten Temperaturerhöhung kann eine neue Eiszeit berechnet werden. Deshalb sind die Klimaforscher akribisch an der Arbeit, die Parameter ihrer Klimamodelle fortwährend zu verfeinern. Und hoffen dabei, dass kein großer Vulkanausbruch ihre Bemühungen über den Haufen wirft.

Nicht nur der Blick in die Zukunft ist verschleiert und hat noch einiges mit der Schau in die Kristallkugel gemein, sondern auch der Blick in die Vergangenheit. Damit beschäftigen sich die Klimahistoriker und Paläontologen im Verbund mit Biologen, Chemikern und Physikern. Anhand von sogenannten Proxydaten[19] kann man auf die geologischen und klimatischen Zustände vergangener Erdepochen schließen. Zum Beispiel über die Bestimmung des Sauerstoff-Isotopenverhältnisses ^{16}O und ^{18}O, die temperaturabhängig in unterschiedlichen Mengen in Kalkschalen und Knochen von Organismen eingebaut werden. Daraus kann man auf die Temperatur des Oberflächen- und Bodenwassers schließen. Auch das Verhältnis von Calcium zu Strontium, von Magnesium zu Calcium gibt Aufschlüsse ebenso wie die Isotopenverteilung von Calcium. Über das Isotopenverhältnis einer großen Anzahl an mineralien- und gesteinsbildenden Elementen kann man zudem aus Meeressedimenten auf den Temperaturverlauf in der Erdgeschichte schließen.

19 Proxydaten: Indirekte Messdaten, aus denen Rückschlüsse auf das Klima vergangener Epochen gezogen werden können. Z. B. aus Eisbohrkernen, Baumringen, Pollen, Sedimenten, Korallen und der Isotopenverteilung. Bei entsprechender Sorgfalt der Messungen und deren Interpretation erlauben sie innerhalb einer Fehlerbandbreite zuverlässige Aussagen.

Als sich vor mehr als 13 Milliarden Jahren die Milchstraße bildete und in der Folge hunderte Milliarden Sonnen als gigantische Fusionsreaktoren und an deren Lebensende Supernovaexplosionen, wurde als Folge die Synthese der uns bekannten Elemente in Gang gesetzt. Unter anderem die von Kohlenstoff und Sauerstoff, die sich überall im interstellaren Raum verteilten und dann wieder zusammenballten. Als sich unser Sonnensystem bildete und ihre Planeten, war die Erde eine zähflüssig-glühende Masse, in der auch Kohlenstoff bei über 4800 °C gasförmig war.[20] Als dieses glühende Elementkonglomerat im Laufe der Jahrmillionen unter 2000 °C abkühlte, begann mit dem vorhandenen Sauerstoff die Bildung von Kohlenstoffmonoxid, aus dem dann ab unter 1000 °C fortschreitend Kohlenstoffdioxid wurde.[21]

Zusammen mit dem aus Wasserstoff und Sauerstoff gebildeten Wasser, das ab 1000 °C stabil war, bildete also CO_2 im Gemisch mit Stickstoff, Schwefelwasserstoff sowie Spuren von Methan und Ammoniak die Uratmosphäre. Bei diesen Temperaturen gab es keine Ozeane, alles Wasser war gasförmig und bildete zu rund 80 Prozent die Atmosphäre. Folglich musste sie unter diesen Bedingungen wesentlich höher reichen als heute, verbunden mit einem drastisch höheren „Luftdruck", besser gesagt Gasdruck. In der frühesten Erdgeschichte betrug der Gesamtgehalt an Atmosphären-CO_2 95 Prozent, der Rest entfiel auf Wasser und Spurengase. Ähnliche Verhältnisse bestehen heute auf der Venus mit einer Oberflächentemperatur von circa 400 °C. Allerdings mit dem Unterschied zur ersten Erdatmosphäre, dass die Venusatmophäre Schwefeldioxid und Schwefelsäure und

20 https://www.chemie.de/lexikon/Kohlenstoff.html. Allerdings ist nicht gesichert, ob der Planet bei seiner Entstehung jemals eine solch hohe Temperatur hatte.

21 Boudouard-Gleichgewicht, benannt nach dem französischen Chemiker Octave Leopold Boudouard (1872–1923).

nicht Schwefelwasserstoff als Spurengas enthält. Der Venus-Oberflächendruck mit 90 bar und einer Atmosphärenhöhe von über 100 Kilometern dürfte auch in der Erdfrühzeit vorhanden gewesen sein.

Im Verlaufe des weiteren Abkühlens erfolgte der Silikat-Karbonat-Kreislauf, bei dem über die Verwitterung von Calciumsilicaten in Gegenwart von Wasser und CO_2 Kohlensäure entsteht, die mit Calciumionen zu Kalk reagiert. Durch Vulkanismus und Subduktion[22] entstehen wieder Calciumsilicate.[23] Mit dem damit verbundenen CO_2-Verbrauch schwand größtenteils der Treibhauseffekt, es folgte eine merkliche Abkühlung.[24]

Geht man davon aus, dass in dieser zweiten Erdatmosphäre alles heutige Wasser der Ozeane und Eisschilde seinerzeit Wasserdampf im Gemisch mit 10 Prozent CO_2, sieben Prozent Schwefelwasserstoff und dem Rest Stickstoff war, dann betrug der Gasdruck am Boden rund 2,7 bar, also etwa das 2,7-fache des heutigen Normaldrucks. Unter diesen Druckverhältnissen siedet Wasser erst bei etwa 130 °C.[25] Es konnte somit erst zu regnen beginnen, als die Erde

---

22 Lexikon der Geowissenschaften: Subduktion ist das Abtauchen ozeanischer Lithosphäre (Erdkruste und der oberste Teil des Erdmantels) am Rand einer tektonischen Platte in den darunterliegenden Teil des Erdmantels. Dabei zersetzt sich das nach unten geführte Kalkgestein und wird in Silikate umgewandelt, wobei wieder CO2 entsteht.

23 Erikson P.G. et al.: Precambrium clastic sedimentation systems; Sedimentary Geology 120 (1998) 5-53. Verlag Elsevier.

24 Vlaar N.J.: Continental emergence and growth on a cooling earth; Tectonophysics 322 (2000) 191-202; Elsevier Verlag.

25 Für die Berechnungen wurde von 1,32 Milliarden km^3 Ozeanwasser und 32,85 km^3 Antarktis- u. Grönlandeis ausgegangen, dazu anteilig CO2, Schwefelwasserstoff und Stickstoff. Daraus ergibt sich der Druck auf Normalniveau und in Verbindung mit der Dampfdruckkurve des Wassers dessen Siedepunkt. Nicht berücksichtigt wurden die heute latent vorhandenen Wassermengen in der Erdkruste, der Gasdruck war demnach mit Sicherheit höher.

soweit abgekühlt war. Der folgende Dauerregen nahm etwa 40.000 Jahre in Anspruch, wobei sich die ursprüngliche heiße Atmosphäre nur sehr langsam weiter abkühlte, denn bei der Kondensation von Wasserdampf zu Wasser wird wieder Energie freigesetzt.[26] Gleichzeitig war dies der Start für die Bildung erster Moleküle, aus denen sich im Laufe vieler Jahrmillionen einzellige Organismen bildeten, die wie heutige Archaebakterien und andere anaerobe Bakterien für ihren Stoffwechsel keinen Sauerstoff benötigen.

Zudem gibt es auch heute noch Archaebakterien, die sich bei Temperaturen um 120 °C ausgesprochen wohl fühlen und die unterhalb 90 °C ihren Stoffwechsel einstellen.[27] Da wird es ihnen zu kalt. Andere bevorzugen stark alkalischen und salzhaltigen Lebensraum.[28/29] Dann gibt es Extremisten, deren Paradies heiße starke Säuren sind.[30/31] Nicht zu vergessen Bakterien, die schadlos eine Strahlen-

---

26 Um ein Kilogramm Wasser bei einer Temperatur von 100 °C zu verdampfen, muss man 2.257 Kilojoule aufwenden. Die gleiche Energie wird bei der Kondensation von Wasserdampf zu Wasser wieder frei. Siehe Lehrbücher der Physikalischen Chemie.

27 Spektrum.de – Lexikon der Biologie: Thermophile Bakterien.

28 Z. B. Natronobacterium aus der Familie der Halobacteriaceae, die in Salzkonzentrationen von 20 % und einem pH von 10 ihr Wachstumsoptimum haben.

29 Tindall B.J. et al.: Natronobacterium gen. nov. and Natronococcus gen. nov., Two New Genera of Haloalkaliphilic Archaebacteria; Systematic and Applied Microbiology, Vol. 5, Issue 1, April 1984, pp. 41-57. https://doi.org/10.1016/S0723-2020(84)80050-8

30 Picrophilus wächst bei einem pH 0,5 in sauren heißen Quellen in Hokkaido (Japan).

31 Schleper Christa et al.: Picrophilus oshimae and Picrophilus torridus fam. nov., gen. nov., sp. nov., Two Species of Hyperacidophilic, Thermophilic, Heterotrophic, Aerobic Archaea; International Journal of Systematic and evolutionary Microbiology Vol. 46, issue 3, 1996. https://doi.org/10.1099/00207713-46-3-814

dosis (Radioaktive Strahlung) von 10.000 Gray überstehen.[32] Alle Menschen sterben bereits bei einer Dosis von 10 Gray innerhalb von zwei Wochen. Diese Organismen, deren Nachkommen es noch heute gibt, können bereits in der Frühgeschichte der Erde ihre Urahnen gehabt haben.

Nicht wenige von ihnen konnten aus verschiedenen Verbindungen Sauerstoff als Abfallprodukt freisetzen wie später die Vorläufer der Cyanobakterien. Das war vor etwa 2,4 Milliarden Jahren der Start für die grundlegende Änderung der Zusammensetzung der Erdatmosphäre, die heute als die große Sauerstoffkatastrophe bezeichnet wird. Weil es bis dahin nur anaerobe Organismen gab, für die Sauerstoff Gift darstellte. Das erste große Massensterben setzte ein, gleichzeitig oxidierte der entstehende Sauerstoff in Verbindung mit der Sonnenstrahlung den größten Teil des in der Atmosphäre enthaltenen Methans. Das hatte die Vereisung des einst glühenden Planeten zur Folge. Denn das von Archaeobakterien[33] beim CO_2-Stoffwechsel gebildete Treibhausgas Methan verschwand nicht nur durch die Oxidation mit Sauerstoff zu Kohlenstoffdioxid und Wasser, sondern in der Folge der Abkühlung auch als Methanhydrat. Wasser und Methan können unter Druck bei Temperaturen knapp über dem Gefrierpunkt zu einer eisähnlichen Verbindung reagieren. Davon werden geschätzt unter dem Meeresboden, an den Kontinentalabbrüchen und im Permafrost circa 1800 Milliarden

---

32 MJ Daly, KW. Minton: Recombination between a resident plasmid and the chromosome following irradiation of the radioresistant bacterium Deinococcus radioodurans. In: Gene. Band 187, Nr. 2, März 1997, S. 225–229, PMID 9099885.

33 Z. B. die heute noch existierenden Methanobakterien, die CO2 für ihren Stoffwechsel verbrauchen und bei 37-45 °C ihr Wachstumsoptimum haben. Beschrieben u. a. von David R. Boone: Methanobacterium; in Bergey´s Manual of Systematics of Achaea and Bacteria, Wiley Online Library, 2015. https://doi.org/10.1002/9781118960608.gbm00495.

Tonnen gebundenes Methan vermutet, entstanden durch thermochemische und mikrobiologische Prozesse.[34] Auf diese Weise verschwanden zwei der wichtigsten Treibhausgase, die zuvor für die „Heizung" der frühen Erdatmosphäre gesorgt hatten. Wobei zu berücksichtigen ist, dass die Strahlungsenergie der Sonne seit ihrer Geburt bis heute wie erwähnt um ca. 30 Prozent zugenommen hat. Hätte der Planet Erde damals die heutige Zusammensetzung der Erdatmosphäre gehabt, wäre er schnell zum dauerhaften Eisplaneten geworden.

Parallel zur Sauerstoffproduktion durch Bakterien und später einzelligen Algen ist der Sauerstoffgehalt in Atmosphäre und Ozeanen geschätzt innerhalb von etwa 200 Millionen Jahren rasch auf circa drei Prozent angestiegen,[35] aber der größte Anteil der Sauerstoffproduktion wurde bei der Oxidation von Eisen- und Schwefelverbindungen verbraucht.

Mit dem Rückgang des atmosphärischen Kohlenstoffdioxids und der Verminderung des Methangehaltes in Verbindung mit der damals noch strahlungsärmeren Sonne und möglicherweise der Milanković-Zyklen kam es vor geschätzt 2,4 Milliarden Jahren für etwa 300 Millionen Jahre zur ersten Eiszeit, genannt Huronische Eiszeit.[36] So zumindest die Theorie, gestützt auf feingeschichtete

---

34 Alexei V. Milkov: Global estimates of hydrate-bound gas in marine sediments: how much is really out there?. In: Earth-Science Reviews. 66, 2004, S. 183-197, doi:10.1016/j.earscirev.2003.11.002.

35 Bändererze sind eisenhaltige, marine Sedimentgesteine, die hauptsächlich im Präkambrium (vor 2,5-1,8 Mrd. Jahren) abgelagert wurden. Sie enthalten auch Chrom, dessen Isotopen Rückschlüsse auf die Sauerstoffbildung in der Atmosphäre während der Gesteinsbildung erlauben. Aus: Scinex, Erdgeschichte: Sauerstoff-Schübe als kalte Dusche?

36 Kopp Robert E. et al.: The Paleoproterozoic snowball Earth: A climate disaster triggered by the evolution of oxygenic photosynthesis; Procedings of the National Academy of Sciences of the United States of Ame-

Tonsteine und Dropstones, die in der Gegend des namensgebenden Huronsees[37] gefunden wurden. Wobei allerdings bedacht werden muss, dass sich im Laufe der Erdgeschichte nach dem Erkalten des glühenden Erdballs zunächst aus vielen einzelnen Lithosphärenplatten Superkontinente bildeten und infolge der Plattentektonik wieder zerbrachen. Der letzte Urkontinent war Pangaea, aus dem die heutigen Kontinente resultieren.[38]

Vertraut man den Klimaindikatoren, dann folgte auf die Huronische Eiszeit für fast 1,4 Milliarden Jahre eine eisfreie Phase, innerhalb der sich einzellige Organismen auf den einst giftigen Sauerstoffgehalt einstellten. Auch bildeten sich nach und nach die ersten Eukaryoten[39] und mit ihnen die geschlechtliche Vermehrung und die mehrzelligen Organismen. Die Entwicklung wurde gebremst, aber nicht unterbrochen durch weitere vier Eiszeiten. Die gravierendste war vor 720 Millionen Jahren die Kryogene Eiszeit, die rund 85 Millionen Jahre anhielt und bei der sich das Eis bis in Äquatornähe ausbreitete. Für weitere 30 Millionen Jahre hemmte die Anden-Sahara-Eiszeit ab 450 Millionen Jahren vor unserer Zeit die Entwicklung, während der fast zwei Drittel allen maritimen Lebens ausgelöscht wurden. Rund 100 Millionen Jahre dauerte die Karoo-Eiszeit genannte Phase der permokarbonischen Vereisung, bei dem es wiederum zu einem drastischen Artensterben kam. Die Eismassen reichten bis zum 30. Breitengrad, der heutigen Lage von

---

rica, August 9, 2005, 102 (32), pp. 11131-11136. https://doi.org/10.1073/pnas.0504878102

37 Der Huronsee ist einer der fünf großen Seen Nordamerikas, durch ihn verläuft die Grenze zwischen den USA und Kanada.

38 Rogers John J.W., Santosh M.: Supercontinents in Earth History; July 2003, Gondwana Research 6(3):357-368; DOI:10.1016/S1342-937X(05)70993-X.

39 Eukaryoten sind Organismen, deren Zellen einen echten Zellkern haben (Tiere, Pflanzen, Pilze)

Nordafrika. Allen diesen Eiszeiten gemeinsam war ein enormes Absinken des atmosphärischen CO_2-Gehaltes sowie die jeweilige geografische Lage der damaligen Superkontinente von Gondwana zu Pangaea, von der Hauptmasse im Südpolgebiet bis zur heutigen Kontinentalstruktur.

Eine Ungereimtheit bleibt dabei allerdings. In der Botanik ist bekannt, dass bei Pflanzen die zur Aufnahme von CO_2 und zur Abgabe von Sauerstoffe dienenden Spaltöffnungen in Größe und Anzahl vom CO_2-Gehalt in der Atmosphäre abhängen. Je geringer die Konzentration, desto zahlreicher die Spaltöffnungen. Der Vergleich fossiler Bärlapp-Pflanzen mit den heutigen Nachkommen erlaubt damit Rückschlüsse auf damalige CO_2-Gehalte. Demnach sank der atmosphärische CO_2-Gehalt im Verlaufe der 100 Millionen Jahre andauernden Eiszeit von 379 ppm auf bis zu 313 ppm am Ende der Eiszeit.[40] Zum Vergleich: Vor Beginn industrieller Emissionen waren es zwischen 260 und 280 ppm. Damit ergibt sich eine Ungereimtheit. Wenn der CO_2-Gehalt verglichen zu 379 ppm um rund 17 Prozent absinkt, dann müsste daraus eine Verlängerung der Eiszeit resultieren und nicht deren Ende. Folglich müssen andere Ursachen für die flächendeckende Vereisung und ihr Ende vorgelegen haben.

Die letzte große Eiszeit, besser definiert als Kaltzeit, begann etwa vor 2,6 Millionen Jahren. Anders als in vorausgegangenen Epochen war es ein Auf und Ab von Kalt- und Warmzeiten, wobei die letzte Kaltperiode etwa vor 11.700 Jahren endete. Wir befinden uns derzeit im Holozän, dem Nacheiszeitalter. Was wir dabei nicht wissen, ist, ob wir uns in einer vorübergehenden Warmphase befinden und

---

40 Franks Peter J., Beerling David J.: Maximum leaf conductance driven bei CO2 effects on stomatal size and density over geologic time; Proceedings of the National Academy of Sciences, Vol. 106, Issue 25, pp. 10.343-10.347 (2009).

wie es um das Weltklima bestellt wäre, hätte die Art Homo sapiens nicht die Weltbühne betreten und sich in den letzten tausend Jahren explosionsartig vermehrt.

Bleiben wir nach diesem laienhaften Rückblick in vergangene Erdepochen noch eine Weile in der menschenfreien Zeit der Erde. Wie wir sahen, basierte die Erdentwicklung ebenso wie die erdähnlicher Planeten zunächst ausschließlich auf physikalischen und chemischen Prozessen. Strahlungsstärke und Strahlungsart des Zentralgestirns sowie Bahnradius, Bahnform und Drehachse des Planeten bestimmen neben der chemischen Zusammensetzung der Planetenmasse eben die chemischen Reaktionen auf diesem Planeten. Solange keine chemischen Systeme entstehen, die in der Lage sind, durch Verbrauch von Stoffen aus ihrer Umgebung systemspezifische Molekülkombinationen zu erzeugen, die fortwährend eine bestimmte Art von Stoffen dieser Umgebung entziehen. Dies war der Fall beim Silikat-Carbonat-Kreislauf, wobei sich die Uratmosphäre durch drastischen CO_2-Rückgang änderte.

Bilden sich in der Folgezeit Molekülkombinationen und Anordnungen von verschiedenen Molekülkombinationen, die ebenfalls Stoffverbrauch und Stoffumwandlung betreiben, aber sich von Zeit zu Zeit immer wieder teilen, um wiederum nach den gleichen Prinzipien zu verfahren, dann sind wir bei den ersten Formen teilungsfähiger Organismen gelandet. Deren erste Vertreter vielleicht die eingangs genannten Archaebakterien bzw. Cyanobakterien oder Vorläuferformen davon waren. Diese verursachten nach heutiger Anschauung durch ihren Stoffwechsel den CO_2-Verbrauch und ihren Stoffwechselabfall Sauerstoff letztlich die Veränderung der Atmosphäre und damit auch die Veränderung des Klimas. Was bekanntlich zur großen Sauerstoffkatastrophe samt Artensterben führte.

Mit anderen Worten: Verbrauch der Ausgangsstoffe bzw. Menge der Abfallprodukte ist direkt proportional der Masse und Anzahl der sie verbrauchenden bzw. erzeugenden Organismen. Ein banale logische Feststellung mit weitreichenden Folgen. Solange der Faktor Mensch nicht in die ökologische Gleichung eingeht. Denn ab diesem Moment kommt zu den lebens- und arterhaltenden Aufwendungen für den Organismus noch der Ressourcenverbrauch und der daraus resultierende Abfall für die Gestaltung seines Lebensraums hinzu. Dann besteht keine direkte Proportionalität mehr, sondern je nach Anspruch des angestrebten Lebensraums eine Potenzfunktion, also ein Mehrfaches des Mindestniveaus.

Halten wir uns noch eine Weile in der vormenschlichen Phase auf und blicken zurück auf die Temperaturschwankungen der einzelnen Erdphasen, die wiederum mit den atmosphärischen CO_2-Konzentrationen korrelieren. Im für die Bildung der Kohle namensgebenden Zeitalter des Karbon kam es zu einer regelrechten Hochkonjunktur in Flora und Fauna. War der Sauerstoffgehalt der Atmosphäre über fast zwei Milliarden Erdenjahre bei drei Prozent dahingedümpelt, so stieg er ab etwa 600 Millionen Jahren vor unserer Zeitrechnung langsam auf rund zwanzig Prozent, um zur vegetativen Blütezeit des Karbon den Höchstwert von 35 Prozent zu erreichen. Das war die Phase des größten und schnellsten Pflanzenwachstums ebenso wie die Periode der reichhaltigsten Fauna. Durch die Assimilation der Pflanzen sank der atmosphärische CO_2-Gehalt von anfangs 2000 ppm auf unter 800 ppm, knapp dem doppelten des heutigen Durchschnitts. Gleichzeitig stieg durch den Stoffwechsel der Pflanzen der Sauerstoffgehalt. Im Einklang damit stand das Absinken der durchschnittlichen Temperatur auf 14 °C, womit die Ära mit dem *Carboniferous Rainforest Collapse (CRC)*[41] endete, begleitet von einem begrenzten Artensterben.

41 Kollaps des Karbon-Regenwaldes

Vollziehen wir nochmals einen großen Zeitsprung in der vormenschlichen Zeit und landen im Paläogen, der erdgeschichtlichen Periode vor ca. 66 bis 23 Millionen Jahren. Deren Auftakt begann mit dem Ende der Kreidezeit, als das fünfte der großen Artensterben etwa drei Viertel aller Arten, darunter auch die Saurier, auslöschte. Herrschte bis dahin bis in höhere Breitengrade Tropenklima mit Temperaturen über acht bis zehn Grad Celsius höher als heute[42] und waren die Pole eisfrei, so beendete wahrscheinlich ein gewaltiger Asteroideneinschlag im heutigen Golf von Mexiko diese Phase. Es folgte ein Impaktwinter[43] mit anschließender extremer Hitzephase und dann langsamer Abkühlung. Die durchschnittliche Bodentemperatur lag während dieses Zeitraums etwa vier Grad Celsius über dem heutigen Niveau, der Sauerstoffgehalt war um 30 Prozent, der atmosphärische CO_2-Gehalt mit 500 ppm um 25 Prozent höher als heute.[44]

Beschränken wir uns nun auf das wesentlich kleine Zeitfenster der letzten zwei Millionen Jahre[45] dann erlauben mehr als 20.000 Analysen auf der Grundlage von 59 Bohrkernen aus ozeanischen Sedimenten Rückschlüsse auf die Wassertemperaturen an der Oberfläche der Meere. Demnach ist die globale Temperatur bis vor 1,2 Millionen Jahre nach und nach gesunken. Dieser Befund steht in Übereinstimmung mit Analysen von Bohrkernen aus der Antarktis,

---

42 Romdal Tom S. et al.: Life on a tropical planet: niche conservatism and the global diversity gradient; Global Ecology and Biogeography, Vol. 22, Issue 3, pp. 344-350, March 2013, https://doi.org/10.1111/j.1466-8238.2012.00786.x

43 Vellekoop Johan et al.: Rapid short-term cooling following the Chicxulub impact at the Cretaceous-Paleogene boundary; Proceedings of the National Academy of Sciences of the United States of America, May 27, 2014, 111(21), pp. 7537-7541. https://doi.org/10.1073/pnas.1319253111

44 Wikipedia: Paläogen. Hier weitere Literaturverweise.

45 Snyder Carolyn W.: Evolution of global temperature over the past two million years; Nature 538, 226-228 (2016)

in denen die relativen Mengen an darin eingeschlossenen Kohlenstoffdioxid und Methan bestimmt wurden. Diese Schlussfolgerungen stehen im Einklang mit den CO_2-Gehalten von weltweit gesammelten Eisbohrkernen und den damit in Zusammenhang ermittelten Temperaturabweichungen.[46] *(Siehe dazu: Anhang, Seite 254, Abb. 4,* ***CO2-Gehalt und Temperaturschwankungen in den letzten 800.000 Jahren****.)*

Angesichts der Abbildung 4 darf man allerdings den Zeitfaktor nicht vergessen. So ist aus der Abbildung zu ersehen, dass in den letzten 25.000 Jahren zwar der globale CO_2-Gehalt in der Atmosphäre von etwas über 180 ppm auf 280 ppm gestiegen ist und die Durchschnittstemperatur um 9 °C. Aber das sind pro hundert Jahre gerade einmal 0,7 ppm bzw. 0,04 °C. Also für zwei damalige Menschenleben[47] ein nicht spürbarer Effekt.

In diesem Kapitel haben wir im rasanten Zeitraffertempo Jahrmilliarden durchrast und dabei gesehen, dass in der Erdgeschichte das Klima immer einem steten Auf und Ab, einem ständigen Wandel unterworfen war. Und dass die globalen Durchschnittstemperaturen stets in Relation zur Zusammensetzung der Erdatmosphäre standen. Genauer gesagt, zum CO_2- und Methangehalt. Natürlich auch in Relation zu anderen Bestandteilen, zum Beispiel Ozon, Wasserdampf und anderen. Bislang haben wir aber noch kein Wort darüber verloren, welche molekularen Ursachen für diese Zusammenhänge vorliegen. Deshalb an dieser Stelle nach einem kurzen historischen Rückblick eine kurze plausible Erklärung.

---

46 Lüthi Dieter et al.: High-resolution carbon dioxide concentration record 650,000-800,000 years before present; Nature 453, 379-382 (2008), https://doi.org/10.1038/nature06949

47 Ein Menschenleben mit 50 Jahren betrachtet. Die tatsächliche Lebenserwartung vor mehr als 10.000 Jahren lag selbst ohne Berücksichtigung der Kindersterblichkeit wesentlich niedriger.

Der Engländer John Tyndall[48] beschrieb 1862 Messungen zur Wärmeabsorption von Wasserdampf, Kohlenstoffdioxid und Ozon im Infrarotbereich und leitete daraus den natürlichen Treibhausgaseffekt ab. Der schwedische Physiker und Chemiker Svante Arrhenius[49] veröffentlichte 1896 ein von ihm berechnetes einfaches Klimamodell, aufbauend auf den Messungen von Tyndall. Dabei berücksichtigte er bereits die Eis-Albedo-Rückkoppelung, auf die 1864 bereits der schottische Naturforscher James Croll[50] hingewiesen hatte. Gleichzeitig stellte Arrhenius die Hypothese auf, dass eine Halbierung der damaligen atmosphärischen CO_2-Konzentration eine neue Kaltzeit einleiten könne. Und er schätzte andererseits ab, dass sich die globale Durchschnittstemperatur bei einer CO_2-Verdoppelung, also von seinerzeit etwa 280 ppm auf 560 ppm, um etwa 5-6 °C erhöhen könnte. Vor rund 125 Jahren war das!

---

48 John Tyndall (1820–1893), England, Landvermesser und Naturwissenschaftler. Promo-tion in Marburg, Arbeiten über Diamagnetismus und magnetooptische Eigenschaften der Kristalle. Erfindung der Hohllichtleiter, Vorläufer der Faseroptik. Fand als Erster den nach ihm benannten Tyndall-Effekt, die Streuung des Lichts an kolloiden Lösungen. Beschrieb erstmals den natürlichen Treibhauseffekt und erkannte Wasserdampf, CO2 und Ozon als Ursachen dafür.

49 Svante Arrhenius (1859–1927), schwedischer Physiker und Chemiker, 1884 Dissertation über die Leitfähigkeit von Salzlösungen (Recherches sur la conductibilité galvanique des électrolytes, Original in Französisch). Forschungsaufenthalte an den Universitäten in Würzburg, Graz, Amsterdam. Professur Universität Stockholm. Wegweisende Arbeiten zur Dissozitiationstheorie und zur Kinetik (Arrhenius-Gleichung). 1903 Nobelpreis für Chemie.

50 James Croll (1821–1890), schottischer Naturforscher, Autodidakt, von Beruf Stellmacher (Wagner), später Pförtner im Museum der Anderson University in Glasgow. Dort hatte er Zugang zur Bibliothek und studierte Physik, Mechanik, Astronomie und Hydrostatik. Veröffentlichte 1864 eine Arbeit über den Zusammenhang zwischen dem Auftreten von Eiszeiten und den Veränderungen in der Erdumlaufbahn. Seine Thesen formulierte 56 Jahre später Milutin Milanković mathematisch untermauert.

Atome und Moleküle sind im Gaszustand ungehindert frei beweglich, sofern sie nicht aufeinandertreffen. Moleküle aus zwei oder mehr Atomen können sich dabei nicht nur in die drei Raumrichtungen bewegen, sondern auch in den Raumrichtungen um ihren eigenen Schwerpunkt rotieren und die Atome können auch zueinander ihre Lage verändern. Letzteres kann symmetrisch oder antisymmetrisch geschehen. Stellen Sie sich zum Beispiel drei Bälle vor, die mit zwei elastischen dehnbaren Stangen verbunden sind. Bei einer linearen symmetrischen Bewegung sind die beiden äußeren Bälle immer gleich weit vom mittleren entfernt. Ist dies nicht der Fall, dann ist der mittlere Ball mal näher an dem einen äußeren, mal näher an dem anderen äußeren. Man spricht dann von einer antisymmetrischen Schwingung, genauer gesagt Deformationsschwingung. *(Siehe dazu: Anhang, Seite 254, Abb. 5,* ***Darstellung*** CO_2***-Molekül Schwingungszustände****.)*

Aber die Bälle können auch in der Horizontal- und Vertikal-Ebene gegeneinander schwingen. Genau diese antisymmetrische Deformationsbewegung entsteht bei Molekülen wie CO_2, Methan, Wasser und anderen durch Infrarotstrahlung, die nichts anderes ist als die Rückstrahlung der Sonneneinstrahlung von der Erde, wie in Abbildung 3, *(Anhang, Seite 253)* dargestellt. Die Moleküle nehmen bei bestimmten Wellenlängen Wärmeenergie auf, die aus Richtung der Erdoberfläche kommt. Damit befinden sie sich einem „angeregten" Zustand, den sie aber bald wieder verlassen, indem sie eben diese aufgenommene Energie wieder abstrahlen.[51] Aber nicht in einer Richtung, sondern in alle Richtungen. Somit bleibt *der* Energieanteil in der Atmosphäre, der nicht in Richtung Weltraum geht. Mit anderen Worten: Je mehr Moleküle in der Luft vorhanden sind, die Infrarotstrahlung absorbieren können, desto mehr verbleibt von dieser Strah-

---

51 Siehe z. B. Thomas Hecht: Physikalische Grundlagen der IR-Spektroskopie, Verlag Springer, 2019.

lung in der Atmosphäre, desto mehr Wärme wird somit gespeichert. Diese Moleküle können aber immer nur eine bestimmte Energiemenge aufnehmen, weshalb es bei der Gesamtmenge der infrarot-aktiven Molekülen zu einem Sättigungswert kommt.[52]

Lange Zeit wurde von den modernen Klimamodellierern der Einfluss von Wasserdampf auf den Wärmehaushalt der Atmosphäre vernachlässigt. Ganz im Gegensatz zu Arrhenius Ende des 19. Jahrhunderts. Denn auch Wassermoleküle absorbieren bei bestimmten Wellenlängen Infrarotstrahlung, wie schon Tyndall vor 160 Jahren wusste. Immerhin befinden sich in jedem Kubikmeter Luft über einem 20 °C-warmen Gewässer rund 18 Gramm Wasserdampf.[53] Man könnte also argumentieren, der Wasserdampf spiele eine wesentlich größere Rolle bei der Absorption von Infrarotstrahlung und CO_2 sowie Methan seien demzufolge zu vernachlässigen. Allerdings muss man dabei berücksichtigen, dass zum Verdunsten von Wasser der Umgebung umgerechnet 0,68 Kilowattstunden pro Kilogramm entzogen werden.[54] Diese wird zwar beim Regnen als Kondensationswärme wieder frei, wie oben geschildert strahlt diese zum geringen Teil nach oben in den Weltraum ab. Insofern ist beim Wasser die Strahlungsbilanz nicht so einfach zu berechnen wie bei CO_2 oder Methan.

Weiterhin darf man in der Gesamtbetrachtung die Wirkung der Jetstreams nicht außer Acht lassen. Das sind die konzentrierten

52 Z. B. Peng-Sheng Wei et al.: Absorption coefficient of carbon dioxide across atmospheric troposphere layer; Heliyon 4(2018)e00785; National Sun Yat-Sen University, Taiwan; doi: 10.1016/j.heliyon.2018.e00785. 20 Seiten.

53 Der Dampfdruck des Wassers bei 20 °C beträgt 23,4 Hektopascal, damit befinden sich (23,4/1013)*18 Gramm in 22,4 Liter Luft, somit 18,2 Gramm pro Kubikmeter.

54 Korrekte Bezeichnung Verdampfungsenthalpie. Diese ist temperaturabhängig. Siehe Lehrbücher der Physik.

Turboströmungen der Luft in 8000 bis 12.000 Metern Höhe,[55] die als Polarfrontjetstream und Subtropenjetstream unsere Hochdruck- und Tiefdruckgebiete beeinflussen, auch deren Intensität und Verweilzeit über einem bestimmten geografischen Gebiet. Die Intensität dieser Polarfrontjetstreams wird ihrerseits beeinflusst durch die Temperaturänderung im Arktis- und Antarktisbereich, aber auch durch die Ozonkonzentration in der Stratosphäre.[56/57/58] Bereits in den 1990er Jahren hatten US-Wissenschaftler anhand der Satellitenmessungen festgestellt, dass sich die Strömungen der Jetstreams auf der nördlichen Erdhalbkugel geändert hatten und stellten damit einen Bezug auf eine mögliche Änderung des Wettergeschehens her. Spätere Untersuchungen beschrieben deren Schwankungen im Verlaufe der 1979 bis 2001[59]

Als Fazit zu diesem Kapitel können wir feststellen, dass der CO_2- und Methangehalt in der Atmosphäre in der Erdgeschichte in engem Zusammenhang mit der jeweils herrschenden Boden-Wasser- und Lufttemperatur standen und somit auch heute noch stehen. Sofern die bisher erhobenen Daten auf der Basis indirekter Indikatoren –

---

55 Tropopause – der Übergangsbereich zwischen der Troposphäre (Unterste Schicht der Erdatmosphäre) und der Stratosphäre.

56 Helmholtz-Zentrum für Ozeanforschung Kiel: https://www.geomar.de/news/article/ozon-und-jetstream-eine-komplexe-beziehung

57 Sabine Haase et al.: Sensitivity of the Southern Hemisphere circumpolar jet response to Antarctic ozone depletion: prescribed versus interactive chemistry; Atmos.Chem.Phys., 20, 14043-14061, 2020; https://doi.org/10.5194/acp-20-14043-2020. Hier in den References eine Vielzahl weiterer Veröffentlichung zu diesem Thema.

58 Friedel M, et al. Springtime arctic ozone depletion forces northern hemisphere climate anomalies. Nature Geoscience, 2022. Doi: 10.1038/s41561-022-00974-7

59 Cristina L. Archer, Ken Caldeira: Historical trends in the jet streams; Geophysical Research Letters, Vol. 35, L08803, doi: 10.1029/2008GL033614, 2008.

Proxydaten – dies eindeutig ergeben. Dies ist physikalisch begründet und die Leugnung dieses Phänomens hieße, die Grundlagen der Physik zu leugnen. Das An- und Absteigen der jeweiligen Gasgehalte in der Atmosphäre war und ist durch Vulkanaktivität, Wassertemperatur[60], Mikroorganismen- und Pflanzenwachstum und natürlich der Sonneneinstrahlung bedingt.

Damit bleibt aber der Huhn-Ei-Konflikt. Wurde in den Ozeanen mehr CO_2 gelöst, weil die Atmosphäre und damit das Wasser kälter wurde zum Beispiel infolge der Milanković-Zyklen. Oder durch gewaltige Vulkanausbrüche, welche die Sonneneinstrahlung schwächten? Dann müssten für diese Ereignisse valide Indizien wie CO_2-Peaks in Sedimenten und/oder Schwefeldioxid und Sulfat vorliegen. Oder anders herum: Welche Faktoren bedingten die vorläufige Pause der letzten Kaltzeit und verursachten den damit verbundenen CO_2-Anstieg? Plötzliche Änderungen der Meeresströmungen und damit ein Temperaturanstieg in großen Meerestiefen? Was sicherlich zur Folge hat, dass ehemals unter Druck in kaltem Wasser gelöstes CO_2 wieder in die Atmosphäre gelangt. Dann wäre aber das Ei zuerst da gewesen, nicht das Huhn. Aber wer hat dann das Ei gelegt?

60 Nach dem Henry'schen Gesetz ist die Konzentration eines Gases in einer Flüssigkeit proportional dem herrschenden Druck. Die damit definierte Löslichkeitskonstante ist ihrerseits temperaturabhängig: bei konstantem Druck löst sich z. B. bei einer Wassertemperatur von 4 °C fast 1,9-mal so viel CO_2 in Wasser wie bei 25 °C. Siehe Lehrbücher der Physik und Chemie.

2.

Macht Euch die Erde untertan

Spielte bis vor 12.000 Jahren der Mensch in Flora und Fauna nur eine unbedeutende Rolle, die in keiner Weise relevante Auswirkungen auf die Umwelt gehabt hatte, so änderte sich dies, als die Menschen in der Jungsteinzeit nach und nach ihr Dasein als Jäger und Sammler aufgaben. Während dieser als neolithische Revolution bezeichneten Zeitspanne gingen die Menschen Schritt für Schritt zu Landwirtschaft, Tierzucht und Sesshaftigkeit über. Diese Entwicklung war verbunden mit Vorratshaltung und der Errichtung dafür bestimmter dauerhafter Gebäude. Das war kein Einzelereignis, sondern fand unabhängig voneinander in verschiedenen Teilen der Welt statt. So zum Beispiel im Vorderen Orient, in China und in Mexiko in verschiedenen Jahrtausenden.[61] In der Levante, dem Gebiet des heutigen Libanon, Syrien, Jordanien und Israel, bereits vor mehr als 14.000 Jahren, in anderen Gegenden später. Sei es durch Migration aus der Levante oder durch eigenständige Entwicklung. Bei einer Entwicklungsdauer von mehreren tausend Jahren kann man demzufolge nicht von einer Revolution sprechen, sondern von einer langsamen Umstellung der Lebensgrundlagen.

Eine Umstellung der Lebensgrundlagen haben die Steinzeitmenschen mit Sicherheit nicht aufgrund eines Regierungserlasses vorgenommen. Etwa so wie sich heute Regierungen bemühen, den Klimawandel als Instrument zu einer „gigantischen industriellen und sozialen Transformation" zu nutzen. Wir können mit Bestimmtheit

61 Diamond Jared, Bellwood Peter: Farmers and Their Languages: The First Expansions; Science, Vol. 300, Issue 5619, pp. 597-603; DOI: 10.1126/science.1078208.

davon ausgehen, dass in jener Urzeit den Menschen bereits die heute bekannten Innovationskiller geläufig waren: *Das haben wir schon immer so gemacht. Das haben andere schon vergeblich versucht. Das kann gar nicht funktionieren ...* Also muss ein Zwang für die Änderung vorgelegen haben. Eine der Ursachen kann gewesen sein, dass sich die Steinzeitgruppen selbst ihrer Lebensgrundlage beraubten. Durch Überbejagung in ihrem Lebensraum und der Unmöglichkeit, diesen Lebensraum zu verlassen, um anderswo gleiche Aktionen fortzusetzen. Hinweise dafür gibt es in der Levante, wo vor über 10.000 Jahren entlang der Wanderstrecken von Gazellen ausgedehnte Steinmauern errichtet wurden, die als Wüstendrachen bezeichnet werden. Sie dienten dem Einkesseln von Tieren bei der Treibjagd.[62] Dann waren die Jagdgründe ausgeblutet, Hunger die Folge.

Eine weitaus größere entscheidende Rolle spielten mit Sicherheit Klimaschwankungen, die zu einer grundlegenden Änderung des Nahrungserwerbs zwangen. Für diesen Übergang des Nahrungserwerbs war zumindest die Population in Europa nördlich der Alpen außen vor. Die Vergletscherung reichte in der letzten großen Kaltzeit von Norden her bis Amsterdam und Düsseldorf, von den Alpen bis München und Wien.[63] Die Permafrostgrenze war ein Gürtel von nördlich der Krim bis Mitte des Golfs von Biskaya quer durch Frankreich. In diesen Gegenden blieb die Entwicklung einer landwirtschaftlichen Lebensweise auch nach Abschmelzen der Gletscher unwahrscheinlich. Denn während der letzten Kaltzeit von etwa 115.000 bis 11.500 Jahren vor unserer Zeit kam es zu insgesamt

---

62 Guy Bar-Oz, Zeder Melinda, Hole Frank: Role of mass-kill strategies in the extirpation of Persian gazelle in the northern Levant; Proceedings of the National Academy of Sciences of the United States; April 18, 2011; https://doi.org/10.1073/pnas.1017647108

63 https://de.wikipedia.org/wiki/Letzte_Kaltzeit

24 heftigen Temperaturschwankungen, die um bis zu sechs und mehr Grad Celsius um den Durchschnitt des letzten Jahrtausends pendelten.[64] Während dieser Periode lag der Meeresspiegel weltweit aufgrund der Eismassen auf dem Festland bis zu 150 Meter unter dem heutigen Niveau. Siedler konnten also bequem zu Fuß von den Niederlanden oder Deutschland aus nach England gehen. Oder von Sibirien nach Nordamerika.[65]

Anschließend folgte die Phase, in der wir heute leben und die wir als Zwischenkaltzeit – Interglazial – bezeichnen. Als Warmzeiten werden nur die Erdperioden definiert, in denen beide Polkappen eisfrei sind. Die globale durchschnittliche Oberflächentemperatur stieg nach Auswertung zahlreicher Proxydaten bis etwa 10.000 Jahre vor unserer Zeit um etwa 6,8 +/- 0,8 Grad Celsius an.[66] Das Abschmelzen der Eismassen hatte einen Anstieg des Meeresspiegels zur Folge, seither freuen sich die Briten über ihre *splendid isolation*. Korrekter gesagt, ursprünglich die Angeln und die Sachsen oder Populationen vor ihnen. Zwar gingen Küstenkulturen dabei unter, insgesamt stellte der Wandel jedoch eine Initialzündung für den Weg in die Sesshaftigkeit in Zentraleuropa dar.

Schließlich erreichte die globale Durchschnittstemperatur ein Niveau, das bis vor zwei Jahrtausenden um zwei bis zweieinhalb Grad

64 Gronenborn Detlef (Hrsg.): Klimaveränderungen und Kulturwandel in neolithischen Gesellschaften Mitteleuropas, 6700–2200 v. Chr.; Verlag des Römisch-Germanischen Zentralmuseums, Mainz 2005. ISBN 3-88467-096-4

65 Lambeck Kurt et al.: Sea level and global ice volumes from the Last Glacial Maximum to the Holocene; Proceedings of the National Academy of Science of the United States of America, Oct. 28, 2014 111 (43) pp. 15296-15303. https://doi.org/10.1073/pnas.1411762111

66 Osman Matthew B. et al.: Globally resolved surface temperatures since the last Glacial Maximum; EarthArXiv Preprint 2021-03-31, https://doi.org/10.31223/X5S31Z.

Celsius höher lag als heute. Das waren paradiesische Bedingungen für eine kulturgeschichtliche Entwicklung und es ist kaum anzunehmen, dass die Menschen der Frühzeit ob dieser Entwicklung in Klimapanik ausbrachen. Das postglaziale Wärmeoptimum mit seiner Feuchte und vermehrten Niederschlägen sorgte für eine Begrünung großer Teile der Sahara, auch die Namibwüste schrumpfte und wurde zur Trockensavanne. In der Ostsahara waren die Landschaften geprägt durch zahlreiche Seen. Felsmalereien wie zum Beispiel *Schwimmer in der Wüste* im Djebel Uweinat, Ägyptisch-Libysche Wüste, belegen dies eindrucksvoll.[67] Anderen Untersuchungen zufolge lag infolge der Niederschläge und der positiven Wasserbilanz der Wasserspiegel des Toten Meeres um etwa 300 Meter höher als heute.[68]

Wie oben erwähnt konnte sich das als fruchtbarer Halbmond bezeichnete Gebiet der Levante und des Zweistromlandes Euphrat und Tigris als landwirtschaftliche Keimzelle für ganz Europa entwickeln. Sei es durch Einwanderung oder Handelskontakte, die sesshafte Lebensform breitete sich bis Zentraleuropa aus.[69/70] Erst mit Sequenzanalysen der DNA von Skeletten aus der neolithischen Periode konnte nachgewiesen werden, dass sich seit der Jungsteinzeit

---

67 Blümel Wolf Dieter: 20000 Jahre Klimawandel und Kulturgeschichte – von der Eiszeit in die Gegenwart; OPUS-Online Publikationen der Universität Stuttgart, 2002. http://dx.doi.org/10.18419/opus-1619

68 Landmann, Günter; Kempe, Stefan: Seesedimente als Klimaarchiv – Fallbeispiele: Van See und Totes Meer. In: W. Rosendahl & A.Hoppe: Angewandte Geowissenschaften in Darmstadt. Schriftenreihe der deutschen Geologischen Gesellschaft, Heft 15. ISBN 3-932537-15-7.

69 Richards Martin: The Neolithic Transition in Europe: archeological models and genetic evidence; Documenta Praehistorica XXX, UDK 903'12/'15(4)"634":575.113.

70 Haak Wolfgang: Populationsgenetik der ersten Bauern Mitteleuropas – Eine aDNA-Studie an neolithischem Skelettmaterial. Dissertation 2006, Johannes Gutenberg Universität Mainz.

in Europa Landwirtschaft und Viehhaltung vom Südwesten nach Nordosten und vom Südosten nord-nord-westlich ausbreitete und die genetischen Wurzeln eben aus dem fruchtbaren Halbmond stammen. Das war sozusagen die erste Migrationswelle aus dem Vorderen Orient. Und sie erfolgte nicht als kontinuierliche Welle, sondern in zeitlichen und geografischen Sprüngen, weshalb man in der englischsprachigen Literatur von *Leapfrog Migration* (Bockspringen) spricht.

Dabei muss man davon ausgehen, dass die in Sprüngen erfolgte Migration nicht aus Lust an der Eroberung neuer Länder erfolgte, sondern ganz prosaisch der Nahrungskonkurrenz entsprang. Denn der Übergang zu Ackerbau und Viehzucht hatte ein zuvor nie dagewesenes Bevölkerungswachstum zur Folge. Gehorchte bei den Jägern und Sammlern die Populationsdichte in einem bestimmten Areal der Jäger-Beute-Beziehung, so waren mit dem Übergang zur Landwirtschaft diese Lotka-Volterra-Gleichungen[71] scheinbar außerkraftgesetzt. An Stelle der Beute trat der landwirtschaftliche Ertrag, der auf einem begrenzten Gebiet so lange ein wesentlich höheres Bevölkerungswachstum erlaubte, so lange der Ertrag pro Flächeneinheit dies hergab. Wenn nicht, dann galt wieder die analoge Jäger-Beute-Beziehung, nämlich Bevölkerungsdichte und landwirtschaftlicher Ertrag. Auf diese Weise erfolgte vom fruchtbaren Halbmond ausgehend die sukzessive punktuelle Besiedelung neuer Gebiete entlang der Küsten und Flussläufe. Der zeitliche Verlauf dieser landwirtschaftlichen Besiedelung Europas konnte durch

71 Benannt nach dem Chemiker und Mathematiker Alfred James Lotka (1880–1949) und dem Mathematiker und Physiker Vito Volterra (1860–1940). Ihre Differentialgleichungen beschreiben die Wechselwirkung von Räuber- und Beutepopulationen. Die Anwendung auf die Populationsdynamik konnte z. B. beim Fischereiwesen (Fangintensität und Fangertrag) eindrucksvoll demonstriert werden.

Radiokarbonbestimmungen[72] bei Siedlungen aus der Mittel- und Jungsteinzeit verlässlich datiert werden.[73]

Mit den günstigeren klimatischen Bedingungen entwickelte sich überall eine produktive und meistenteils überschüssige Landwirtschaft mit verlässlichen Ernten. Unter diesen Voraussetzungen konnte sich eine Megalithkultur entwickeln, Großsteingräber und andere Steinanlagen wie zum Beispiel Stonehenge in England, Irland und die Hünengräber in Norddeutschland entstanden. Deren Errichtung war nicht mit ausgemergelten Menschen möglich, deren magere Jagdausbeute mit gesammelten Früchten und Körnern ergänzt wurde. Dazu waren kräftige Körper notwendig und vor allem die Zeit und Möglichkeit, sich mit anderen Dingen zu beschäftigen als dem Nahrungserwerb.

Das Temperaturoptimum erreichte innerhalb von zwei Jahrtausenden etwa 10.000 Jahre vor heute ein Niveau, das fast um drei Grad Celsius über dem Mittel des letzten Jahrtausends lag. Aus den Tundren und Steppen Europas entwickelten sich Nadel- und Laubwälder, die Baumgrenze lag im Schnitt 300 Meter höher als gegenwärtig.[74] Wie schon erwähnt, sorgte der höhere Wasserspiegel für eine Begrünung großer Teile der Sahara. Noch heute lagern unvorstellbare

---

72 Organische Materialien können durch Messung des Gehalts an radioaktivem ^{14}C-Isotopen Datierungen für einen Zeitraum von ca. 300 bis 50.000 Jahren ermöglichen. ^{14}C hat eine Halbwertszeit von 5730+/-40 Jahren und befindet sich aufgrund der kosmischen Strahlung immer in einem bestimmten Verhältnis zum stabilen Isotop ^{12}C. Aus der gemessenen Strahlungsintensität kann man die Zerfallszeit und damit das Alter der Probe berechnen.

73 Gkiasta Marina, Russell Thembi et al.: Neolithic transistion in Europe: the radiocarbon record revisited. ResearchGate, DOI: 10.1017/S0003598X00061330 · Source: OAI

74 Zentralanstalt für Meteorologie und Geodynamik: Informationsportal Klimawandel/Paläoklima/12000 Jahre.

Süßwassermassen unter der Wüste. Das Nord-West-Sahara-Aquifer erstreckt sich heute über eine Million Quadratkilometer von Algerien bis Libyen.[75] Angesichts dieser Befunde ist es vom logischen Denken her völlig unverständlich, warum der Weltklimarat[76] eindringlich vor einem Ansteigen der globalen Durchschnittstemperatur um 1,5 bis 2,0 Grad Celsius warnt. Damit hätten wir die klimatischen Bedingungen wieder, die unsere Steinzeit-Ahnen sicherlich als angenehm empfanden. Und im Wissen um die seinerzeitigen Seen und Grüngebiete der Sahara kann damit auch nicht das Szenario der fortschreitenden Wüstenbildung und Dürrezeiten begründet werden. Folglich müssen dafür weitere Ursachen vorliegen als nur die prognostizierte Temperaturerhöhung, die der Weltklimarat mit 95-prozentiger Wahrscheinlichkeit menschlichen Handelns zuschreibt.

Bei der so genannten Misox-Schwankung[77] vor rund 8200 Jahren, als der Laurentische Eisschild in Nordamerika brach und sich gigantische Wassermassen über die Hudson Bay in den Nordatlantik ergossen, kam vorübergehend der Golfstrom im Nordatlantik zum Erliegen. Weltweit kam es zum Temperaturrückgang zwischen ein

---

75 Sappa G., Rossi M: The North West Sahara Aquifer System: the complex management of a strategic transboundary resource. https://www.researchgate.net/publication/236176023_The_North_West_Sahara_Aquifer_System_the_complex_management_of

76 IPCC Intergovermental Panel on Climate Change: 1988 vom Umweltprogramm der Vereinten Nationen (UNEP) und der Weltorganisation für Meteorologie (WMO) gegründet zur Sammlung und Auswertung von wissenschaftlichen Daten zur Klimaänderung. Mitglieder sind 195 Regierungen, 120 Organisationen sind als Beobachter registriert (Wikipedia)

77 Benannt nach dem Tal Misox in den Schweizer Alpen. Anglo-amerikanisch: 8.2 kiloyear event. Siehe auch: Barber D.C. et al.: Forcing of the cold event of 8,200 years ago by catastrophic drainage of Laurentide lakes; Nature 400, 344-348 (1999), https://doi.org/10.1038/22504

und fünf Grad Celsius, beim atmosphärischen CO_2 von über 300 auf etwa 260 ppm,[78] aber nach 200 Jahren war der Spuk wieder vorbei, die globale Durchschnittstemperatur erreichte wieder das Niveau vor dem Ereignis. Seither, also während der letzten 8000 Jahre, ist aber die Temperatur wieder um drei Grad gesunken, jedoch mit beträchtlichen Schwankungen in den verschiedenen Jahrhunderten, ohne aber den Jahrtausendtrend nachhaltig zu beeinflussen. Bei all den hier erwähnten Daten und Quellen darf nicht vergessen werden, dass wie in der Einleitung definiert Klima der mittlere Zustand der Summe der Wetterereignisse in einem bestimmten Gebiet über einen längeren Zeitraum ist. Zum Beispiel spielte die Mittelalterliche Wärmeperiode in Europa eine klimatische Rolle, nicht aber auf der Südhalbkugel.[79]

Ganz anders sieht es beim atmosphärischen CO_2 aus, das sich durch die Luftströmungen global in Vermischung befindet. Über rund eine Million Jahre hindurch pendelte seine Konzentration im Takt mit den Kaltzeiten und den Warmphasen zwischen 180 und maximal 300 ppm[80] bis etwa 1900. Von da an stieg der Pegel mehr oder weniger kontinuierlich auf heute über 410 ppm.[81] Aus den heute zur Verfügung stehenden Proxydaten wissen wir, dass der atmos-

---

78 Wagner Friederike et al.: Rapid atmospheric CO2 changes associated with the 8,200-years-B.P. cooling event; Proceedings of the National Academy of Sciences of the United States of America, Sept. 17, 2002 99 (19) 12011-12014; https://doi.org/10.1073/pnas.182420699.

79 Neukom, R., Gergis, J., Karoly, D. et al.: Inter-hemispheric temperature variability over the past millennium; Nature Climate Change 4, 363-367 (2014). https://doi.org/10.1038/nclimate2174

80 https://climate.nasa.gov/climate_resources/24/graphic-the-relentless-rise-of-carbon-dioxide

81 Jinho Ahn, Brook, Edward J. et al.: Atmospheric CO2 over the last 1000 years: A high-resolution record from the West Antarctic Ice Sheet (WAIS) Divide ice core; Global Biogeochemical Cycles, Vol. 26, May 2012, GB2027, https://doi.org/10.1029/2011GB004247.

phärische CO_2-Gehalt über viele Jahrmillionen in direkter Relation zur jeweils herrschenden Temperatur stand. Allerdings mit der Einschränkung, dass über die geografische Verteilung der Temperaturzonen nur dann Schlussfolgerungen sinnvoll sind, wenn genügend Proxydaten aus eben diesen Zonen vorhanden sind.

Diese sehr laienhafte Zeitreise durch vier Milliarden Jahre Klimawandel wollen wir nun beenden. Wenden wir uns den Lebewesen zu, welche durch Wachstum, Vermehrung und Stoffwechsel bzw. Stoffwechselprodukte das Geschehen auf diesem Planeten bestimmten. Im vorangegangenen Kapitel erfuhren Sie, dass unvorstellbare Mengen einzelliger Organismen durch ihren Stoffwechsel in der Lage waren, die Zusammensetzung der Atmosphäre dauerhaft zu ändern. Eine ganze Reihe von Kalksteinen, die mitunter Gebirgszüge bilden, sind biogenen Ursprungs, gebildet aus den Schalen fossiler Kleinstlebewesen, aus Muscheln, Korallenskeletten, mehrzelligen Algen und Foraminiferen, um nur einige zu nennen. Die Schwäbische und die Fränkische Alb, die Kalkalpen oder die Kreidefelsen auf Rügen sind nur einige Beispiele.

War der Mensch bis in die Jungsteinzeit als Faktor für die Landschaftsprägung eine Nebensache, so änderte sich dies mit der Entwicklung von Ackerbau und Viehzucht. Bislang war er bei Beutetieren nur als Nahrungskonkurrent von Fleischfressern in Erscheinung getreten. Dabei werden tierische Proteine als Nahrungsgrundlage in der Altsteinzeit überschätzt. Weitaus mehr Kalorien und Vitamine dürften aus gesammelten Pflanzen, Samen, Nüssen, Wurzeln und Knollen stammen.[82] Vor der Sesshaftigkeit war damit die Ernährung der Menschen wesentlich vielseitiger, die Menschen der frühen Steinzeit waren

82 Melamed, Yoel et al.: The plant component of an Acheulian diet at Gesher Benot Ya'aqov, Israel; PNAS December 20, 2016 113 (51) 14674-14679; first published December 5, 2016; https://doi.org/10.1073/pnas.1607872113

gesünder und größer. Denn sie besaßen keinen Generationenwohnsitz, waren relativ ortsungebunden, da ja das Nahrungsangebot örtlich und zeitlich einem Wechsel unterlag. Die nachfolgenden Ackerbauern der Jungsteinzeit blieben dagegen sozusagen an die Scholle gebunden, auf Gedeih und Verderb manchmal mit guten aber öfter mit schlechten Ernten konfrontiert. Skelettfunde aus dieser Epoche weisen auf Minderwuchs und Mangelernährung hin.

Wie erwähnt befand sich der Ausgangsbereich für die ersten landwirtschaftlichen Lebensweisen im fruchtbaren Halbmond, von wo aus sich diese „Mode" über den Balkan und entlang der Mittelmeerküsten in Europa etablierte. Interessant dabei ist, dass DNA-Analysen aus Gräbern jungsteinzeitlicher Siedlungen in Verbindung mit den dort gefundenen Körnern klar darauf verweisen, dass wohl die ersten Ackerbauern ihre genetischen Wurzeln im Vorderen Orient hatten.[83] Die Ergebnisse der Genanalyse legen auch nahe, dass diese Menschen eine dunklere Hautfarbe und schwarze Haare sowie dunkle Augen hatten im Gegensatz zu den zeitlich parallel noch praktizierenden Jägern und Sammlern.[84] Es handelte sich zu Beginn der neuen Ära offensichtlich nicht um eine Übernahme importierter Lebensweise, sondern um ein Parallelgeschehen, bis sich die Bevölkerung schließlich vermischte. Ähnliche Keimzellen für eine Änderung des Nahrungserwerbs bildeten sich mit drei- bis fünftausendjähriger Verzögerung in China, Süd-Ost-Asien, Süd- und Mittelamerika sowie Westafrika.

83 Haak, Wolfgang et al.: Ancient DNA from European Early Neolithic Farmers Reveals Their Near Eastern Affinities; PLoS Biol 8(11), e1000536. Doi:10.1371/journal.pbio.1000536.

84 Aus den DNA-Sequenzen lassen sich u.ae. Haarfarbe, Augenfarbe, Hautpigmentierung bestimmen. Siehe hierzu z. B. Lakshmi Chaitanya et al.: Bringing colour back after 70 years: Predicting eye and hair colour from skeletal remains of World War II victims using the HIrisPlex system; Forensic Science International: Genetics 26(2017),48-57.

Mit dem Aufkommen des Ackerbaus und der Viehzucht war das Vorhandensein von Ressourcen verbunden, die vorher in diesem Maße keine Bedeutung hatten: Geeignete Flächen für den Anbau und geeignete Pflanzen bzw. Samen zur Aussaat, welche eine ausreichende Nahrungsgrundlage boten. In Mesopotamien und in der Levante stellte dies keine besonderen Probleme dar, gab es doch Gebiete ohne ausgedehnte Wälder, also standen Flächen für die ersten Anbauphasen von vorneherein zur Verfügung. In Zentraleuropa lagen die Dinge anders. Die mit dem Ende der Kaltzeit gebildete präboreale Vegetation mit Birken, Kiefern und Hasel war der borealen Phase mit Eichen, Ulmen, Linden und Eschen gewichen.[85] Also mussten in diesen Gegenden zuerst Waldflächen durch Brandrodung für die landwirtschaftliche Nutzung beseitigt werden.[86]

In Mitteleuropa begann die landwirtschaftliche Phase 7500 Jahre vor unserer Zeit, wesentlich später als im Vorderen Orient. Seither hat der Mensch durch seinen Eingriff in die natürliche Vegetation fortwährend die Oberfläche der Erde verändert. Zunächst ohne große Auswirkungen, denn nach Schätzungen betrug in jener Zeit die Weltbevölkerung gerade einmal 15-20 Millionen Menschen. Aber sie war durch die Änderung der Lebensbedingungen im Steigen begriffen. Betrug die Fortpflanzungsrate bei den Jägern und Sammlern etwa ein Kind in drei bis vier Jahren, so ermöglichte das Nahrungsangebot bei den frühen Ackerbauern eine Verkürzung auf zwei bis drei Jahre bei einer Lebenserwartung von etwa 35 Jahren. Trotzdem

---

85 Schwark, L.; Zink, K.; Lechterbeck, J.: Reconstruction of postglacial to early Holocene vegetation in terrestrial Central Europe via cuticular lipid biomarker and pollen records from lake sediments; Geology 2002; 30, 463-466; doi: 10.1130/0091-7613(2002)0302.0.CO;2.

86 Baum, T., Nendel, C., Jacomet, S. et al. “Slash and burn” or “weed and manure”? A modelling approach to explore hypotheses of late Neolithic crop cultivation in pre-alpine wetland sites. Veget Hist Archaeobot 25, 611-627 (2016). https://doi.org/10.1007/s00334-016-0583-x

zwangen ausgemergelte Böden und damit verbundene Hungerphasen die frühen Siedler zu regelmäßigen Siedlungsumzügen. Denn der Hektarertrag ohne Dungausbringung bei gleichzeitiger Viehhaltung ging von anfänglich 200 bis 300 kg pro Hektar und Jahr innerhalb von 10 Jahren um bis zu fünfzig Prozent zurück. Die damaligen Menschen erkannten zwar relativ bald, dass das Düngen mit dem Kot ihrer Nutztiere den Pflanzenertrag steigerte, aber dazu musste er erst einmal eingesammelt werden, denn enge Pferchhaltung geschweige denn Stallhaltung gab es seinerzeit noch nicht.[87] Zudem war es für die Menschen der Jungsteinzeit, aber auch später, eine kräftezehrende Knochenarbeit. Für die Erzeugung von 200 Kilogramm Einkorn, Emmer, Gerste oder Hartweizen war ein Aufwand von 117 Tagen à acht Stunden erforderlich.[88] Diese 200 Kilogramm reichten gerade mal für die Jahresernährung eines Menschen. Aber nur auf gutem Lössboden. Mit fortschreitender Nährstoffverarmung stieg der Arbeits- und Flächenaufwand auf das Mehrfache. Zudem muss man berücksichtigen, dass selbst zu Zeiten Kaisers Karl des Großen[89] die Ertragszahlen unter besten Boden- und Klimaverhältnissen bei 2,6 bis 2,8 je nach Getreideart betrugen. Bei schlechten Bedingungen nur 2,0. Das heißt, pro gesäte Mengeneinheit nur das maximal 2,8-fache an Ertrag, wovon wieder mehr als ein Drittel für

---

87 Bogaard, Amy et al.: Crop manuring and intensive land management by Europe's first farmers; Proceedings of the National Academy of Sciences July 2013, 201305918; DOI: 10.1073/pnas.1305918110

88 Rösch, Manfred: Vom Korn der frühen Jahre – Sieben Jahrtausende Ackerbau und Kulturlandschaft; Denkmalpflege in Baden-Württemberg 3/2009/ S. 157-164.

89 Karl der Große (Carolus Magnus, Charlemagne, ca. 747–814), von 768–814 König des fränkischen Reichs, am 25. Dezember 800 Kaiserkrönung durch Papst Leo III. Unter ihm erreichte das Frankenreich seine größte Ausdehnung vom heutigen Niedersachsen über Thüringen und Kärnten im Osten bis zu den Pyrenäen im Westen, von etwa Kiel bis südlich von Rom.

die nächste Aussaat dienen musste. Missernten bedeuteten Hunger und Sterben. Ein Grund, dass in Mitteleuropa die Menschen länger Jäger und Sammler blieben.

Die Voraussetzungen änderten sich mit der beginnenden Bronzezeit und dann in der Eisenzeit. Furchenstöcke und Steinklingen wichen Sicheln mit Metallklingen, Rad und Wendepflug kamen hinzu. Der Ackerertrag stieg nur langsam an, aber der Arbeitsaufwand für 200 kg Korn sank beträchtlich. Bei guten Erntejahren somit ein Rückgang der Sterblichkeit, folglich eine Zunahme der Bevölkerung pro Flächeneinheit. Aber in schlechten Jahren auch wieder die Umkehrung. Der Hektarertrag bei Weizen, Gerste und Roggen stieg zwar bis zum Mittelalter auf 400 bis 500 Kilogramm an, blieb aber bis ins 15. Jahrhundert auf diesem Niveau und schaffte es auch bis zum 17. Jahrhundert nur auf 600 bis 900 Kilogramm. Weitere drei Jahrhunderte brauchte es, die Ernten auf 1,5 bis 1,9 Tonnen pro Hektar zu bringen.[90] Die Voraussetzungen dafür schuf erst Mitte des 19. Jahrhunderts der Chemiker Justus von Liebig[91] mit seiner Veröffentlichung über Agrikulturchemie.[92] Allerdings blieben seine Erkenntnisse zwanzig Jahre lang von Wissenschaft und der praktischen Landwirtschaft wegen seiner angeblichen Inkompetenz umstritten und abgelehnt. Der französische Schriftsteller Émile Zola schildert

90 http://www.heimbiotop.de/landwirtschaft/ertraege.html

91 Justus von Liebig (1803–1873), deutscher Chemiker, lehrte an der Universität Gießen und München. Entwickelte grundlegende Methoden zur experimentellen und theoretischen organischen Chemie. Gilt als Begründer der Agrochemie und somit der modernen Düngung.

92 Justus von Liebig: Die Grundsätze der Agricultur-Chemie mit Rücksicht auf die in England angestellten Untersuchungen; Braunschweig, Verlag von Friedrich Vieweg und Sohn, 1855. 197 Seiten. Erhältlich in: Münchener DigitalisierungsZentrum Digitale Bibliothek.

in seinem Roman *La Terre* (Mutter Erde)[93] eindrucksvoll die Klagen mancher Bauern in der Landschaft Beauce über karge Ernten und den Widerstand gegen die Verwendung von Kunstdünger.

Bei der Entwicklung der Landwirtschaft seit der Jungsteinzeit darf nicht außer Acht gelassen werden, dass sie in engem Zusammenhang mit den Anfängen des Bergbaus und der Verhüttung von Kupfer-, Eisen- und Zinnerzen steht. Denn die Schaffung zweckdienlicher Werkzeuge war neben der Waffen- und Schmuckherstellung eine grundlegende Voraussetzung. Damit wiederum war der Verbrauch von Holz und die Erzeugung von Holzkohle verbunden, was letztlich im 16./17. Jahrhundert zur völligen Entwaldung weiter Gebiete führte. Die neolithische Brandrodung zur Gewinnung von Acker- und Weideflächen, die zum Beispiel die Lüneburger Heide entstehen ließ, fand also im Handwerk ihre Fortsetzung.

Nun war der Wendepunkt erreicht, von dem an die Menschheit bis heute irreversible Spuren auf dem Planeten Erde hinterließ. Zunächst sehr moderat, denn 8000 Jahre vor unserer Zeit (6000 Jahre v. Chr.) lebten in Zentraleuropa und Südskandinavien nur wenige Menschen pro 100 Quadratkilometer und es mussten 3000 Jahre vergehen, bis in dem gleichen Gebiet die Bevölkerungsdichte auch knapp über zwei pro Quadratkilometer angestiegen war, um sich dann durch Hungersnöte und Krankheiten bis vor dreieinhalb tausend Jahren zu halbieren. Ganz anders im Nahen Osten, dem fruchtbaren Halbmond: Hier über einen Zeitraum von dreieinhalb tausend Jahren bis 3000 v. Chr. ein moderater linearer Anstieg und dann in den folgenden 1000 Jahren eine fast exponentielle

93 Émile Zola (1840–1902), französischer Journalist, Romancier und Maler. Autor des 20-bändigen Romanzyklus Les Rougon-Macquarts, deren 15. Band La Terre ist (erschienen 1887). Wegen seines Briefes J'accuse ...! (Ich klage an ...) in der Dreyfus-Affäre wurde er zu einer Geld- und Gefängnisstrafe verurteilt und ging deshalb ein Jahr nach London ins Exil.

Explosion auf nahezu 200 Menschen pro Quadratkilometer.[94] Das war die kulturelle Blütezeit Mesopotamiens, Ägyptens und Kleinasiens. Zum Vergleich: 2019 hatte Deutschland eine Bevölkerungsdichte von rund 232 Personen pro Quadratkilometer.[95]

Bei der Ermittlung von historischer globaler Bevölkerungszahl und Bevölkerungsdichte ist man naturgemäß auf Schätzungen und Proxydaten angewiesen, da ein Personen- und Geburtenverzeichnis frühestens mit Aufkommen der Schrift in der Verwaltungsebene entstehen konnte. Das wiederum stand in engem Zusammenhang mit den zu entrichtenden Abgaben. Locker formuliert: Das Finanzamt als Personenmelderegister. So zum Beispiel 2700 v. Chr. in Ägypten, 1700 v. Chr. in Mesopotamien und in Perfektion bei den Censoren des antiken Roms.[96] Für den asiatischen Raum gibt es mit einer gewissen Bandbreite verlässliche Daten für China ab 2 n. Chr.[97] Bei anderen Regionen war man auf archäologische Daten wie Siedlungsausgrabungen und Ähnlichem angewiesen. Trotzdem sei der Versuch gemacht, die Bevölkerungsentwicklung aufgrund von Schätzungen darzustellen. *(Siehe dazu: Anhang, Seite 255, Abb. 6,* ***Entwicklung der Weltbevölkerung seit 12.000 Jahren****.)*

---

94 Müller J, Diachenko A (2019) Tracing long-term demographic changes: The issue of spatial scales. PLoS ONE 14(1): e0208739. https://doi.org/10.1371/journal.pone.0208739

95 Bundesministerium des Innern, für Bau und Heimat, 2021, https://www.deutschlandatlas.bund.de/DE/Karten/Wo-wir-leben/006-Bevoelkerungsdichte.html

96 Scholz, Volker: Die Zählung und die Erfassung der Bevölkerung in ihrer historischen Entwicklung vom Römischen Imperium bis zur Reichsgründung 1871; Statistisches Landesamt der Freistaates Sachsen/Statistik in Sachsen 1/2013.

97 Scharping, Thomas: Bevölkerungsgeschichte und Bevölkerungspolitik in China: Ein Überblick. Kölner China-Studien Online – Arbeitspapiere zu Politik, Wirtschaft und Gesellschaft Chinas

Eine frappierend ähnliche Kurve zeigt die Entwicklung des atmosphärischen CO_2-Gehaltes der letzten 10.000 Jahre, deren Proxydaten rund um die Welt eine verlässliche Rekonstruktion erlauben. *(Siehe dazu: Anhang, Seite 255, Abb. 7,* ***10.000 Jahre CO_2 / 10,000 Years of Carbon Dioxide****.)*

Allerdings gibt eine noch so verblüffende Ähnlichkeit zweier Kurven mit zwei verschiedenen Parametern, hier der Bevölkerungszahl und den ppm-CO_2, noch keinen logischen Zusammenhang zwischen eben diesen Parametern, allenfalls einen Hinweis. Wäre man zum Beispiel in der Lage, die Entwicklung der Demenzerkrankungen im Zeitraum der letzten 10.000 Jahre zu ermitteln, dann käme man mit Sicherheit auf eine ähnliche Grafik wie oben und könnte damit einen Zusammenhang zur CO_2-Kurve vermuten. Als Ergebnis käme dann heraus, dass die Zunahme an kognitiven Defekten in direktem Zusammenhang mit der Zunahme atmosphärischen Kohlenstoffdioxids stünde. Also verursacht CO_2 Demenz, so die Schlussfolgerung. In diesem Fall wissen Sie natürlich, dass die Ursache in der rasant gestiegenen Lebenserwartung liegt. Mit zunehmendem Alter steigt die Wahrscheinlichkeit der Demenz. Dies wurde bereits im antiken Griechenland im 6. Jahrhundert v. Chr. beim Altersgebrechen des athenischen Staatsmannes und Reformpolitikers Solon beschrieben. Im alten Rom beschäftigte man sich mit der juristischen Frage, wie demente Greise zu behandeln seien.[98/99] Noch vor hundert Jahren erreichten die wenigsten Menschen 70 Jahre und mehr. Erstaunlich und in ihrem Zusammenhang logisch ist dennoch die

---

98 Moog, Ferdinand Peter; Schäfer, Daniel: Aspekte der Altersdemenz im antiken Rom: Literarische Fiktion und faktische Lebenswirklichkeit; Sudhoffs Archiv Bd. 91, Heft 1 (2007), S. 73-81. Franz Steiner Verlag. http://www.jstor.org/stable/20778049.

99 Meyer, Günter: Das Krankheitskonzept Demenz in der Medizin der deutschen Romantik; Dissertation 2014, Heinrich-Heine-Universität Düsseldorf.

Übereinstimmung der demografischen mit der CO_2-Kurve. Denn wenn immer mehr Menschen die Welt bevölkern und jeder davon im Durchschnitt immer mehr Energie verbraucht, die vorerst fast ausschließlich aus fossilen Energieträgern stammt, dann ist die Kurvenähnlichkeit zwangsläufig. Das Argument mancher CO_2-Kritiker mit dem Zusammenhang der Anzahl der Störche mit den Geburten geht hier völlig an der Sache vorbei.[100]

Gestützt wird der vermutete Zusammenhang von Untersuchungen an Seesedimenten und der Anzahl und Verteilung der Pollen in diesen Sedimenten über 632 weltweiten Messstellen. Danach hat bereits vor 4000 Jahren messbar eine durch Brandrodung bedingte Erosion des Mutterbodens stattgefunden und der Rückgang an Pollen von Bäumen weist auf einen drastischen Rückgang borealer Flächen hin.[101/102] Einem wanderlustigen Eichhörnchen wäre es vor 8000 Jahren problemlos möglich gewesen, aus dem Großraum Paris von Baum zu Baum hüpfend zum heutigen Moskau zu gelangen, ohne den Boden zu berühren. Aber bereits während der Bronzezeit waren 20 Prozent der Wälder in Europa gerodet und der Waldverlust setzte sich mit dem Bevölkerungswachstum unvermindert fort. Lediglich unterbrochen durch jahrelange Missernten, Hungersnöte und Pestpandemien. Allein zwischen 1346 und 1353 raffte in Europa der Schwarze Tode schätzungsweise 100 bis 125 Millionen

---

100 Die grafische Darstellung der Anzahl der Störche im Laufe der letzten 80 Jahre ähnelt der Geburtenentwicklung im gleichen Zeitraum. Also bringen doch die Störche die Babys, oder?

101 Jenny, Jean-Philippe; Koirala, Sujan et al.: Human and climate global-scale imprint on sediment transfer during the Holocene; Proceedings of the National Academy of Sciences Nov 2019, 116 (46) 22972-22976; DOI: 10.1073/pnas.1908179116

102 Roberts, N., Fyfe, R.M., Woodbridge, J. et al. Europe's lost forests: a pollen-based synthesis for the last 11,000 years. Sci Rep 8, 716 (2018). https://doi.org/10.1038/s41598-017-18646-7

Menschen dahin, ein Drittel der Bevölkerung. Damit hatte, so makaber es klingt, der Waldverlust kurzfristig Pause. Auch der dreißigjährige Krieg von 1618 bis 1648 sorgte dafür, dass zumindest in Mitteleuropa erst gegen 1800 wieder der Bevölkerungsstand von 1600 erreicht war, was der Erholung des Waldes zugutekam. Ende des 17. Jahrhunderts war in Deutschland praktisch kein zusammenhängender Wald mehr vorhanden, die Waldböden ausgelaugt von der Übernutzung. In Südeuropa war dies bereits den Griechen und Römern gelungen, verkarstete Landschaften und ausgemergeltes Buschland, die Macchia, blieben das magere Erbe für nachfolgende Generationen. Dabei war Italien und sicherlich auch Griechenland vor Jahrtausenden so dicht bewaldet wie heute der Nationalpark Gargano in Apulien am Stiefelsporn Italiens. Dort ist es im Foresta Umbra selbst um die Mittagszeit im Juli dämmrig, so gewaltig ist das Blätterdach.

In Sachsen erkannte *von Carlowitz*[103] wohl als erster die Wichtigkeit einer gezielten Aufforstung. Nicht ganz uneigennützig, war er doch als Bergrat unter anderem für das Grubenholz in den Schächten zuständig. Er gilt als Initiator der Forstwirtschaft, womit über zwei Jahrhunderte die Nadelholzmonokulturen mit ihren wirtschaftlichen Vorteilen und ökologischen Nachteilen Dominanz erlangten. Monokulturen sind fragile Gebilde, witterungs- und schädlingsanfällig. Aber in Deutschland hervorragend geeignet zur Erzeugung langanhaltender hysterischer Erregung mit der Bezeichnung *Waldsterben*. Nüchtern gesehen wächst der falsche Baum in zu großer Anzahl am falschen Ort. Denn sonst wären in Mitteleuropa seit der

---

103 Hans Carl von Carlowitz (1645–1714), königlich-polnischer und kurfürstlich-sächsischer Bergrat. Schöpfer des forstlichen Nachhaltigkeitsbegriffs, schrieb 1713 Sylvicultura oecononomica (erhältlich als pdf über die Bayerische StaatsBibliothek, MDZ Münchener Digitalisierungs-Zentrum).

Jungsteinzeit nicht Buchen, Erlen, Eichen, Ahorne, Eschen und nur eingeschränkt Fichten gewachsen, sondern ausschließlich Fichten und Kiefern. Auch der Borkenkäfer für die Nadelwälder wäre damals kein Thema gewesen. Denn im Gegensatz zu Fichtenwaldmonokulturen hätte jeder ausschwärmende Borkenkäfer lange nach dem nächsten Nadelbaum suchen müssen. Dabei wären die meisten ihren Fressfeinden zum Opfer gefallen.

Der Energiehunger der sich vermehrenden Bevölkerung, sowohl in Form von Lebensmitteln als auch für Herstellungsprozesse und Heizzwecke, beschränkte sich bis weit über das Mittelalter hinaus auf Holz und der daraus hergestellten Holzkohle. Ungeachtet dessen kannten bereits die Römer die „schwarzen Steine" und ihre Verwendung in Schmieden und zur Verhüttung von Eisen. Erst ab 1195 ist eine Wiederentdeckung des Energieträgers im Raum Lüttich belegt, auch hier für das Schmiedehandwerk, aber auch als Heizmaterial für die armen Leute. In der Folgezeit gewann der Abbau der Steinkohle an Bedeutung, zunächst im Tagebau, aber um 1350 war man bereits mit Stollen und Schächten bei 120 Metern Tiefe angelangt.[104] Eine vergleichbare Entwicklung erfolgte in China, wo seit ca. 1500 n. Chr. die Verwendung von Kohle bei den Zink-Schmelzhütten bekannt war.[105]

Die Förderung von Kohle und damit ihre energetische Nutzung erfuhr aber erst nach Erfindung der Dampfmaschine eine steile Karriere. Die erste auf Dampfdruck basierte Maschine zur Entwässerung von Bergwerkstollen konstruierte der Spanier Jerónimo de

---

104 Bartels, Christoph: Zur Geschichte des Steinkohlenbergbaus; Archiv Sonderdrucke der Max Planck Gesellschaft. Hier 65 zitierte Literaturquellen. https://www.ipp.mpg.de/ippcms/de/pr/veranstaltungen/oeffentlich/archiv/prometheus/doc2000/bartels.pdf

105 Dr. Chen Hailian: Kontrolle über Natur und Gesellschaft: Bergbaupolitik und -verwaltung in China (ca. 1550–1800); Sonderdruck Universität Trier/Tübingen. haili-an.chen@uni-tuebingen.de

Ayanz,[106] für die er 1606 ein Patent erhielt. Aber es dauerte noch rund einhundert Jahre, bis Thomas Newcomen[107] eine mit Unterdruck arbeitende Kolben-Dampfmaschine entwickelte. Und es sollten weitere 60 Jahre vergehen, ehe James Watt[108] mit seiner Patentanmeldung 1769 den Wirkungsgrad auf sagenhafte drei Prozent steigern konnte. Von 100 Kilogramm Brennstoff für die Dampferzeugung wurden also gerade mal drei Kilogramm in Arbeitsenergie umgesetzt. Zum Vergleich: Später hatten Kolben-Dampfmaschinen etwa in Lokomotiven einen Wirkungsgrad von maximal 16 Prozent, bei modernen Hochdruckdampfturbinen können fast 50 Prozent erreicht werden.

Dieser kurze Ausflug zu den Erfindern von arbeitsleistenden Maschinen ist keine Marotte des Autors, sondern ist der Hinweis darauf, dass es ohne diese Erfindungen nur sehr eingeschränkt zu einer Kohleförderung, später zur Erdölförderung gekommen wäre. Und damit nur zu einem Bruchteil der Umwandlung fossiler Energie in Bewegungs-, Wärme- und Prozessenergie. Somit auch nur zu einem Bruchteil an CO_2-Emission. Denn die weltweit vorhandenen Wälder wären wesentlich rascher abgeholzt worden als Holz nachgewachsen wäre und auch die Wasserkraft hätte nicht gereicht. Das waren neben den Windmühlen an den Küsten und im windreichen Flachland die einzigen nutzbaren Energiequellen seit Menschengedenken bis zur Neuzeit.

---

106 Jerónimo de Ayanz y Beaumont (1553–1613), spanischer Erfinder, Ingenieur, Offizier und Komponist.

107 Thomas Newcomen (1663–1729), Schmied, Eisenwarenhändler und Erfinder.

108 James Watt (1736–1819), schottischer Erfinder, verbesserte den Wirkungsgrad der Dampfmaschine und entwickelte den Fliehkraftregler. Nach ihm ist die elektrische Leistung und die Stromarbeit benannt: Watt und Wattsekunden bzw. Kilowattstunden.

Fassen wir die ersten beiden Kapitel in einem Absatz zusammen. Seit Entstehen unseres Sonnensystems und der Ausbildung einer Atmosphäre auf der Erde bedingen die Planetenbahn, die Ekliptik (Obliquität), das Pendeln der Erdachse, die Strahlungsschwankungen der Sonne und intergalaktischer Staub, dass die auf die Erde eingestrahlte Energie zeitlich unterschiedlicher Intensität ist. Die Erde selbst ist ein Wärmestrahler, der nicht nur eingestrahlte Energie als Infrarotstrahlung abgibt, sondern aufgrund des Temperaturgradienten Erdkern-Weltraum selbst fortwährend abkühlt. Das Newtonsche Abkühlungsgesetz gilt auch hier. Folglich ist der Energiehaushalt der Erde nie über einen längeren Zeitraum – Jahrtausende und Jahrmillionen – konstant gewesen und wird es nie sein. Als Konsequenz ist die in der Atmosphäre „hängen gebliebene" Energie variabel und bedingt die Verhältnisse auf dem Festland und in den Ozeanen. Dazu kommt, dass über die Jahrmillionen die Erdkruste wie Flöße auf dem Erdmantel schwimmt, somit die Kontinente ihre Position in den geografischen Längen und Breiten stets verändert haben und weiter verändern. Dies wiederum hat drastische Auswirkungen auf Meeresströmungen sowie Temperaturverlauf und Niederschlagsmengen. Und selbstverständlich spielte und spielt der Vulkanismus eine nicht unbedeutende Rolle. Von gewaltigen Asteroideneinschlägen ganz abgesehen. Ebenso logisch wie zwingend ist die Auswirkung auf die Gesamtstrahlungsbilanz aus der durch Menschen verursachten gewaltigen Änderungen der Erdoberfläche infolge Entwaldung, Bebauung und anderem mehr. Und selbstverständlich der damit verbundenen Umwandlung fossiler Energieträger in deren gasförmige Oxidationsprodukte. Die biochemische Bindung von Kohlenstoffdioxid in Pflanzen und deren Fixierung als Steinkohle erfolgte auf die Dauer von etwa 160 Millionen Jahren ab rund 360 Millionen Jahren vor unserer Zeit und sorgte neben dem wesentlich früher eingesetzten Silikat-Carbonat-Kreislauf für eine Absenkung des atmosphärischen CO_2-Gehalts auf bis zu 100 ppm.

Und damit bis nahe an den Kipppunkt der ständigen globalen Vereisung. Erdöl bildete sich ebenfalls aus Biomasse unter Druck und erhöhter Temperatur. Mit dem Verfeuern der damals gebildeten Fossilstoffe erfolgt die Umkehrung des seinerzeit natürlichen Prozesses. Als Konsequenz muss sich zwangsläufig die Zusammensetzung der Atmosphäre ändern und damit auch die Wechselwirkung mit dem Strahlungshaushalt der Erde. Wenn alle in der Erdkruste gespeicherten fossilen Energieträger wieder in ihre Oxidationsprodukte Wasser und Kohlenstoffdioxid umgewandelt wären, dann bewegten wir uns wieder Richtung 800 ppm CO_2 in der Atmosphäre, aber mit wesentlich weniger Sauerstoff als im Zeitalter des Karbon.

Mit dieser Zusammenfassung sind wir allerdings in die schmale Einbahnstraße „Monokausale Wirkung" gefahren, so wie alle Wissenschaftler und Politiker, die ausschließlich Treibhausgase wie CO_2 und Methan für die Erwärmung der Erdatmosphäre verantwortlich machen. Wie im Anhang, Seite 253, Abbildung 3 gezeigt, beruht das Temperaturgefüge der Erdatmosphäre wesentlich auf dem Verhältnis der eingestrahlten Sonnenenergie zum reflektierten langwelligen Anteil ins Weltall. Alles, was in der Atmosphäre „hängenbleibt", bestimmt deren Energiegehalt und damit die Temperatur.

3.

Wetter – Klima – Klimaparadies

Wetter und Naturbeobachtungen sind so alt wie die Menschheitsgeschichte, denn sie waren unabdingbar für kurzfristig durchzuführende Aktionen zur Sicherung des Überlebens. Aber auch für die Planung administrativer Maßnahmen. Zum Beispiel spielte die genaue Vermessung des Nilpegels zur Zeit der Nilschwemme durch die Priester der Pharaonen zur Abschätzung der kommenden Ernte und ihrer Abgaben eine staatstragende Rolle. Wo das Wetter Wohl und Wehe der Menschen bestimmte, da waren die dafür zuständigen Gottheiten nicht weit. Im alten Ägypten wurde die Ankunft der Nilflut mit Festlichkeiten und Kulthandlungen gefeiert und der Gott Hapi den Überlieferungen zufolge manchmal eigenständig als Opferempfänger erwähnt. Eigentlich war er als einer der vier Söhne des Horus für den Schutz der Lungen bei mumifiziertem Eingeweide zuständig.[109]

In nahezu allen untergegangenen Kulturen dieser Erde spielten Wettergötter wichtige Rollen. Oftmals gegliedert in die Unterabteilungen Wind, Regen, Blitz und Donner sowie Fruchtbarkeit. Der Blitze schleudernde Zeus Griechenlands hatte seinen Berufskollegen Thor bei den Germanen und einen entfernten Verwandten namens Raijin in Japan, der eben dort als Donnergott fungierte. Auch das monotheistische Christentum kam nicht ganz ohne Wettergott aus. Im Volksglauben wurde Petrus als Wettergott der Nachfolger von Thor,

---

109 Altenmüller, Hartwig; Kloth, Nicole (Herausgeber): Studien zur altägyptischen Kultur Band 38, Helmut Buske Verlag GmbH, Hamburg (2009). Hier: Prell, Diana: Der Nil, seine Überschwemmung und sein Kult in Ägypten, Seite 211-257.

denn als Inhaber der himmlischen Schlüsselgewalt konnte er auch die Himmelsschleusen zum Regnen öffnen. Petrus steht heute noch kulturgeschichtlich an Stelle des römischen Gottes Janus, dem vor ihm als Herrn über alle Türen auch die Oberaufsicht über die Wolken, die Winde, das Meer und die Erde oblag.[110] Noch heute sprechen wir umgangssprachlich vom Wettergott Petrus, der die Schleusen öffnet. Oder vom Wettergott Petrus, der es gut mit uns meint.

Im Spätmittelalter und in der Frühen Neuzeit hatten die alten Wettergötter ihre Ämter endgültig aufgeben müssen. Gute Ernten waren der Lohn für frommes Handeln, Unwetter wurden sündigem und gotteslästerlichem Verhalten zugeschrieben. Straftheologische Interpretationen der Wettergeschehnisse hatten bis ins 19. Jahrhundert immer dann Konjunktur, wenn Existenznot um sich griff. So ganz konnte sich der christliche Monotheismus doch nicht von der alten Götterwelt abkoppeln. Zudem wurde nach Geschlechterrollen differenziert. Und nach ethnischer bzw. religiöser Herkunft. Für Missernten und Unwetter mussten oft genug Juden herhalten. Die von der katholischen Kirche gebrandmarkten Christusmörder konnten sich dann nicht einmal durch Schutzgeldzahlungen retten. Wurden Feuersbrünste dem männlichen Geschlecht zugeschrieben, so fielen Hagelschlag und erntevernichtende Unwetter eindeutig ins Ressort der Hexen. Dazu ein Text aus einer alten Chronik:

Anno (1562) hat sich Korn, Wein, Obs, vnnd alles dessen der Mensch geleben soll vber die massen reichlich und schön erzeygt vnd frühe auf der bahn gewesen aber vmb Lorentzj (10. August) *gab es ein Hagelwetter, welchs 4 Meil breit Korn vnd Wein, die Vögel in der Lufft die Hasen auch alles anders auff dem Feld in grund erschlagen.*[111]

---

110 https://www.heiligenlexikon.de/BiographienP/Petrus.htm

111 Ginschopff, Johann: Chronica/ Oder Eygendtliche Beschreibung vieler Denckhwürdigen Geschichte[n]/ die sich im Fürstenhumb Württemberg/ sonderlichen umb Stutgart herzugetragen/ und beschrieben

Im Zusammenhang mit diesem Unwetter wird dann im Stuttgart Chronikschreiber (1275–1846) vermerkt: *„Man schrieb dies Ungewitter einer Hexenversammlung auf der Feuerbacher Heide zu und verbrannte deswegen in Stuttgart mehrere alte Weiber.“*

Hexen trieben in den Köpfen der Menschen noch ihr Unwesen, als in Europa längst das Licht der Aufklärung entzündet war. Die Werke von Jean-Jacques Rousseau, Voltaire, Kant, Lessing oder John Locke konnten den Aberglauben nicht vertreiben. Zudem verharrte der Hexenwahn nicht bei den alten Frauen. In Bayern, mitten in der Blütezeit der Aufklärung, wurde die 15-jährige Maria Veronika Ephrosina Zerritsch in Landshut wegen Entehrung heiliger Hostien, dem Heraufbeschwören eines Hagelwetters, der Verzauberung zweier Kinder und eines Studenten sowie wegen Geschlechtsverkehrs mit dem Teufel 1756 zum Tod durch den Scheiterhaufen verurteilt. Mildernde Umstände erlaubten ein vorheriges Köpfen.

Abgesehen davon, dass im finsteren Bayerischen Wald nach dem Zweiten Weltkrieg zuweilen noch Hexen und Hexer zumindest in den Köpfen einiger Menschen herumspukten, in London wurde 1944 die 46-jährige Helen Duncan wegen Beschwörung der Geister anlässlich einer Séance zu einer Freiheitsstrafe verurteilt. Das war vordergründig, denn sie hatte während der Sitzung militärische Geheimnisse ausgeplaudert, die sie eigentlich nicht hatte wissen können. Dem Urteil lag noch das Hexengesetz von 1735, der *Witchcraft-Act* zugrunde, das erst 1951 vom seinerzeitigen Premierminister Winston Churchill abgeschafft wurde. Sie sehen also, nicht nur obsolete Gesetze überdauern Epochen, sondern in unserem ach so aufgeklärten Europa wächst auf dem fruchtbaren Humus der Irrationalität noch so manches skurrile Pflänzchen abseits jeglicher

---

worden, 1630. Göttinger Digitalisierungszentrum, Niedersächsische Staats- und Universitätsbibliothek Göttingen.

Logik. In einigen Staaten Afrikas, aber auch in anderen Erdteilen, treiben Hexen, Teufel und Dämonen weiterhin ihr Unwesen. Doch vom Geistertreiben zurück zum Wettertreiben.

Unsere Vorfahren im Hochmittelalter bis in die Neuzeit hinein mussten mit dem Wetter zurechtkommen, nicht mit dem Klima. Daran hat sich bis heute nichts geändert. Lediglich mit dem Unterschied, dass Wetterkapriolen seinerzeit fatal ausgingen für ganze Dörfer und Landstriche. Heute wird es als Katastrophe medial gefeiert, wenn Bahnverbindungen kurzfristig ausfallen wegen umgestürzter Bäume und Stromausfällen. Über die Wettergeschehnisse von damals geben alte Chroniken Auskunft, konsequente gebietsübergreifende Aufzeichnungen über Niederschläge und Temperaturen gab es erst wesentlich später. So gibt es Berichte, wonach in der sogenannten Mittelalterlichen Warmzeit (ca. 950–1250 n. Chr.) selbst im Kölner Raum noch Feigen reiften und sogar in Schottland Wein angebaut wurde. Andererseits aber zum Beispiel 1077 *„... so dass vom 11.11. der Fluß Rhein, nachdem er durch die eisige Kälte gebunden worden war, beinahe bis zum 1.4. als Fußweg passierbar blieb, und in sehr vielen Orten die Weinberge ganz und gar vertrockneten, nachdem sie durch die Kälte mit der Wurzel ausgetrocknet worden waren ... Selbst in Oberitalien war die Kälte so stark, daß dort viele Reben erfroren."*[112]

Einer anderen Chronik zufolge war ein Jahr zuvor der Bodensee vollständig zugefroren, so dass Eisprozessionen von Hagnau auf der heute deutschen Seite ins acht Kilometer gegenüber auf der Schweizer Seite liegenden Münsterlingen durchgeführt wurden. Seit 875 bis 1900 trat die sogenannte *Seegfrörne* immerhin 43 mal auf ohne Rücksicht auf die Mittelalterliche Warmzeit, innerhalb der siebenmal die Chronisten davon berichten.

---

112 Aus: Monumenta Germaniae Historica Band 7 – Lamberti Hersfeldensis Annales Seite 134-263; Originaltext in Latein.

In den Jahrzehnten vorher sorgten heiße trockene Sommer für versiegende und vertrocknete Bäche, Weiher und Brunnen. Gefolgt von kalten und nassen Jahren, in denen im Sommer weder Getreide noch Früchte oder Wein reiften. Dann wiederum wurde es so heiß, dass zum Beispiel 1083 viele Fische in den Teichen eingingen. Im Jahre 1112 kam es im Bamberger Raum durch die große Sommerhitze und extremer Trockenheit zu Schäden an Bäumen und Anbaufrüchten, ein Jahr später sorgte die heiße Dürre sogar für schlimme Waldbrände.

Bei aller Diskussion um einen durch Menschen verursachten Klimawandel – manche Presseorgane und vor allem Politiker sprechen gewohnt sensationsheischend von einer Klimakatastrophe – sollten wir unabhängig von den oben genannten Klimaindikatoren einfach einmal in alten Chroniken blättern. Im Jahre 1185/86 blühten in der Schweiz im Januar die Obstbäume, im Mai wurde geerntet, im August war bereits der Wein gekeltert. Im Winter 1289/90 blühten zu Weihnachten die Bäume und in den Gärten frische Blumen, in den Flüssen konnte man noch baden. Anfang Januar brüteten die Vögel und Mitte Januar pflückten die Menschen reife Erdbeeren. Auch 1327/28 blühten im Januar die Bäume, im April die Rebstöcke, Ende Mai begann die Getreideernte und Ende Juli die Weinlese. 1473 konnten im November zum zweiten Mal in diesem Jahr Kirschen gepflückt werden. 1529/30 werden in Kirchenchroniken zu Neujahr und dem Dreikönigstag Kränze aus frischen Veilchen und Kornblumen erwähnt. Zehn Jahre vorher fiel am 30. Juni in Köln Schnee. Sie sehen, die in Mitteleuropa registrierten Wetterkapriolen schlugen nach beiden Seiten hin aus. Dabei darf nicht übersehen werden, dass die zur Verfügung stehenden Klimadaten eindeutig dafür sprechen, dass die globale mittlere Oberflächentemperatur in Laufe des ersten Jahrtausends n. Chr. mit einer Bandbreite von +/- 0,2 °C um etwa 0,5 °C unter dem 30-jährigen Mittel von 1961–1990 lag. Etwa ab 1000 n. Chr. kam es zu einer globalen Abkühlung, deren Minimum um das 17. und 18. Jahrhundert erreicht war. Deshalb spricht man auch von der kleinen Eiszeit. Während der Wetterkapriolen wie in den vorangegangenen Epochen gang und gäbe waren, Sturmfluten, Hochwässer, Wirbelstürme und Hagelunwetter eingeschlossen.

Bereits 1342 stellte das sogenannte Magdalenenhochwasser[113] das Oderhochwasser 1997 oder das Elbehochwasser 2002 weit in den Schatten. Immense Regenfälle vom 19. bis 22. Juli riefen seinerzeit heute unvorstellbare Überflutungen im gesamten Main-Rhein-Gebiet hervor, aber auch an Elbe, Weser und Donau. In der Donauregion ertranken über 6000 Menschen, anderswo noch mehr. Angesichts der im Vergleich zu heute wesentlich dünneren Besiedelung eine unbeschreibliche Katastrophe. Die ehemals blühende Handelsstadt Duisburg wurde praktisch weggeschwemmt, vorbei der Handel, seit der großen Flut eine Ackerbürgerstadt, Haupterwerb Landwirtschaft. Im Maingebiet war alles landunter für vier Wochen. Anschließend kamen Hunger und Pest.[114] Was damals als Gotteszorn und Strafe für die sündige Menschheit gedeutet wurde, war nach heutiger Kenntnis als Auslöser ein starkes Mittelmeertief[115].Die Folgeschäden waren zum Großteil der starken Entwaldung im 14. Jahrhundert geschuldet. Massive Murenabgänge und Schluchtenreißen bedingten schier unglaubliche Erosionen. Allein im Taunusgebiet wurde die Masse des erodierten Mutterbodens auf circa 13 Milliarden Tonnen geschätzt. Das ist etwa so viel, wie unter

113 Damals erfolgte die Benennung des Datums nach dem Heiligenkalender. Hier der Namenstag am 22. Juli der St. Maria Magdalena (Maria von Magdala, Gefährtin von Jesus, siehe Philippusevangelium aus Nag Hammadi, Vers 32 und Vers 55).

114 Aus: https://de.wikipedia.org/wiki/Magdalenenhochwasser_1342

115 Ein als Vb-Wetterlage bezeichnetes Mittelmeertief, das von Italien über die Poebene oder die Nordadria nordostwärts über Deutschland zieht. Beim Magdalenenhochwasser wird vermutet, dass sich das Tief dann vom Südosten kommend in nordwestlicher Richtung über Deutschland hinwegbewegte.

Normalbedingungen in zwei Jahrtausenden infolge intensiver landwirtschaftlicher Bodennutzung verloren geht.

Der von R. Glaser erstellte Dezennienindex für Niederschläge und Temperaturverlauf im Zeitraum 1000 bis 2000 n. Chr. weist für die Periode von 1000 bis 1200 moderat niederschlagsreiche Winter und Frühlinge und größtenteils warme niederschlagsreiche Sommer und Herbste auf. Dabei aber mit relativ großen Temperaturdifferenzen und sogar Temperatursprüngen zwischen den Jahreszeiten. Sulfatablagerungen in Sedimenten, im antarktischen und Grönlandeis lassen vermuten, dass ein gewaltiger Ausbruch des Vulkans Samalas/Rinjani auf der indonesischen Insel Lombok 1257 n. Chr. Unmengen Asche und mit ihr zehnmal mehr Schwefeldioxid in die Stratosphäre schleuderte als der indonesische Krakatau 1883, dessen Sprengkraft immerhin auf das mehr als 10.000-fache der Hiroshima-Atombombe geschätzt wurde. Dieser „Event“ bildete den Auftakt für den Umbruch zwischen zwei Klima-Systemzuständen mit dem beginnenden 14. Jahrhundert. Aber auch hier muss man geografisch differenzieren: Im Sommer 1315 kam es in weiten Teilen West- und Mitteleuropas zu ungewöhnlicher Kälte und Regenfällen, wogegen weite Mittelmeergebiete unter extremer Hitze und Dürre zu leiden hatten. Das wirtschaftliche Ergebnis blieb deckungsgleich – Ernteausfälle und Hungersnöte. Selbst im Niltal verursachte das veränderte Niederschlagsmuster im Quellgebiet des Nils Hungersnöte, weil die Nilfluten mal zu hoch, mal zu niedrig ausfielen.[116/117] In der

116 Österreichische Akademie der Wissenschaften: Kleine Eiszeit. Dürre, Pest und Kälte: wie der Klimawandel das Mittelalter veränderte. 12.12.2019. https://www.oeaw.ac.at/detail/news/duerre-pest-und-kaelte-wie-der-klimawandel-das-mittelalter-veraenderte.

117 Preiser-Kapeller, Johannes and Mitsiou, Ekaterini. „The Little Ice Age and Byzantium within the Eastern Mediterranean, ca. 1200–1350: An Essay on Old Debates and New Scenarios“. The Crisis of the 14th Century: Teleconnections between Environmental and Social Change?, edited by

Jahrhundertfolge sanken in manchen Regionen die Durchschnittstemperaturen um ein bis eineinhalb Grad Celsius. Dem nicht genug, ab 1310 breitete sich entlang der Handelswege zuerst eine Viehseuche und dreißig Jahre später die Pest aus. Die Mobilität der Geschäftsleute war bereits damals die Grundlage für Pandemien, so wie heute.

Eine Bemerkung zur Mittelalterlichen Warmzeit. Klima als die Gesamtheit aller Wetterereignisse über einen längeren Zeitraum in einem größeren Gebiet ist und bleibt geografisch begrenzt. So auch die warme Phase bis zum Hochmittelalter, also bis 1250 nach Christus. Global betrachtet mag sie für die nördliche Erdhalbkugel gegolten haben. Anderswo aber war es kühler, zum Beispiel im tropischen Pazifik.[118] Deshalb ist es wenig aussagekräftig, anhand von globalen Mittelwerten oder regional aufgeschlüsselter Werte der Klimaelemente diese auf die gesamte Erde zu beziehen. Zumindest solange weltweit kein dichtes Netz von Messstationen existierte, das sämtliche relevanten Klimaelemente erfasste. Das sind in ihrer Gesamtheit Lufttemperatur, Niederschlag, Luftfeuchtigkeit, Bewölkung und Wind. Dazu gehören auch Strahlung, allgemeine atmosphärische Zirkulation, Vertikalbewegungen der Luftschichten, Meeresoberflächentemperatur und Meeresströmungen. Analoges gilt für Proxydaten, auch die sind für Aussagen zu einem Globalklima nur dann ausreichend, wenn sie für den gleichen Zeitraum über den gesamten Globus verteilt in ausreichend großer Zahl vorhanden sind.

Nicht zu vergessen bei den relevanten Klimaelementen die durch natürliche und anthropogene Aktivitäten emittierten Partikel in der

---

Martin Bauch and Gerrit Jasper Schenk, Berlin, Boston: De Gruyter, 2019, pp. 190-220. https://doi.org/10.1515/9783110660784-010

118 Mann, M. E. et al. „Global Signatures and Dynamical Origins of the Little Ice Age and Medieval Climate Anomaly." Science 326.5957 (2009): 1256-1260. Web.

Luft, teilweise bis in die Stratosphäre. Dazu zählen Vulkanausbrüche, Sandstürme, Waldbrände ebenso wie Feinstäube aus Heizung, Industrie, Verkehr und Landwirtschaft. Solche Partikel können Sonnenlicht absorbieren, reflektieren und brechen. Rußpartikel sind in der Lage, Sonnenlicht und Infrarotstrahlung zu absorbieren, speichern also Energie in der Atmosphäre. Andere Partikel reflektieren Licht, vermindern somit die eingestrahlte Sonnenenergie. Je nach Partikelgröße wird das Sonnenlicht besonders im Rotbereich gebrochen, was sich an spektakulären Sonnenuntergängen zeigte und zeigt. So sorgte zum Beispiel der Ausbruch des indonesischen Vulkans Tambora 1815 auch in Europa für besonders intensive rotgefärbte Sonnenuntergänge mit der Folge, dass man annahm, die damaligen Maler wie zum Beispiel William Turner hätten die natürlichen Farben absichtlich verfälscht. In Wirklichkeit bildeten sie ab, was sie sahen. Sonnenuntergangsgemälde aus 500 Jahren lassen sich mit den Proxydaten aus Eisbohrkernen und Sedimenten dabei gut in Einklang bringen. Aus der dabei festgestellten Verschiebung der Rot-Grün-Anteile lässt sich sogar die Luftverschmutzung seit der Industrialisierung von 1850 bis 1900 ablesen.[119]

Die Menschen in Mitteleuropa litten noch 1783 unter einem extrem heißen Sommer, in dem die Brunnen versiegten und zum Beispiel die Mosel mit trockenem Oberkörper durchwatet werden konnte.[120] Dann folgte ein heute unvorstellbarer harter Winter, dass sogar die Menschen in ihren Betten erfroren sind. Mehrfach gefror die Mosel vollständig zu. Im Folgejahr kam es im Februar

119 Zerefos, C.S. et al.: Further evidence of important environmental information content in red-to-green ratios as depicted in paintings by great masters; Atmos.Chem.Phys., 14, 2987-3015, 2014. https://doi.org/10.5194/acp-14-2987-2014.

120 Willi Westermann: Das Jahrtausendhochwasser von 1784. Arbeitskreis für Heimatkunde Mittelmosel, Traben-Trarbach, Jahreszeitschrift 1994.

zu einem gravierenden Witterungsumschwung mit Warmluft und Starkregen, so dass es durch Eisbruch und Eisstau im Verbund mit der Schneeschmelze zu extremem Hochwasser kam. An der Mosel zum höchsten bis heute durch Hochwassermarken bezeugte Winterhochwasser. Nicht nur da ertranken viele Menschen und wurden Häuser und Scheunen mitgerissen, auch im Neckar-, Main-, Donau- und Elbegebiet vergleichbare Katastrophen.

Diesem Phänomen vorausgegangen war der Ausbruch der Laki-Kraterreihe im Süden Islands am 8. Juni 1783 bis zum 7. Februar 1784. Die Eruptionen müssen so gewaltig gewesen sein, dass die insgesamt 130 Krater zwölf bis fünfzehn Kubikkilometer Lava hoch in die Atmosphäre schleuderten, dazu schätzungsweise 122 Millionen Tonnen Schwefeldioxid und 15 Millionen Tonnen Fluorwasserstoff sowie sieben Millionen Tonnen Chlorwasserstoff. In Reaktion mit Wasser entstanden dabei schwefelige Säure, Flusssäure und Salzsäure. Ein Staubnebel legte sich über Europa und Nordamerika, dem ein Temperatursturz durch die verminderte Sonneneinstrahlung bis Mitte Januar 1784 folgte. Allein auf den Britischen Inseln starben rund 25.000 Menschen.[121/122/123] Bei dieser Tragödie handelte es sich wohlbemerkt um eine durch Vulkanismus bedingte Wetteranomalie, nicht um einen Klimawandel und noch weniger um eine Klimakatastrophe.

---

121 Man Against Volcano: The Eruption on Hemaey, Vestmannaeyjar, Iceland; USGS Sci-ence for a Changing World. 32 Seiten.

122 John Grattan et al.: Human Sickness and Mortality Rates in Relation to the Distant Eruption of Volcanic Gases: Rural England and the 1783 Eruption of the Laki Fissure, Iceland; Case Study, Western Oregon University, p. 19-23.

123 Getreue Beschreibung der letzten außerordentlichen Ueberschwemmung in Teutschland; Herausgegeben von dem kurfürstl. privil. Zeitungs und Addressekomtoir; München, Bayerische Staatsbibliothek; urn:nbn:de:bvb:12-bsb10015342-6; 73 Seiten.

Bis in das 17. Jahrhundert liefern die Chroniken keine präzisen Angaben zum Wettergeschehen. Sie beschränkten sich bei den Kriterien auf das, was für die Menschen damals existenziell wichtig war: Die Aussaat, deren Keimen, Wachstum und Ernte. Unwetter, Trockenperioden und Kälte waren dann erwähnenswert, wenn sie die Lebensgrundlage gefährdeten. So schrieben folglich die Chronisten neben Überschwemmungen und Eisstau über zugefrorene oder ausgetrocknete Bach- und Flussläufe, über den Zeitpunkt und den subjektiv eingeschätzten Ertrag der Reben und der Kornfelder. Wobei dem Wein eine besonders wichtige Rolle zukam, diente er doch neben dem Bier als Hauptgetränk, denn Wasser zu trinken barg immer das Risiko von Magen- und Darmerkrankungen. Denn es wurde bis über das Mittelalter hinaus in der Regel aus den Gewässern entnommen, in denen auch die Fäkalien von Mensch und Tier landeten.

Die systematische Messung und Registrierung von Luft- und Wassertemperatur, von Luftdruck und Luftfeuchtigkeit war erst mit der Erfindung entsprechender Geräte möglich. Und auch dann dauerte es noch bis ins 17. Jahrhundert, bis verlässliche und vor allem regelmäßige Wetteraufzeichnungen durchgeführt wurden. 1592 schuf Galileo Galilei das erste verwendbare Thermoskop, bei dem die Temperaturänderung durch die Wärmeausdehnung des Wassers festgestellt wurde. Er war aber nicht er Erste. Bereits der im 3./2. Jahrhundert v. Chr. lebende Grieche Philon von Byzanz beschrieb in seinem Buch 5 die Pneumatik, die Kraft des Wassers und des Vakuums. Sein Versuchsmodell: eine hohle mit Wasser und Luft gefüllte Kugel, über ein Röhrchen mit einem offenen Behälter verbunden. Je nach Erwärmen oder Kühlen der Kugel wird Wasser durch das Röhrchen herausgedrückt oder angesaugt. Somit eigentlich die Urform des Gasthermometers.

Der deutsche Physiker Daniel Gabriel Fahrenheit[124] entwickelte, angeregt durch den dänischen Astronomen Ole Rømer, eine Temperaturskala zunächst für sein Alkoholthermometer, 1714 dann für das Quecksilberthermometer. Von einheitlichen Messdaten konnte in der Folge keine Rede sein. Da gab es bereits die Rømer-Skala, später 1730 die nach dem Franzosen Réaumur[125] benannte Skala, dann folgte ab 1859 die Rankine-Skala[126] basierend auf dem absoluten Nullpunkt -273,16 °C), ferner die bereits 1742 vorgeschlagene Celsius-Skala[127] und schließlich die 1848 entstandenen Kelvin[128]

---

124 Daniel Gabriel Fahrenheit (1686–1736), deutscher Physiker, entwickelte die nach ihm benannte Temperaturskala (Grad Fahrenheit °F) anhand von drei Fixpunkten: eine Kältemischung aus Eis, Wasser und Ammoniumchlorid 0°F, Gefrierpunkt des Wassers 32°F und die Körpertemperatur eines gesunden Menschen 96°F. 1893 gesetzlich eingeführt in den USA, wo Grad Fahrenheit noch heute verbindliche Temperaturangabe ist.

125 René Antoine Ferchault de Réaumur (1683–1757), französischer Natur- und Materialforscher, forschte über die Entstehung der Schalen bei Schalentieren, entwickelte die nach ihm benannte Temperaturmessung, beschäftigte sich mit der Herstellung von Stahl, Glas und Papier und veröffentlichte sechs Bände über Insekten. Entdeckte bei Bienenvölkern die Gliederung in Königin, Drohnen und Arbeitsbienen.

126 William John Macquorn Rankine (1820–1872), schottischer Physiker und Ingenieur, gilt als einer der Begründer der Thermodynamik, im Rahmen seiner Beiträge zur Theorie der Dampfmaschine ist der Clausius-Rankine-Kreisprozess neben Clausius nach ihm benannt.

127 Ander Celsius (1701–1744), schwedischer Astronom, Mathematiker und Physiker. Berücksichtigte als erster beim Siedepunkt des Wassers den Einfluss des Luftdrucks.

128 William Thomson (1824–1907), britischer Physiker, Arbeiten über Thermodynamik, Elektrizität und Magnetismus, Entdecker des Joule-Thomson-Effekts (Erwärmung von Gasen bei Kompression, Abkühlung bei Ausdehnung) und vielem mehr. 1892 als Baron Kelvin of Largs in den erblichen Adelsstand erhoben.

Letztendlich mischten noch Grad Delisle[129] und Grad Newton[130] mit. Aber es dauerte noch zweihundert Jahre, bis 1948 das Grad Celsius bei der 9. Internationalen Generalkonferenz für Maß und Gewicht in Paris als Internationale Maßeinheit (SI-System) eingeführt wurde ebenso wie 1954 das Grad Kelvin, das seit 1967 einfach Kelvin heißt.

Wie mit so vielem beschäftigte sich Galileo Galilei im Rahmen des Brunnenbaus auch mit Saugpumpen und führte in Florenz Versuche zur Bestimmung des Gewichts von Luft durch. Aber erst seinem Nachfolger Torricelli[131] gelang 1644 mit der Erfindung des Quecksilberbarometers der Durchbruch bei der Messung des Luftdrucks. Es dauerte jedoch noch geraume Zeit, bis gestützt auf die Experimente von Pascal[132] seinerzeit akzeptiert wurde, dass Luft tatsächlich ein Gewicht hat und die Luftdruckunterschiede in Verbindung mit den Temperaturunterschieden ursächlich sind für Wind, wie schon Torricelli vermutet hatte.

---

129 Joseph-Nicolas Delisle (1688–1768), französischer Astronom und Kartograph, wirkte an der Pariser Sternwarte und 22 Jahre in Sankt Petersburg, ausländischer Ehrenmitglied der Akademie der Wissenschaften in Russland und der Leopoldina in Deutschland. Die nach ihm benannte Temperaturskala war bis ins 19. Jahrhundert in Russland gebräuchlich.

130 Isaac Newton (1642–1727), englischer Physiker, Astronom und Mathematiker, formulierte das Gravitationsgesetz und die Bewegungsgesetze, Begründer der klassischen Mechanik, entwickelte zeitgleich mit Leibnitz die Infinitesimalrechnung und vieles anderes.

131 Evangelista Torricelli (1608–1647), italienischer Physiker und Mathematiker, übertrug die Gallileischen Fallgesetze auf ausströmende Flüssigkeiten (Torricellisches Aufflussgesetz) und entwickelte 1644 das Quecksilberbarometer. Schuf entscheidende Beiträge zur Infinitesimalrechnung.

132 Blaise Pascal (1623–1662), französischer Mathematiker, Physiker, Literat und Philosoph. Zahlreiche Veröffentlichungen auf dem Gebiet der Physik, Mathematik, Informatik, Philosophie und Astronomie.

Der Einfluss der Luftfeuchtigkeit auf das Wettergeschehen wurde zwar oft „gefühlt", bereits im Mittelalter beobachtete man bei Blütenständen von getrockneten Pflanzen, dass sich deren Hüllblätter je nach Luftfeuchtigkeit krümmen. Besonders ausgeprägt bei der Silberdistel, deren Blattunterseite mehr Feuchtigkeit – da bodennäher – aufnimmt als die Oberseite und sich deshalb krümmt. Weshalb sie auch Wetterdistel genannt wird. Konsequent dienten bestimmte Naturstoffe als Messgrundlage für die Luftfeuchtigkeit. Etwa bei Robert Hooke[133], der aus der Krümmungsradius von Haferkornschalen das Maß der relativen Luftfeuchtigkeit ableitete. Bereits etwa 200 Jahre früher hatte sich Leonardo da Vinci mit der Messung von Luftfeuchtigkeit beschäftigt. Er bestimmte die Aufnahme der Feuchtigkeit bei einer vorgegebenen Menge trockener Baumwolle mittels einer empfindlichen Balkenwaage. Der Genfer Naturforscher Saussure[134] entwickelte in fünfjähriger Arbeit bis 1783 ein Haarhygrometer, das reproduzierbare und vergleichbare Messwerte ergab. Menschliches Haar dehnt sich bei Feuchtigkeitsaufnahme aus, bei Feuchtigkeitsverlust zieht es sich zusammen. Über eine Hebelanordnung lässt sich dies auf einer Skala anzeigen. Man verwendete dabei in der Regel blonde Frauenhaare, die besonders fein sind und empfindlich reagieren. Die Borsten von Männern sind völlig ungeeignet. Haarhygrometer sind noch heute gängige Handelsware mit einer Preisspanne von 10 bis 800 Euro, je nach

133 Robert Hooke (1635–1703), englischer Naturwissenschaftler und Universalgelehrter, Professor für Geometrie. Heute bekannt durch das nach ihm benannte Elastizitätsgesetz. Er prägte in der Biologie den Begriff „Zelle" und führte im Auftrag der Royal Society regelmäßige Wetterbeobachtungen durch, entwickelte hierfür meteorologische Messgeräte.

134 Horace Bénédict de Saussure (1740–1799), Genfer Naturwissenschaftler, erfand und verbesserte Messinstrumente, gilt als Erstbesteiger des kleinen Matterhorns und bestieg den Montblanc zu barometrischen und thermometrischen Messungen. Diese ergaben 1787, dass er der höchste Berg Europas ist.

Design. In Meteorologie und Industrie nutzt man heute chemische und physikalische (elektrische) Eigenschaften, etwa die elektrische Leitfähigkeit, die Absorption von Licht durch Wasserdampf bei bestimmten Wellenlängen, die Messung des kapazitiven Widerstandes und einiges mehr.

Die Erfassung von wetterrelevanten Daten beschränkt sich natürlich nicht auf Temperatur, Luftdruck und relative Luftfeuchtigkeit, sondern auch auf Messung der Wolkenhöhe und Wolkenbedeckung, auf Niederschlagsmessung, Richtung und Geschwindigkeit des Bodenwindes, von Sichtweite, Sonnenscheindauer und Strahlung und einigem mehr.

Seit 1975 erlaubt der Aufbau eines Netzes geostationärer Satelliten eine nahezu lückenlose Registrierung wetterrelevanter Daten wie Wolkenformen und Wolkenbewegung einschließlich Temperaturmessungen, Strahlungsmessung, Reflexionsvermögen der Erdoberfläche und sogar der Wellenbewegungen und die Höhe des Wellenkamms. Früher musste man mit Wetterballons auskommen.

Waren verlässliche Messmethoden geschaffen, so konnte man einen Datenpool anlegen, der Rückblick und Vergleich auf Wettergeschehnisse erlaubte. Die längste bis heute erfolgte Messreihe begann 1700 in *de Bilt*, einem Ort in den Niederlanden nahe Utrecht. In Berlin startete man 1719 damit. Das waren aber nur zwei Punkte auf der Weltkugel des Wettergeschehens, erst 1881 standen in Deutschland genügend räumlich verteilte Messstationen zur Verfügung, um die Temperaturverteilung in diesem Territorium verlässlich zu registrieren. Deshalb beziehen sich in der Regel Angaben über Extrem- und Durchschnittswerte auf die Zeitspanne seit damals,[135] also gerade mal 140 Jahre.

---

135 Deutscher Wetterdienst DWD: https://www.dwd.de/SharedDocs/faqs/DE/klima_faqkarussell/klimadaten_1.html

Physiker und Chemiker wissen seit Studienbeginn, dass alle Messungen gleich welcher Art stets mit einer gewissen Fehlerbreite einhergehen. Sie unterscheiden dabei zwischen absolutem und relativem Fehler. Liegt die Fehlerursache im Messsystem, etwa durch falsche Eichung, dann spricht man von systematischen Fehlern. Zufällige Fehler liegen dann vor, wenn die wiederholte Messung einer konstanten Messgröße mit derselben Messeinrichtung verschiedene Messwerte ergibt. Die kann man über Mittelwert, Standardabweichung und anderen stochastischen Methoden berechnen. Damit müssen sich auch die Meteorologen herumquälen, zumal jede Messmethode ihre eigene Fehlerbreite aufweist.[136] Somit können streng genommen Messwerte etwa der Temperatur nur dann exakt miteinander verglichen werden, wenn die verwendeten Messgeräte genau die gleiche Messgenauigkeit aufweisen. Diese kann deutlich von der Anzeigegenauigkeit abweichen. Es nützt also nichts, ein Thermometer mit 0,1 °C Anzeigegenauigkeit zu verwenden, wenn die Messgenauigkeit lediglich +/- 0,5 °C beträgt. Temperaturwerte, die zum Beispiel 1881 auf +/- 0,5 °C genau angegeben wurden, sind also nur bedingt mit den heutigen auf +/- 0,1 °C bestimmten zu vergleichen. Etwa im Sinne, seit 1881 habe die Durchschnittstemperatur um 0,3 °C zugenommen. Diese Aussage wäre nur dann korrekt, wenn man bereits damals auf 0,1 °C genau hätte messen können. Gleiches gilt natürlich auch für Luftdruck und relative Luftfeuchtigkeit.

Wir haben es also bei allen diesen Messungen mit einer systembedingten Bandbreite an Messergebnissen zu tun. Wie oben gezeigt ist diese Bandbreite mit heutigen Instrumenten schmal. Ganz anders verhält es sich bei Proxydaten, den indirekten Anzeigern für Klimadaten, wie sie in der Paläoklimatologie verwendet werden. Schluss-

136 Hans Löffler: Deutscher Wetterdienst, Leitfäden für die Ausbildung im Deutschen Wetterdienst: Meteorologische Bodenmesstechnik; 234 Seiten, 3. Auflage, 2012, Selbstverlag des Deutschen Wetterdienstes.

folgerungen und Deutungen daraus unterliegen aus den oben aufgezeigten Gründen einer wesentlich größeren Bandbreite, exakte punktgenaue Ergebnisse sind damit prinzipiell nicht möglich. Dies möchte ich Ihnen an einigen Beispielen zeigen, wobei keineswegs der Eindruck entstehen soll, dass die Gesamtwertung anzuzweifeln ist. Lediglich der Faktor „Unsicherheit“ soll damit nahegebracht werden.

Die Dendrochronologie ist eine Datierungsmethode, bei der die Jahresringe von Bäumen anhand ihrer Breite einer bestimmten bekannten Wachstumszeit zugeordnet werden. Bekanntlich wachsen Bäume in warmen feuchten Jahreszeiten schneller als in kalten trockenen. In Phasen schnellen Wachstums ist das Holz heller, in Phasen langsamen Wachstums dunkler. Also im Sommer-Winter-Zyklus. Dendrochronologische Erkenntnisse an Tropenhölzern sind demzufolge nicht möglich, da diese wegen der geringen Temperatur- und Niederschlagsschwankungen keine Jahresringe bilden. Die so gebildeten Jahresringe geben Aufschluss über die Wachstumsbedingungen. Die Baumscheibe einer kürzlich gefällten 1000-jährigen Eiche oder der Bohrkern der noch stehenden Eiche gibt zum Beispiel Auskunft über die Wachstumsbedingungen der letzten 1000 Jahre an dem Ort ihres Wachsens und damit über die während dieser Zeit herrschenden Witterungsbedingungen. Dies aber nur mit Vorbehalt. Denn das Wachstum wird und kann zusätzlich beeinflusst werden durch die Qualität des Erdreichs, durch die Wurzeltiefe, die wiederum vom Untergrund abhängt, vom Grundwasserspiegel, der sich zum Beispiel durch Brandrodung umliegender Areale ändern kann, durch Schädlingsbefall, Pilzerkrankungen, durch die Dichte des Baumbestands und anderem mehr. Mit anderen Worten, es entscheiden nicht nur Wind und Wetter, sondern die gesamten Standortbedingungen. Rückschlüsse auf klimatische Bedingungen in einer bestimmten Region sind also nur dann sinnvoll, wenn eine genügend große Anzahl von Holzproben der gleichen Baumart aus möglichst vielen Arealen dieser Region zur Verfügung stehen und die Baumringabfolge die Lebenszeiten der Bäume überlappt. Wie oben erwähnt können die Wachstumsbedingungen aufgrund unterschiedlicher Bodenbeschaffenheit unterschiedlich sein. Dann muss aber bei gleichen klimatischen Bedingungen das Dickenverhältnis der einander entsprechenden Ringe gleich sein. Nur auf diese Weise gelangt man Schritt für Schritt oder besser gesagt, Baum für Baum, in eine mehrtausendjährige Jahrringchronologie. Alles andere bedeutet Kaffeesatzlesen. Der Aufbau eines solchen Jahresringkalenders erfolgte zum Beispiel am Institut für Biologie der Universität Hohenheim mit dem Hohenheimer Jahrringkalender, der bis ans Ende der letzten Kaltzeit zurückreicht. Grundlage dafür waren eine große Anzahl an Bäumen und Holzproben aus Mitteleuropa, davon rund 6000 sogenannte Mooreichen und Kiefern aus Kiesgruben der süd- und ostdeutschen Flüsse.[137] Ähnlich weit zurückreichende Jahrringkalender gibt es bei der Belfast Oak Chronology, die in den 1980er Jahren in Irland entstand, wo Eichenhölzer, vor allem Sumpfeichen, aus vielen Perioden vorhanden sind und bis 5474 v. Chr. zurückreichen. In den USA (Kalifornien) erlaubt die Auswertung der Baumringe und Bohrkerne langlebiger Kiefern (Bristlecone pines) und der Riesenmammutbäume (Giant Redwood) die Erstellung dendrochronologischer Kalender.

Hat man alte Holzproben, die man nicht aufgrund der Baumringe zeitlich zuordnen kann, oder kohlenstoffhaltige Fossilien, dann kann man zur Altersbestimmung die Radiokarbonmethode verwenden. Auch hier muss man sich mit Messfehlern und Methodenunschärfe herumschlagen. Mit dem Versuch, Sie nicht zu langweilen, hier ein paar Grundlagen. Von Kohlenstoff gibt es, Stand heute,

137 Universität Hohenheim, Molekulare Botanik: https://botanik.uni-hohenheim.de/dendro_hoh-jahrringkalender

insgesamt 15 Isotope der relativen Atommasse acht bis zweiundzwanzig. Das heißt, alle Isotope haben zwar die gleiche Anzahl Protonen und Elektronen, aber unterschiedliche Anzahl Neutronen im Atomkern. Drei davon, ^{12}C, ^{13}C und ^{14}C kommen in der Natur vor, die anderen sind künstliche radioaktive Isotope, herstellbar in Kernreaktoren. Von den drei natürlichen Isotopen ist ^{14}C radioaktiv, innerhalb von ca. 5730 Jahren (Halbwertszeit) wandelt sich die Hälfte davon unter Betastrahlung in Stickstoff um. Von der verbleibenden Hälfte wieder die Hälfte im gleichen Zeitraum usw. ^{14}C entsteht fortwährend in den obersten Schichten der Erdatmosphäre durch Einwirkung der aus kosmischer Strahlung erzeugten Neutronen auf das Stickstoff-Isotop ^{14}N. Der Vorgang aus Bildung und Zerfall in der Atmosphäre mündet in ein Fließgleichgewicht, die Konzentration an ^{14}C in der Atmosphäre nimmt also einen konstanten Wert an. Der auf diese Weise gebildete ^{14}C-Kohlenstoff wird in einem bestimmten Zahlenverhältnis im Rahmen des Stoffwechsels in jeden Organismus eingebaut und, solange der Organismus lebt, wieder im gleichen Zahlenverhältnis ausgetauscht. Mit dem Eintritt des Todes bleibt die Situation „eingefroren“, von da an läuft der Zerfall des ^{14}C quasi als Uhr. Sofern es sich um Holz oder Muschelschalen handelt. Denn das ist im Folgejahr bereits tot, es nimmt ebenso wie die Muschelschalen nicht mehr am Stoffwechsel des Baumes oder Strauches teil. Deshalb können Muschelschalen über deren ^{14}C-Gehalt unter Vorbehalt zur Altersbestimmung herangezogen werden. Diese Uhrzeit kann man bestimmen, wenn man den radioaktiven Zerfall pro Zeiteinheit misst.

Soweit die plausible Erklärung für die Grundlage der ^{14}C-Altersbestimmung. Ist doch ganz einfach, oder? Wären da nicht die vielen Fehlerquellen, die einem die Ergebnisse verleiden können. Das fängt schon damit an, dass ^{14}C im atmosphärischen CO_2 nur in winzigen Mengen vorkommt. Genau gesagt, ein einziges ^{14}C-Atom unter einer

Billion anderen C-Atomen. Um das bildlich darzustellen: Eine Tonne reiner Kohlenstoff enthält lediglich ein millionstel Gramm ^{14}C. In sechs Gramm „modernem“ Kohlenstoff aus CO_2 zerfallen gerade mal drei ^{14}C-Atome pro Sekunde. Ohne eine Anreicherung müsste man unter Berücksichtigung der Fehlerrechnung 40.000 Zerfälle messen, um auf eine Genauigkeit von +/- 40 Jahren zu kommen. Das sind rund elf Stunden. Das ist die eine Seite. Die andere Seite ist die chemische Vorbereitung der Probe. Das beginnt mit der peniblen Einwaage auf mindestens ein Zehntel Milligramm genau, dann folgt in der Regel die chemische Behandlung mit Salzsäure, Natronlauge und wieder Salzsäure jeweils vier Stunden lang, dann die Umwandlung des so erhaltenen Zellulosematerials in CO_2 für die Messung. Jeder Schritt kann je nach Sorgfalt mit mehr oder weniger Materialverlust verbunden sein. Dann erst kann das so erhaltene CO_2 in ein Zählrohr eingefüllt und die Zerfallsrate gemessen werden, aus der dann die Altersbestimmung erfolgt. Aufgrund der Unschärfe der Messgenauigkeit ist bei einem Probenalter von 50.000 Jahren die Nachweisgrenze erreicht bei einer Fehlerabweichung von bis zu +/- 5000 Jahren. Seriöse Altersangaben nach der Radiokarbonmethode kann man für eine Zeitspanne bis vor etwa 12.000 Jahren erwarten, aber auch die nur mit einer gewissen Bandbreite.

Um wenigstens annähernd verlässliche Altersangaben zu erhalten werden in der Regel die Messgeräte anhand von Holzproben aus Jahresringen von Baumscheiben und Bohrkernen geeicht, womit wir wieder bei der dendrochronologischen Methode gelandet sind. Im Klartext heißt dies aber, dass die Radiokarbonmethode ebenso wie die Dendrochronologie nur dann verlässliche Aussagen zulässt, wenn verhältnismäßig viele Proben in ausreicher Menge vorhanden sind. Hinzu kommt erschwerend: Wir wissen nichts oder sehr wenig über die Schwankungen der kosmischen Strahlung und der Sonnenaktivität in vergangenen Zeiten. Dementsprechend kann sich mal mehr, mal weniger ^{14}C im Fließgleichgewicht mit dem übrigen Kohlenstoff in der Atmosphäre befunden haben, womit wiederum die Altersbestimmung verfälscht werden kann. Das ist nicht nur ein Vorgang aus der Vergangenheit, denn heute wird durch die Verfeuerung fossiler Brennstoffe praktisch ^{14}C-freies CO_2 in die Atmosphäre emittiert, so dass diese Bestimmungsmethode für künftige Forscher zunehmend problematischer wird. Bei den Messungen erfüllt das gute alte Zählrohr noch seine Dienste aus Kostengründen, moderne Messmethoden wie die Flüssigszintillations-Spektrometrie oder die Beschleuniger-Massenspektrometrie erlauben kürzere Messzeiten bei wesentlich höherer Genauigkeit. Sie sind aber wesentlich teurer. Und auch hier bleibt eine Bandbreite zeitlicher Zuordnung.

Altersbestimmungen und Rückschlüsse auf die Reaktionsbedingungen biochemischer und anorganischer Stoffumwandlungen längst vergangener Epochen lassen sich mit den oben gemachten Einschränkungen mit der Bestimmung einer Anzahl von Isotopenverteilungen durchführen. Bei allen chemischen und biochemischen Reaktionen erfolgt der Stoffumsatz mit den leichteren Isotopen ein klein wenig schneller als bei den schwereren. Somit reichern sich die leichteren Isotope in Zeiten konstanter Temperaturverhältnisse in einem Bestimmten Verhältnis in Sedimenten an. Ändert sich andererseits die Umgebungstemperatur, dann verdunstet zum Beispiel Wasser mit dem „normalen" und leichteren Sauerstoffisotop ^{16}O minimal schneller als Wasser mit dem minimal schwereren ^{18}O, das sich dann im Organismus von Meerestieren oder in anorganischen Stoffen anreichert. Seit es empfindliche Massenspektrometer[138] gibt, die

138 Bei der Massenspektrometrie werden verdampfbare chemische Verbindungen oder Elemente im Hochvakuum ionisiert und die entstandenen Ionen in einem elektrischen / magnetischen Feld entsprechend ihrer Masse unterschiedlich abgelenkt. Damit können sie mit geeigneten Detektoren selektiv qualitativ und quantitativ bestimmt werden.

eine quantitative Trennung von Isotopen zulassen, kann man solche Isotopenverhältnisse messen und damit Rückschlüsse auf die seinerzeitigen Reaktionsbedingungen gewinnen. Zum Beispiel bei Tiefseebohrkernen aus Kalkschalen von den Gehäusen von Einzellern, den Foraminiferen. Auf diese Weise kann man bis zu 200 Millionen Jahren zurückblicken. Aber auch hier gilt wie oben geschildert der Vorbehalt der Fehlermöglichkeit und vor allem der geografischen Zuordnung. Haben sich die Sedimente wirklich dort gebildet, wo sie heute gefunden werden? Wo haben sich bei küstennahen Fundstellen die Kontinente, die Landmassen früher befunden?

Ganz andere Probleme und Fragen tun sich bei der Bestimmung des atmosphärischen CO_2 in Eisbohrkernen auf. Nach internationaler Übereinkunft wird die Kenntnis über Zusammensetzung der Atmosphäre vergangener Epochen aus den kleinen Luftbläschen gewonnen, die im Eis der Antarktis und in Grönland eingeschlossen sind.[139] Angesichts der winzigen Luftbläschen geht es darum, unter einer Million Luftmoleküle weniger als 300 CO_2-Moleküle zuverlässig zu messen – bei Methan ist höchstens eines vorhanden. Mit Massenspektrometern ist dies prinzipiell in der erforderlichen Genauigkeit möglich, aber der Fehlerteufel liegt auch hier im Detail. Ohne genaue Kenntnis der untersuchten Bläschenvolumina sind die Messwerte nutzlos. Und auch dann bleibt eine Reihe von Unsicherheitsfaktoren: Wie hat sich vom ersten Schneefall über die Firnbildung bis zum Eis die Luftzusammensetzung geändert? Welche Diffusionsprozesse für welches Gas – Sauerstoff, Stickstoff, Kohlenstoffdioxid – erfolgten aus der „gefangenen“ Luft in das Eis im Laufe der Jahrtausende? Welchen Einfluss hatten die während

139 Zentralanstalt für Meteorologie und Geodynamik: Eisbohrkerne. – Ein Übersichtsartikel mit Literaturhinweisen auf: https://www.zamg.ac.at/cms/de/klima/informationsportal-klimawandel/klimaforschung/klimarekonstruktion/eisbohrkerne

auftretender Wärmeperioden entstehenden Schmelzschichten auf die tieferen Eisschichten und damit wiederum auf die Zusammensetzung der eingeschlossenen Luft? Wieviel an dabei archiviertem CO_2 ist auf diese Weise verloren gegangen? Ohne penible Klärung dieser und anderer Fehlermöglichkeiten hat die Zuverlässigkeit von Messwerten keinen Bestand. Das wurde nach der ersten Messeuphorie einigen Wissenschaftlern klar, die sich dann konsequent mit diesen Problemen beschäftigten.[140/141/142]

Ab Mitte des 19. Jahrhunderts begann man, das in der Luft enthaltene CO_2 experimentell zu bestimmen. Dazu wird heute bemängelt, der in Meyers Konversationslexikon aufgeführte Wert von umgerechnet 400 ppm sei falsch, da auf unzureichenden Messmethoden beruhend. Solchen Urteilen sollte man mit Vorsicht begegnen und sich die Mühe machen, die Originalschriften zu lesen.[143] Darin werden unterschiedliche Werte aufgeführt, je nach Ort, Tages- und Jahreszeit der Probennahme. Für Paris zum Beispiel zwischen 288 und 422 ppm, in Rostock 290 ppm und in Göttingen 320 ppm. Diese Werte passen gut in die Grafik von Abbildung 7, Anhang, auf Seite 255. Denn eines darf dabei nicht vergessen werden: Die Messungen erfolgten in dicht besiedelten Gebieten, in denen im Winter stets mit Holz oder Kohle geheizt und während des gesamten Jahres

140 Staufer, Bernhard: Die Zusammensetzung der Luft in natürlichem Eis; Zeitschrift für Gletscherkunde und Glazialgeologie, Band 17, Heft 1 (1981), S. 57-78.

141 Ahn, Jinho et al.: CO2 diffusion in polar ice: observations from naturally formed CO2 spikes in the Siple Dome (Antarctica) ice core; Journal of Glaciology, Vol. 54, No. 187, 2008, pp. 685-695.

142 Bereiter, B. et al.: Diffusive equilibration of N2, O2 and CO2 mixing ratios in a 1.5 million years old ice core, The Cryosphere Discuss., 7, 2029-2060, 2013, doi:10.5194/tcd-7-2029-2013.

143 Staufer, Bernhard: Die Zusammensetzung der Luft in natürlichem Eis; Zeitschrift für Gletscherkunde und Glazialgeologie, Band 17, Heft 1 (1981), S. 57-78.

wenigstens einmal täglich in jedem Haushalt gekocht wurde, also CO_2 durch fossile Energieträger fortwährend freigesetzt und damit im Stadtbereich auch gemessen wurde.

Das Argument der unzureichend durchgeführten und damit falschen Messungen geht ebenfalls an der Sache vorbei. Bereits 1858 veröffentlichte Max von Pettenkofer[144/145] eine Bestimmungsmethode, die aus der Sicht eines Chemikers auch heute noch alle erforderlichen analytischen Kriterien der so genannten Nass-Chemie – Gehaltsbestimmung ohne physikalische Methoden – erfüllt. Sogar auf die Korrektur des Luftdrucks auf Normalbedingungen, damals 760 Millimeter Quecksilber und Null Grad Celsius, hat er geachtet.

Wenn Ihnen die naturwissenschaftliche Detektivarbeit zur Klimageschichte zu trocken ist, dann bieten Ihnen weitere interessante Einblicke in die Wettergeschehnisse des letzten Jahrtausends die Bücher von Rüdiger Glaser[146] und speziell für die Schweiz Christian Pfister[147] eine Fülle an Informationen. Daneben die von R. Glaser

---

144 Max von Pettenkofer (1818–1901), Studium der Naturwissenschaft, Pharmazie, Chemie und Medizin an der Ludwig-Maximilians-Universität in München, Promotion in Medizin, Approbation zum Apotheker. 1852 weltweit erste ordentliche Professur für Hygiene, Aufbau des Hygieneinstituts in München. Bewirkte aufgrund der Choleraepidemie 1836/1837, dass bis 1883 in München die Einrichtung einer vorbildlichen Trinkwasserversorgung und eines leistungsstarken Abwassersystems erfolgte.

145 Dr. Max Pettenkofer: Über den Luftwechsel in Wohngebäuden, Kapitel: Über eine Methode die Kohlensäure in der atmosphärischen Luft zu bestimmen; München, Literarisch-Artistische Anstalt der J.G. Cotta'schen Buchhandlung, 1858.

146 Glaser, Rüdiger: Klimageschichte Mitteleuropas; Wissenschaftliche Buchgesellschaft Darmstadt, 2001.

147 Pfister, Christian: Wetternachhersage – 500 Jahre Klimavariationen und Naturkatastrophen (1496–1995), Verlag Paul Haupt, Bern, Stuttgart, Wien, 1999. ISBN 3-258-05696-X.

erstellte Historische Klimadatenbank Deutschlands (HISKLID) mit mehr als 100.000 Datensätzen von unschätzbarem Wert, die in der Datenbank *tambora*[148] aufgegangen ist.

Bevor wir dieses Kapitel verlassen, sollten wir uns noch eine Frage stellen. Wie würden Sie, wie würden die Wissenschaftler, wie würden die Politiker und Umweltaktivisten die Wettergeschehnisse vor 700 Jahren beurteilen, würden sich diese in unserer Zeit wiederholen? Wenn wir im Wechsel verheerende Sommerdürren im Gemisch mit Unwettern und Hagelschlag erdulden müssten wie die Menschen damals? Die heißen Dürrezeiten von 1304 bis 1307 als Jahrhundertereignis verbunden mit Waldbränden, die die heutigen weit in den Schatten stellten? Monatelang brannten von Spanien bis Böhmen die Wälder. Sofern sie nicht gewollt entstanden zur Brandrodung. Natürlich musste man damals die Wälder brennen lassen mangels Löschmöglichkeit, man konnte nur auf ergiebigen Regen hoffen. Vier Jahre milde Winter ohne Schnee und extrem heiße Sommer, ausgetrocknete Teiche und seichte Flüsse. Rund 40 Jahre später war es wiederum so trocken, „*... dass ein 10-jähriger Knabe bei Mainz über den Rhein gehen konnte*“[149]. Gefolgt von so harten andauernden Wintern, dass die Menschen ihre Strohdächer abdecken und an das Vieh verfüttern mussten, damit wenigstens noch eine Kuh für das nächste Jahr am Leben blieb.

Mit dem atmosphärischen CO_2-Gehalt kann das kaum in Verbindung gebracht werden, denn damals verharrte er für wenigstens zwei Jahrtausende bei rund 280 ppm bis etwa in das Jahr 1820.

---

148 www.tambora.org (the climate and environmental history collaborative research en-vironment); Albert-Ludwigs-Universität Freiburg: Bibliothek & Institut für Physische Geographie, Leibnitz-Institut für Länderkunde.

149 Michael Josef Wirth, Chronik der Stadt Miltenberg (1890). Aus: {#Tambora/Link/Source /Id(722) /Text(Source:722) #}

Folglich müssen andere Ursachen wie z. B. Großwetterlagen und anderes vorgelegen haben, dass in ganz Europa südlich und nördlich der Alpen das Wetter über Jahre hinweg „verrückt" gespielt hat.[150]

Wir können mit Gewissheit davon ausgehen, dass in diesem fiktiven Fall eine andere Ursache für die Beschreibung einer drohenden Katastrophenzukunft herangezogen würde. Vielleicht der zu geringe CO_2-Gehalt? Dann würde der Vorschlag des Physikers Walter Nernst[151] wieder aktuell, vorsätzlich viel Kohle zu verfeuern, damit sich die Atmosphäre erwärmte.

In politischen Reden und in den Medien ist fast ausschließlich vom Klimakiller CO_2 die Rede. Kein Wort zum Beispiel über die zum Teil irreversiblen anthropogenen Änderung der Erdoberfläche, die bereits mit der ersten Sesshaftigkeit der Menschen begann. Ob bebaute Flächen wie Straßen und Gebäude, ob gerodete Wälder, ob landwirtschaftliche oder forstwirtschaftliche Flächen, ob durch anthropogene Erosion irreversibel verkarstete Flächen auf dem Planeten Erde – kein Wort darüber. Allenfalls im Zusammenhang mit dem Artensterben.

Die in die Atmosphäre reflektierte Sonnenstrahlung und damit Strahlungsenergie regelt maßgeblich den Wärmehaushalt. Und zwar nicht nur durch die Infrarot-Absorption durch CO_2. Die Albedo,

---

150 Bauch, M., Labbé, T., Engel, A., and Seifert, P.: A prequel to the Dantean Anomaly: the precipitation seesaw and droughts of 1302 to 1307 in Europe, Clim. Past, 16, 2343-2358, https://doi.org/10.5194/cp-16-2343-2020, 2020.

151 Walter Nernst (1864–1941), deutscher Physiker und Chemiker, Dissertation und Habiliation über Elektrochemie, ab 1905 Professur für physikalische Chemie an der Universität Berlin. Bahnbrechende Arbeiten über Elektrochemie und Thermodynamik, schuf den dritten Hauptsatz der Thermodynamik und erhielt für seine thermochemischen Arbeiten 1920 den Nobelpreis für Chemie.

das Reflexionsvermögen, ist definiert als der prozentuale Anteil an diffus reflektierter Strahlung zum einfallenden Licht beim Auftreffen auf eine nicht selbst leuchtende und nicht spiegelnde Fläche.[152] Dabei macht es einen großen Unterschied, ob kurz- oder langwellige Strahlung reflektiert wird, also der sichtbare Bereich oder die als Wärme empfundene Infrarot-Strahlung. Die kurz- und langwellige Albedo kann mit dafür geeichten Albedometern getrennt gemessen werden. Wenn man bedenkt, dass immerhin 46 Prozent der auf die Erde treffenden Sonnenstrahlung Infrarotanteil sind, dann ist die Struktur der Erdoberfläche zumindest für Mikro-Klimata wie in Städten durchaus relevant. Aber auch global darf man die Albedo nicht vernachlässigen. Zwar sind 71 Prozent der Erde von Ozeanen bedeckt, deren Albedo recht konstant ist. Aber langjährige Messungen haben ergeben, dass das Reflexionsvermögen der Erde in den vergangenen zwanzig Jahren um etwa 0,5 Watt pro Quadratmeter abgenommen hat[153/154] und diese Abnahme nicht mit unterschiedlicher Strahlungsintensität der Sonne im Zusammenhang steht. Vielmehr wurde beobachtet, dass die globale Wolkendecke dünner wurde und folglich die von ihr verursachte Albedo geringer wurde. Das steht auch im Zusammenhang mit der fortschreitenden Veränderung der Erdoberfläche. Der logische Zusammenhang: mit zunehmender Temperatur und sich ändernden Luftströmungen bleibt mehr Wasserdampf in der Atmosphäre, ohne Wolken zu bilden. Folglich trifft mehr Sonnenstrahlung – auch mehr Infrarot-Anteil –

152 Spektrum.de: Lexikon der Geographie, hier: Albedo.

153 P.R. Goode, E. Palle et al.: Earth´s Albedo 1998–017, as Measured From Earthshine; Geophysical Research Letters, 29. August 2021; https://doi.org/10.1029/2021GL094888

154 Song, Zhen & Liang, Shunlin & Wang, Dongdong & Zhou, Yuan & Jia, Aolin. (2018). Long-term record of top-of-atmosphere albedo over land generated from AVHRR data. Remote Sensing of Environment. 211. 71-88. 10.1016/j.rse.2018.03.044.

auf die Erde, die sich dadurch etwas stärker erwärmt. Die Waldverluste, die die Waldzuwächse nicht kompensieren können, bringen unter dem Strich einen Zuwachs an Versteppung. So ging seit 1990 die weltweite Waldfläche um rund 1,8 Millionen Quadratkilometer zurück. Das sind zwar „nur" 1,2 Prozent der Landoberfläche, übt aber einen großen Einfluss auf die Albedo aus.

In diesem Zusammenhang noch ein Hinweis zu Albedo und Erderwärmung. Bei Laubwäldern und tropischen Regenwäldern beträgt die Albedo zwischen 10 und 20 Prozent, das heißt, 80 bis 90 Prozent des eingestrahlten Lichts werden nicht ins Weltall reflektiert, tragen also zur Erwärmung bei. Nadelwälder liegen bei maximal 12 Prozent. Nun argumentieren manche „Wissenschaftler", Wälder würden den Planeten eher aufheizen als Sand- und Gesteinsflächen. Dabei wird die unterschiedliche Reflexion zwischen sichtbarem und infrarotem Licht völlig vergessen. So beträgt die kurzwellige Albedo bei Sand je nach Korngröße 30 bis 60 Prozent, bei der langwelligen Albedo jedoch nur 10 Prozent. Im Klartext, der Infrarotanteil des Lichts heizt die sandige Erdoberfläche stärker auf als wenn diese mit Wald bedeckt wäre. Zudem bindet Wald im Wachstum ein Mehrfaches an CO_2 als dies Grasflächen vermögen. Eine ausgewachsene Buche bindet im Holz sechs bis acht Tonnen CO_2![155] Das sind bei 60jährigen Buchen pro Hektar immerhin 360 bis 480 Tonnen. Je nach Holzdichte verhält es sich bei Eichen, Eschen, Fichten, Kiefern und Tannen analog.

Dem nicht genug, Wälder verdunsten je nach Baumart pro Hektar wesentlich mehr Wasser als zum Beispiel Süßgräser, zu denen auch Getreide und Mais gehören.[156] Die dafür erforderliche Energie –

155 Bayerische Landesanstalt für Wald und Forstwirtschaft: Merkblatt 27, Juli 2011.

156 Bei der Verdunstung durch Pflanzen unterscheidet man zwischen Interzeptionsverdunstung (Wasser auf der Pflanzenoberfläche), Transpiration

Verdunstungsenthalpie, siehe Kapitel 1. – wird der Umgebungsluft entzogen, es wird kühler. Deshalb empfindet man an einem heißen Sommertag in einem Biergarten unter einem Kastanienbaum eine angenehme Kühle. Man spricht dann vom Mikroklima, es gilt für Bäume auf relativ kleiner Fläche. Im großen Maßstab, etwa dem Amazonasbecken, ist der Regenwaldbestand klimabestimmend mit beträchtlichen Auswirkungen auf das Niederschlagsgeschehen. Der Entwaldung folgen nach landwirtschaftlicher Nutzung die ausgemergelten Böden und die Versteppung und Verkarstung. Damit im Verbund der Wegfall als CO_2-Senke. Allein zwischen 2010 und 2019 wurde durch die Entwaldung im brasilianischen Regenwald 2,7 Milliarden Tonnen CO_2 in die Atmosphäre emittiert.[157]

Es ist immer das Einfachste, *eine* Ursache für ein Geschehen verantwortlich zu machen, anstatt ein Ursachenbündel in Betracht zu ziehen. Mit nur einer Ursache hat man den Sündenbock im Visier. Psychologisch durchaus verständlich, denn eine komplexe Multikausalwirkung ist den Menschen schwer zu vermitteln. So war das bereits bis ins Spätmittelalter und in die frühe Neuzeit hinein, als Sünden und vor allem Hexen die alleinigen Ursachen von Unwettern waren. Einfache Erklärungen dominieren immer komplexe Zusammenhänge. Und wer glaubt, eben diese komplexen Zusammenhänge zu erkennen und zu verstehen, der wird bei dem Bemühen um eben dieses Verständnis stets auf weiteres Unverstandenes stoßen. Dem geht es wie Faust, dem der Erdgeist entgegenschleudert *„Du gleichst dem Geist, den du begreifst, nicht mir!“*[158]

(„Schwitzen“ der Pflanzen, Wasserabgabe über die Spaltöffnungen) und Evaporation (Wasser über vegetationsloser Oberfläche).

157 Qin, Y., Xiao, X., Wigneron, JP. et al. Carbon loss from forest degradation exceeds that from deforestation in the Brazilian Amazon. Nat. Clim. Chang. 11, 442-448 (2021). https://doi.org/10.1038/s41558-021-01026-5

158 Johann Wolfgang von Goethe; Faust I. Teil, Szene Nacht.

4.

Gute Gratisenergie frei Haus

Als der 1968 gegründete Club of Rome 1972 die *Grenzen des Wachstums*[159] veröffentlichte und darin vor den Folgen grenzenlosen Bevölkerungs- und Wirtschaftswachstums warnte, stießen die darin gemachten Aussagen in Politik und Wirtschaft, aber auch in seriösen Wissenschaftsjournalen, teils auf heftige Kritik und Empörung. Zustimmung fand man eher aufseiten von Naturschützern und frühen Umweltaktivisten, aus denen sich später Die Grünen formierten. Seither hat sich innerhalb von 50 Jahren die Weltbevölkerung auf nahezu 8 Milliarden mehr als verdoppelt, der weltweite jährliche Primärenergieverbrauch ohne Holz stieg von 5.400 auf fast 14.000 Millionen Tonnen Öleinheiten[160]. Mit einer im Vergleich zu heute schmalen Datenbasis und eines von ihnen geschaffenen Computerprogramms schafften es die Autoren, ein Szenario zu berechnen, das gegen Ende des 21. Jahrhunderts die Existenzgrundlagen der Menschheit infrage stellt. Ein Teil der Prognosen ist bereits im Jahr 2022, dem 50-jährigen Jubiläum der Studie, überholt. Denn der Verbrauch an fossilen Energieträgern und Rohstoffen hat sich innerhalb von 50 Jahren mehr als verdoppelt.

Ungeachtet dessen erheben sich nun Stimmen, die die damaligen Prognosen als „nicht mehr zutreffend" disqualifizieren möchten.

---

159 Dennis Meadows, Donella Meadows, Erich Zahn: Die Grenzen des Wachstums – Bericht des Club of Rome zur Lage der Menschheit; Deutsche Verlagsanstalt, 1. Jan. 1972, ISBN-13: 978-3421026330.

160 Internationales Maß für Energieverbrauch, früher wurde in Tonnen Steinkohleeinheiten gerechnet. 1 Million Tonnen Öleinheiten = 1 Mtoe = 11,63 Terawattstunden = 11,63 Milliarden Kilowattstunden.

Ganz nach dem Motto „Nicht sehen wollen, was zu sehen ist". Inzwischen sind sich nach Jahrzehnten der intellektuellen Schläfrigkeit und der Fixierung der Gedanken auf Wirtschaftswachstum als alleinseligmachendes Zukunftsinstrument doch einige Regierungen darüber klargeworden, dass Wirtschaftswachstum alleine nicht lebenserhaltend ist und auch keinen direkten Zusammenhang mit Lebensqualität hat. Die Folge waren und sind stolze Umweltprogramme wie etwa das 2016 in Kraft getretene Pariser Übereinkommen[161], dazu der European Green Deal[162] und das am 9. Oktober 2019 von der Deutschen Bundesregierung verabschiedete Klimaschutzprogramm, um nur einige der vielen Programme zu nennen. Letzteres wurde mit Verabschiedung des Klimaschutzgesetzes 2021 deutlich ehrgeiziger.

Betrachten wir zunächst die EU-Ziele mit dem Green Deal. Gewünscht, gewollt und geplant ist eine Umgestaltung unserer Wirtschaft und Gesellschaft. So steht es wortwörtlich auf der offiziellen Website der Europäischen Union. In Verbindung damit das Ziel, bis 2050 Europa zum ersten klimaneutralen Kontinent zu machen. Als Nahziel die Absenkung der Emissionen bis 2030 um wenigstens 55 Prozent gegenüber dem Stand von 1990. Nebenbei steht die großangelegte Wiederaufforstung, die Wiederherstellung von Böden, Feucht- und Torfgebieten sowie eine kreislauforientierte und nachhaltige Bewirtschaftung auf der Agenda. Ergänzend dazu alle Maßnahmen zur Energieeinsparung in Bau, Verkehr und Maschinen. Die Frage nach den Kosten zur Erreichung dieser ehrgeizigen Ziele wird elegant übergangen, es gibt lediglich den knappen Hinweis,

161 Paris Agreement, völkerrechtlicher Vertrag anlässlich der Klimarahmenkonvention der Vereinten Nationen, unterzeichnet von 195 Vertragsparteien. Beschluss am 12. Dezember 2015 in Paris.

162 https://ec.europa.eu/info/strategy/priorities-2019-2024/european-green-deal/delivering-european-green-deal_de

dass für das Vorhaben ein Drittel des 1,8 Billionen Euro Etats aus dem NextGeneration EU Recovery Plan auf sieben Jahre verteilt zur Verfügung gestellt werden.

Die Deutsche Bundesregierung beschränkte sich bei dem 2021 ergänzten Bundes-Klimaschutzgesetz[163] fast ausschließlich auf die CO_2-Reduzierung, setzte die Ziele nach Musterschülermanier um Einiges höher als die EU und verblieb hinsichtlich der Kosten ebenso im Nebulösen. Finanzierung aus dem CO_2-Handel, im Übrigen Bürgerinnen und Bürger entlasten von steigenden Energiepreisen. Wenn man all diese Vorhaben zur Senkung der Treibhausgasemissionen liest, dann drängt sich der Vergleich mit einem Sportfunktionär auf, der selbst nie Leistungssport betrieb, aber von einem 10.000-Meter-Läufer verlangt, bis zum offiziellen Wettkampf eine Zeit unter 20 Minuten hinzulegen.[164] *(Siehe dazu: Anhang, Seite 256, Abb. 8,* ***CO_2-Emissionsplan Basis 1990****.)*

Bis zum Jahr 2045 sollen also alle fossilen Energieträger ersetzt werden durch nicht-fossile. Ab 2050 soll sogar zusätzlich atmosphärisch vorhandenes CO_2 entfernt werden, etwa durch weitere Aufforstung oder sonstige Maßnahmen. Zahlen dazu werden nicht genannt, symbolisch ist deshalb „-10“ in der Grafik eingetragen. Allerdings machte mich als Autor der Bezug auf das Jahr 1990 stutzig. Welche CO_2-Emission wurde eigentlich für Deutschland und weiterhin für die EU im Jahr 2021 statistisch erfasst? Denn nur mit Zahlen aus dem aktuellen Zustand kann man kalkulieren, alles andere entspringt der Fantasie und kreativen Träumerei. Berechnen wir dabei die zu reduzierende CO_2-Menge und sehen uns die resultierende Grafik an.

---

163 Bundesministerium für Umwelt, Naturschutz und nukleare Sicherheit: Bundes-Klimaschutzgesetz 2021, Stand 07.07.2021, Lesefassung mit Änderungen der Fassung von 2019.

164 Seit 1993 bis 2021 lagen die Weltrekordzeiten zwischen 27 und 26 Minuten (http://www.herbertsteffny.de/statistik/weltrekorde10000m.htm)

(Siehe dazu: Anhang, Seite 256, Abb. 9, ***CO_2-Äquivalente Reduktionsmenge bis 2045****.)*

Im Vergleich: 2021 wurden weltweit 36,3 Milliarden Tonnen CO_2-Äquivalente emittiert.[165] Deutschlands Anteil betrug also gerade einmal 2,1 Prozent, die EU-27 Länder produzierten im gleichen Jahr rund 3,6 Milliarden Tonnen, also 10,7 Prozent der globalen Emission.[166] In diesem Zusammenhang eine Bemerkung zu den „Einsparerfolgen", die vom deutschen Bundesumweltamt proklamiert werden.[167] Demnach sind die CO_2-Äquivalente von 1990 bis 2021 von 1242 auf 762 Millionen Tonnen gesunken, also ein Rückgang um fast 39 Prozent. Das wird publikumswirksam verkauft als echte Einsparung. Aber nur ein kleiner Teil davon fällt auf echte CO_2-Einsparung. Kein Wort darüber, dass in den vergangenen dreißig Jahren ganze Industriezweige Deutschland verlassen haben, um anderswo zu produzieren. Zum Beispiel die energieintensive und CO_2-erzeugende Eisen-, Stahl- und Aluminiumherstellung, dazu die breite Palette des Outsourcing von Gebrauchsartikeln nach China, Indien und Südostasien. Alle diese Güter erfordern bei ihrer Herstellung viel Energie, bislang fossile Energie. Nicht ohne Grund sind die Importe in Deutschland in diesem Zeitraum von 293,2 auf 1.203,2 Milliarden Euro gestiegen, also um 310 Prozent. Währenddessen stiegen die Exporte um 295 Prozent.[168] Mit anderen Worten, die CO_2-Emission wurde in andere Länder verlagert, die Wertschöpfung in Deutschland ist dadurch weniger CO_2-relevant. Die Zahlen der Statistiken sind unschuldig, ihre Interpretation

165 https://www.iea.org/reports/global-energy-review-co2-emissions-in-2021-2

166 Eurostat: Treibhausgasemissionen nach Quellsektor, Stand 16-06-2022: Wert für 2020.

167 https://www.umweltbundesamt.de/daten/klima/treibhausgas-emissionen-in-deutschland#emissionsentwicklung; Stand 15.03.2022.

168 DESTATIS: Gesamtentwicklung des deutschen Außenhandels ab 1950, Fachserie 7, Reihe 1, 2021.

nicht. Auch so kann man einen Beitrag zur Volksverdummung leisten.

Zurück zum proklamierten Ziel: Das bedeutet, ab 2021 müssten in Deutschland bis 2030 und den Folgejahren die CO_2-Emissionen um die in der Abbildung oben in den orangen Balken angegebenen Werte reduziert werden. Dafür bräuchte man also entsprechende fossilfreie Energieerzeugungsanlagen in Deutschland oder außerhalb Deutschlands für Deutschland. Das ist die eine Seite. Die andere Seite ist der Energiebedarf in einem Land bzw. Wirtschaftsraum, nicht die Null-Emission um ihrer selbst willen. Denn letztlich muss der Energiebedarf mit nicht-fossilen Energien gedeckt werden für die Erzeugung von Roh- und Ausgangsstoffen, deren Verarbeitung zu Investitionsgütern, Gebrauchs- und Verbrauchsgütern sowie zu Verkehr, Kommunikation und Dienstleistungen. Dazu planen die regierenden Parteien des 20. Deutschen Bundestags, bis 2035 die derzeitige Stromerzeugung vollständig aus nicht-fossilen Energieträgern zu gewährleisten. Dann oder parallel dazu soll die vollständige Transformation aller Wirtschafts- und Gesellschaftsbereiche in eine fossilfreie Energiewelt erfolgen. Inwieweit es sich dabei um fromme Wünsche und Tagträumereien handelt, wird sich auf den folgenden Seiten dieses Buches zeigen. Stutzig werden sollte man bei der Formulierung „Transformation der Gesellschaftsbereiche“. Wer hier nicht an „Umerziehung“ der Bevölkerung denkt, ist naiv.

Bevor wir in diesem Kapitel sondieren, welche Formen guter Energie wir Menschen für uns und unseren Komfort nutzen könnten und können, müssen wir uns überlegen, wie viel Energie die Weltbevölkerung insgesamt benötigt. Denn es soll ja dem Trend der Zeit folgend die böse CO_2-erzeugende Energie abgeschafft werden, ohne dass wir Einbußen an Lebensqualität erleiden müssen. So zumindest das Credo der hohen Politik unabhängig von der jeweils regierenden Parteienkonstellation.

In der für uns Heutige gar nicht so guten alten Zeit betrug der Pro-Kopf-Energieverbrauch gerade mal das drei- bis sechsfache des menschlichen Grundumsatzes. Das galt in der Steinzeit, als sich die Menschen hauptsächlich von Pflanzenknollen, Früchten, Samenkörnern und Nüssen ernährten, ergänzt von der nicht jeden Tag verfügbaren Jagdbeute. Geht man davon aus, dass der Grundumsatz der damaligen Menschen bis heute unverändert blieb, dann kann man für den 70-kg-Durchschnittsmann 1700 Kilokalorien (kcal) pro Tag ansetzen, gleich schwere Frauen brauchen nur 1530 kcal.[169] Zusammen mit dem als mittelschwere Arbeit angesehenen Nahrungserwerb beim Sammeln und Jagen kann man durchschnittlich 3000 kcal pro Tag ansetzen. Somit umgerechnet ein Pro-Kopf-Jahresenergiebedarf von rund 1275 Kilowattstunden. Mit dem Übergang zu Ackerbau und Viehzucht stieg der Energiebedarf beträchtlich, die Kalorienausbeute pro geleistetem Arbeitstag sank, denn Kohlenhydrate sind energieärmer als Fette und Proteine von Samenkörnern, Nüssen oder Beutetieren. Zudem erforderte die Haltung von Nutztieren weitere Energie, denn diese hatten ja ebenfalls einen Grundumsatz durch ihr Dasein. Zusätzlich dazu natürlich der Energiebedarf als Arbeitstier. Zudem kamen zu den für die Nahrungszubereitung und Heizwärme nötigen noch die Energieaufwendungen hinzu, die sich mit der Verhüttung von Metallen und den daraus folgenden Tätigkeiten ergaben. Damit waren wir bis zur Zeitenwende um Christi Geburt bereits bei 2550 Kilowattstunden (kWh) angelangt, im Mittelalter bei etwa 8750 kWh pro Kopf und Jahr und schließlich 2020 bei etwas über 20.000 kWh. Letzteres 2020

169 Pschyrembel: Klinisches Wörterbuch, Verlag de Gruyter. Energieverbrauch des Organismus im Ruhezustand. Die Angabe in Kilokalorien in der Medizin ist üblich. Korrekt müsste die Angabe in Kilojoule erfolgen. Umrechnung: 1 kcal = 0,001162 kWh = 4,184 Kilojoule. Der besseren Anschaulichkeit halber wird im Folgenden mit Kilowattstunden gerechnet.

sehr unterschiedlich nach Regionen. *(Siehe dazu: Anhang, Seite 256, Abb. 10, **Pro-Kopf-Energieverbrauch pro Jahr**.)*

In diesem Kapitel und in den folgenden rechnen wir veraltet mit Kilowattstunden (kWh). Zwar ist die korrekte moderne Angabe in Joulesekunden und dessen Vielfachen üblich, aber die kWh sind uns vom Stromzähler her geläufig. Außerdem werden Kraftwerksleistungen derzeit noch in Kilo- und Megawatt angegeben.

Wenn wir die gesamte Menschheit mit guter Gratisenergie ohne CO_2-Hinterlassenschaft beglücken wollen, dann müssen wir erst einmal das Ausmaß dieses Glücks festlegen. Mit diesem Vorhaben sind wir prompt bei Moral und Ethik gelandet. Denn eine fiktive Weltregierung müsste festlegen, wie viel Energie und damit wie viel Lebensstandard wir jedem Menschen auf dieser Erde durchschnittlich zugestehen wollen. Beides ist untrennbar miteinander verbunden, solange man nicht ideelle Werte wie Bildung und Kultur mitbewertet. Und wenn wir die Ethik als Entscheidungskriterium in die Zuweisung eines bestimmten Lebensstandards einbeziehen, dann müssen wir uns für ein Ethikmodell entscheiden. Denn in der Ethikabteilung des Humanmuseums gibt es eine stattliche Sammlung von Ethiken. Angefangen von der Metaethik, der normativen und deskriptiven Ethik bis hin zu den verschiedenen theologischen Ethiken sind da noch Exponate von der Bioethik, Digitalethik, Politischer Ethik und vielem mehr in den Vitrinen. Allein die normative Ethik umfasst nahezu zwanzig Unterethiken. Nicht zu vergessen die Gesinnungsethik und die Handlungsethik. Also welche Ethik für welches Maß an Zuweisung? Und vor allem, welche Regierung entscheidet sich für welche Ethik? Und welche Bevölkerungsgruppen akzeptieren die Konsequenzen aus der von ihren Regierungen zugewiesenen Ethik? Dem Durchschnittsmenschen wird das ziemlich gleichgültig sein. Denn er will bequem und behäbig leben ohne besonders große Anstrengung. Also nach dem Schlaraffenlandmodell.

Gute Gratisenergie ist natürlich nicht gratis für die Menschen. Sie wird nur gratis geliefert von der Sonne in einem Selbstverzehrungsprozess. Von ihr resultierend die Wind-, Wellen- und Strömungsenergie. Aber das nur, solange ihr Energievorrat reicht. Wesentlich weniger Gratisenergie bieten heiße Quellen und Erdwärme, allgemein Geothermie. Die Umsetzung dieser Energien in die Energieformen, die unsere Zivilisation nutzt, ist alles andere als gratis. In diesem Zusammenhang die Korrektur eines weit verbreiteten Irrtums: *Erneuerbare Energien gibt es nicht.* Diese Bezeichnung ist nichts anderes als ein Marketing-Gag der Möchtegern-Apologeten grüner Zukunftsträume. Energie wie zum Beispiel Sonnenenergie lässt sich nicht erneuern, sondern wird fortwährend erzeugt unter Verbrauch von Materie für die dafür notwendige Kernfusion. Aber seien wir nicht so kleinlich, auf so mancher schönen Verpackung klebt ein irreführendes Etikett.

Lassen wir die ethischen Aspekte beiseite und unterstellen einfach einen Energiebedarf wie im Jahresdurchschnitt 2020 für Europa zusammen mit Russland, also rund 42.000 Kilowattstunden pro Person und Jahr. Das ist etwas mehr als das Doppelte des Prokopf-Energieverbrauchs im globalen Durchschnitt ohne Brennstoffe wie Holz, Torf oder tierische Abfälle.[170] Dann hätten wir bezogen auf die Weltbevölkerung von 2021[171] jährlich einen Weltenergiebedarf von 165 Billionen Kilowattstunden. Wobei wir uns darüber im Klaren sein müssen, dass wir in uns in Deutschland energetisch im Luxus merklich einschränken müssten, die Menschen in den USA aber gewaltig. Diese unvorstellbare Energiemenge von jährlich 165 Billionen Kilowattstunden gilt es nach dem derzeitigen Willen von Politikern und

170 A. Breitkopf, 19.01.2022: Statista, Weltweiter Primärenergieverbrauch bis 2020.

171 United Nations Department of Economic and Social Affairs; World Population Prospects.

Umweltschützern durch fossilfreie Energie zu ersetzen, was zu einem sehr, sehr kleinen Bruchteil bereits geschehen ist. Deutschlands Gesamtenergieverbrauch, Stand 2021, liegt bei rund 3,4 Billionen Kilowattstunden, also etwa zwei Prozent der globalen Menge.

Nach diesem Einstieg in das Kapitel betrachten wir, welche „guten" Energiequellen uns zur Verfügung stehen. Auch, welche von Umweltaktivisten und Politkern als grün bezeichnete Energien wirklich so grün sind wie auf dem Etikett steht. Und vergessen wir dabei nicht: Energiequellen sind das Eine, deren mögliche Nutzung mit welchem Aufwand und welcher Ausbeute das Andere. In der Technik spricht man von Erntefaktor. Also, wie viel Energie und Material muss man zuerst investieren und für Wartung und Instandhaltung aufwenden,[172] um dann wie viel Energie innerhalb der Nutzungsdauer der Anlage herauszubekommen.[173] Meist sträflich ignoriert wird beim Erntefaktor die Energie für den Rückbau bzw. die Wiederverwertung der Anlagen.

Aber mit dieser Betrachtungsweise ist man bereits einem physikalischen Irrtum aufgesessen. Denn die im fossilen Energieträger, zum Beispiel Kohle oder Öl, bei der Verbrennung genutzte Energie ist immer kleiner als der tatsächliche Energieinhalt. Gleiches gilt auch für Uran. Man verbraucht im Endeffekt immer mehr Energie als man nutzbare Energie erzeugen kann. Aus dem Aspekt der Physik und der Physikalischen Chemie ist das nicht anders bei den Gratisenergien Sonne, Wind und Wasser. Das Verhältnis aus Nutzenergie zu eingesetzter Energie wird immer kleiner eins sein, in Prozenten ausgedrückt ist der Wirkungsgrad immer unter 100

172 Kumulierter Energieaufwand (KEA): Gesamtenergieaufwand für Baumaterial, technisches Inventar und die gesamte Lebensdauer des Kraftwerks einschließlich Ersatzteile und Wartung.

173 Energetischer Ertrag während der Gesamtlaufzeit eines Kraftwerks. Das Verhältnis von energetischem Ertrag zu KEA ergibt den Ernefaktor.

Prozent. Sonst hätten wir längst das Perpetuum Mobile in vielen Variationen.

Im weiteren Verlauf dieses Buches wollen wir unter dem Allgemeinbegriff Energie immer die nicht-fossile Energie verstehen, soweit nichts anderes erwähnt ist. Die nutzbare Energie ist in den drei Aggregatzuständen gasförmig, flüssig und fest vorhanden. Also zum Beispiel Lufttemperatur, Wind, Wasser und Biomasse als Umwandlungsprodukt eines Teils der Strahlungsenergie der Sonne. Hinzu kommt der vierte Aggregatzustand, das Plasma bei der Kernfusion. Und natürlich die Wärmeenergie aus dem Wärmespeicher Planet Erde.

Wind als Antriebskraft von Booten und Schiffen war den Menschen bereits vor 7000 Jahren bekannt, wie eine Felszeichnung in der nubischen Wüste zeigt und später die Darstellung auf einer ägyptischen Totenurne aus Luxor. Die Idee, Wind anstelle von Tieren zum Betreiben von Mühlen zu nutzen mag zuerst in Babylon vor 4000 Jahren aufgekommen sein. Zumindest gibt es im Codex Hammurabi[174] Hinweise darauf. Eine systematische Nutzung erfolgte jedoch erst gegen Ende des ersten Jahrtausends nach Christus. Unabhängig davon entwickelte sich aus den Tretmühlen zum Wasserschöpfen in Mesopotamien etwa 500 v. Chr. das mit Wasserkraft angetriebene Wasserschöpfrad. Aus dem wurden dann um die Zeitenwende durch die Kombination mit zwei übereinanderliegenden Mahlsteinen die ersten Wassermühlen.[175]

---

174 Babylonische Sammlung von Rechtssprüchen in Keilschrift, etwa 18. Jahrhundert v. Chr. Vollständiger Text in der engl. Übersetzung von L.W. King: The Code of Hammurabi, 1915, http://www.general-intelligence.com/library/hr.pdf

175 Erstmals beschrieben von Marcus Vitruvius Pollio (ca. 80 bis 15 v. Chr.), römischer Architekt, Ingenieur und Architekturtheoretiker. Beschrieb Töne als eine Bewegung von Luft und verglich die Wellennatur des Schalls mit der Ausbreitung von Wasserwellen.

Wind und fließendes Wasser als Energieträger blieben bis zum beginnenden 19. Jahrhundert und noch später ortsgebunden. Bis Ende des 18. Jahrhunderts gab es in Europa schätzungsweise 500.000 Wassermühlen und 200.000 Windmühlen. Mit der Erfindung leistungsfähiger Wasserturbinen wie von Benoît Fourneyron[176] und später die Francis-, Pelton- und Kaplanturbine blieb die Energienutzung immer noch stationär, bis Werner von Siemens[177] 1866 den elektrodynamischen Generator erfand. Erst ab diesem Zeitpunkt war der Energietransport über größere Strecken möglich. Aber es dauerte fast noch weitere 25 Jahre, bis in Deutschland 1890 die *Elektricitäts-Werke Reichenhall* den ersten Wechselstrom Deutschlands lieferten. Ohne die Erfindung des Transformators 1881 durch Lucien Gaulard[178] und John Dixon Gibbs wäre das nicht möglich gewesen. Unabhängig davon entbrannte 1890 in den USA der *Stromkrieg* zwischen Edison General Electric und Westinghouse Electric, in dem es darum ging, ob der von Edison favorisierte Gleichstrom oder der von Westinghouse bevorzugte Wechselstrom für die USA geeigneter sei. Bekanntlich hat sich der Zwei- und Dreiphasenwechselstrom weltweit durchgesetzt. Aber die Ironie des Schicksals will es, dass für die verlustfreiere Übertragung von Strom über große Distanzen doch wieder Gleichstrom mit Spannungen von 400 und

---

176 Benoît Fourneyron (1802–1867), französischer Ingenieur, entwickelte die erste leistungsfähige Turbine mit bis zu 50 PS, Vorläufer der Francis-Turbine.

177 Werner von Siemens (1816–192), deutscher Erfinder, Elektroingenieur und Firmengrün-der. Entdecker des dynamoelektrischen Prinzips, Begründer der modernen Elektrotechnik und der elektrischen Energietechnik.

178 Lucien Gaulard (1850–1888), französischer Elektroingenieur, erfand die moderne Form von Transformatoren und entwickelte mit John Dixon Gibbs einen leistungsfähigen Transformator, dessen Prinzipien später von der US-amerikanischen Westinghouse Electric Corporation großtechnisch übernommen wurden.

mehr Kilovolt bevorzugt wird.[179] So werden totgeglaubte Techniken durch die alternativen Energien wiederbelebt.

Nachdem zum heutigen Zeitpunkt die Elektrotechnik –vorerst – weitgehend ausgereift ist listen wir einmal auf, welche nicht-fossilen Energiearten sich in Stromenergie umwandeln lassen. Auch, welche nicht-fossilen Energien direkt Wärmeenergie oder als Nebenprodukt Wärmeenergie liefern.

179 Hochspannungs-Gleichstrom-Übertragung (HGÜ) haben geringere Leitungsverluste als Wechselstrom-Hochspannungsleitungen. Bei Offshore-Windparks sind bereits ab 55 bis 70 km Kabellänge HGÜ-Kabel wirtschaftlicher.

5.

Energie der Zukunft – Wieviel muss es sein?

Stromerzeugung und vor allem Stromspeicherung sind die wesentlichen Kriterien für den Übergang von fossiler zu nicht-fossiler Energiewirtschaft. Konstruieren wir zunächst also ein Szenario für den derzeitigen Strombedarf und Stromverbrauch, der nach Vorstellung der Bundesregierung des 20. Deutschen Bundestags bis 2035 komplett aus nicht-fossilen Energien „in den Industrieländern“ erzeugt werden soll. Also die G-20-Statten mit 5,18 Milliarden Menschen. Die verbleibenden 2,7 Milliarden Menschen sind wohl für die globale Energiesituation nicht relevant.[180] Zumindest drängt sich bei dieser Einschränkung der Eindruck auf. Bis zu diesem Zeitpunkt sollen auch 50 Prozent der verkauften Schwertransporter elektrisch angetrieben werden, keine Verkäufe von Fahrzeugen mit Verbrennungsmotoren erlaubt und die meisten verkauften Geräte und Kühlanlagen die besten ihrer Klasse sein. Fünf Jahre später, 2040, sollen 50 Prozent des gesamten Gebäudebestands auf CO_2-Null-Niveau, alle Öl- und Kohlekraftwerke ohne CO_2-Abscheidung stillgelegt sein. Nach Plänen der Deutschen Bundesregierung der 20. Legislaturperiode soll ebenfalls 2040 weltweit die gesamte Stromerzeugung mit Netto-Null-Emission erfolgen. Ob das dann eine deutsche Regierung überwacht und Verstöße dagegen ahndet? Diese ehrgeizigen Vorhaben wurde vor Beginn des russischen Krieges gegen die Ukraine bekannt gegeben.[181/182] Und im

180 Deutsche Stiftung Weltbevölkerung, Stand 25. August 2021: 7,89 Milliarden Menschen.

181 Frankfurter Allgemeine Zeitung: Bundesregierung will 100 Prozent Ökostrom bis 2035; 28.02.2022.

182 Bundesministerium für Wirtschaft und Klimaschutz: Eröffnungsbilanz Klimaschutz; Pressemitteilung 11.01.2022.

Folgeschritt betrachten wir die Konsequenzen für die Europäische Union und schließlich kommt das globale Szenario.

Bevor wir in den Folgekapiteln sondieren, ob, wie und vor allem zu welchem – voraussichtlichen – Preis diese ehrgeizigen Vorhaben verwirklicht werden können, sehen wir uns erst einmal den jährlichen Energiebedarf zum Stand 2021 an. Und zwar für Deutschland, für die EU und weltweit. Entscheidend dabei ist der Primärenergiebedarf, nicht der Stromverbrauch. Denn letztlich muss jeglicher Energieverbrauch auf der Basis elektrischen Stroms erfolgen. So zumindest die Konsequenz aus den politischen Vorgaben. Eine Ausnahme bildet der Energieanteil, der nach den Klimaplänen über Wärmepumpen und Geothermie gewonnen wird. Wobei auch diese nicht ohne Strom funktionieren. Wärmepumpen und die Förderung von Thermalwasser gibt es nicht ohne elektrische Pumpen. „Grüne" Energie heißt deshalb nichts anderes als hauptsächlich Stromenergie, denn die Folgeenergien wie z. B. Wasserstoff oder Wärmeenergie sind eben nur mit Stromenergie konvertierbar oder förderbar, sofern es sich um Erdwärme und Geothermalenergie handelt. Ebenso wenig wie die Energieträger für chemische Prozesse sowie deren Ausgangsstoffe.

Listen wir einmal auf, welche „grünen" Energieformen uns für die Stromerzeugung zur Verfügung stehen und wie sie sich mit welcher Energieausbeute nutzen lassen.

- Bioenergie
- Wasserenergie
- Windenergie
- Sonnenenergie
- Erdwärme, Geothermische Energie
- Kernenergie

Die Reihenfolge der Auflistung entspricht etwa dem historischen Verlauf des Nutzungsbeginns. Denn als Erstes war die Bioenergie, das Holz am Lagerfeuer, dann wie in Kapitel 4. geschildert die Nutzung der Wasserenergie seit babylonischer Zeit, gefolgt von der Windenergie bei den Windmühlen. Die Nutzung der Sonnenenergie war bereits den alten Griechen bekannt beim Entzünden des Olympischen Feuers durch einen Hohlspiegel, ihre Umwandlung in Strom hat ihren Ursprung in der Entdeckung des photoelektrischen Effekts[183]. Geothermie in Form heißer Thermalquellen nutzen bereits die Römer und die Menschen überall dort, wo Wasser sprudelnd heiß aus der Erde kam.

Der erste funktionsfähige Reaktor für Kernspaltung, der Chicago Pile No.1, wurde 1942 von Enrico Fermi und seinem Team gebaut. Eine weitere Form der Kernenergie, die Kernfusion, wartet noch auf ihre Verwirklichung. Deshalb wurde die Kernenergie in diese Liste mitaufgenommen, denn auch die Kernverschmelzung ist Kernenergie, nicht nur die Kernspaltung. Vom angeblich sauberen Fusionsreaktor träumen Physiker und Politiker seit mehr als siebzig Jahren, als die USA 1952 die erste Wasserstoffbombe auf der Insel Elugelab im Eniwetok-Atoll im Pazifik zündeten. Nachher gab es die Insel nicht mehr, stattdessen einen Krater von 60 Meter Tiefe und drei Kilometer Durchmesser. Zur Initiierung der Kernfusion waren Plutonium-239 und fünf Tonnen Natururan erforderlich.

Der Primärenergiebedarf hat in Deutschland seit 2000 bis 2021 um knapp 16 Prozent abgenommen. Dazu trugen nicht nur Energieeinsparungen bei, sondern wie schon erwähnt vor allem die Auslagerung von energieintensiven Produktionszweigen ins Ausland, wie z. B. die Aluminium- und Stahlherstellung. Nicht zu vergessen die

183 Alexandre Edmond Becquerel (1820–1891), französischer Physiker, entdeckte zusammen mit seinem Vater Antoine César Becquerel, dass zwischen zwei in eine Salzlösung eingetauchte Elektroden Strom fließt, wenn man eine davon belichtet. Er ist der Vater von Antoine Henri Becquerel, Nobelpreisträger für Physik (Entdeckung der Radioaktivität).

Unmengen an Investitions-, Gebrauchs- und Verbrauchsgütern, die in China und anderswo hergestellt, aber in Deutschland benötigt werden. Die darauf entfallende Minderung des Energiebedarfs erscheint in keiner Statistik der Nationalökonomie, denn die Energie wird woanders verbraucht. Aber sie verschwindet nicht aus dem globalen Energieverbrauch.

Die Verteilung auf die verschiedenen Energiequellen ist in der folgenden Abbildung dargestellt. Der Anteil an erneuerbaren Energieträgern setzt sich dabei zusammen aus der nicht-fossilen Stromerzeugung und der Erdwärme. *(Siehe dazu: Anhang, Seite 257, Abb. 11, **Primärenergieverbrauch in Deutschland 2021** und Abbildung 12, **Primärenergieverbrauch EU-27. Anteil Erneuerbare Energien: 19 %**.)*

Für die EU-27 lagen für 2021 noch keine Zahlen vor, deshalb wurden die von 2019 zugrunde gelegt, da sie im Coronajahr 2020 weltweit vorübergehend sanken. *(Siehe dazu: Anhang, Seite 257, Abb. 13, **Primärenergieverbrauch Weltweit. Anteil Erneuerbare Energien: 16,5%**.)*

Das Umweltbundesamt Deutschland gibt auf seiner Website *Primärenergieverbrauch* für 2021 einen Wert von 12.193 Petajoule an, das sind umgerechnet 3.387 Milliarden Kilowattstunden.[184] Diese gilt es mit nicht-fossilen Energiequellen zu erzeugen.

Betrachten wir in der Folge dieses Buches der Reihe nach die Nutzung der aufgelisteten Energieformen, den Energie- und Flächenbedarf für den damit verbundenen Anlagebau und den Erntefaktor, also das Verhältnis zwischen Aufwand und Nutzen auf die Dauer des Anlagenlebens. Dabei dürfen wir aber nicht vergessen, dass das politisch propagierte Ziel, der Ersatz aller fossiler Energieträger,

---

184 1 Joule = 2,7777778 x 10^{-7} kWh; 12.193 x 10^{15} Joule = 438,95 x 10^{9} kWh = 438,95 Milliarden kWh.

letztlich fast ausschließlich in Stromerzeugung münden muss. Denn auch die Speicherung von dann als grün bezeichneter Energie muss bis auf wenige Ausnahmen über die „Station“ Strom erfolgen.

6.

Bioenergie – Biogas

Wie oben erwähnt war die erste von Menschen genutzte Energie die Bioenergie in Form von Holz. Im Bestreben, fossile CO_2-erzeugende Energie durch im wahrsten Sinne des Wortes grüne Energie zu ersetzen – Bäume sind grün, zumindest von Frühjahr bis Frühherbst – wurde und wird in Deutschland die Umstellung auf Heizung mit Holz finanziell gefördert. Mit der zum 1. Juli 2021 in Kraft getretenen Bundesförderung für effiziente Gebäude (BEG) werden nicht nur Maßnahmen zur Wärmedämmung finanziell gefördert, sondern auch der Ersatz von Öl- und Gasheizungen durch Holz-, Hackschnitzel- und Holzpelletheizungen[185] mit bis zu 45 Prozent der förderfähigen Kosten bei Bestandsgebäuden. Für Holzzentralheizungen in Wohngebäuden mit bis zu 150.000 Euro pro Wohnung. Zuzüglich 20 Prozent Steuerförderung als Nachlass auf die Steuerschuld.[186]

Bei aller politisch gewollten Fördereuphorie wurde wohl ein Blick zurück in die Vergangenheit vergessen und mit ihm die Anwendung der Grundrechenarten. Etwa um 1700 lebten im Heiligen Römischen Reich Deutscher Nation auf einer Fläche von 650.000 Quadratkilometern etwa 12,5 Millionen Menschen.[187] Zum Kochen und im Winter zum Heizen sowie zur Herstellung von Waren stand ihnen

---

185 Bundesministerium für Wirtschaft und Klimaschutz, Neue Bundesförderung für effiziente Gebäude (BEG), 01.09.2021 – Online-Version.

186 Deutscher Energieholz- und Pellet-Verband e.V.: https://depv.de/p/Forderprogramme-ePSkSwM3uNZDNSxuq4mbhW#1krg0

187 https://www.heiliges-römisches-reich.de/; Impressum: Christian Kolb, ICQ: 742022212

nur Holz und daraus Holzkohle zur Verfügung. Zu dieser Zeit waren die Wälder bereits verwüstet, es herrschte Holznot, im Winter mussten die Leute oft Zaunpfähle, Treppen und Einrichtungsgegenstände verbrennen, um nicht zu erfrieren.[188] In unserer Gegenwart wird zumindest in Deutschland und Österreich[189] nach dem Motto „raus aus Öl und Gas" auch das Umsteigen auf Holz gefördert. In österreichischer Sanierungsoffensive immerhin mit insgesamt 650 Millionen Euro bei knapp neun Millionen Einwohnern im Jahr 2021.

Unterstellen wir einmal, bis zum Jahr 2030 seien alle Häuser und Wohnungen energetisch saniert und trügen das Gütesiegel *KfW-Effizienzhaus*, dann entspräche dies einem jährlichen Energieverbrauch für Wärme und Warmwasser von 60 Kilowattstunden pro Quadratmeter Fläche.[190] Geht man von einer durchschnittlichen Wohnfläche von etwas mehr als 47 Quadratmeter pro Person aus,[191] dann beträgt der Jahresenergiebedarf nur für Heizung und Warmwasser 2820 kWh/Person. Und unterstellen wir weiterhin, dass diese eine statistische Person – das sind alle Altersgruppen – im guten Umweltglauben eine Mietwohnung oder Wohneigentum mit Hackschnitzel- oder Pelletheizung gewählt hat, dann wäre für sie eine anteilige Menge gut getrockneten Fichtenholzes (zimmertrocken, Trocknung durch die Kaminabwärme) von 600 kg erforderlich. Dafür müssten aber etwas mehr als 1400 kg waldfrisches Fichtenholz gefällt werden, da dieses 50-60 % Wasser enthält, das sind rund 1,7 Kubikmeter, auch Volumenfestmeter genannt. Hackschnitzel und

188 Z. B.: Dr. Katja Hürlimann; ETH Zürich, Departement Umweltwissenschaften: Schlussbericht Projekt „Holznot" 18./19. Jahrhundert, 30. Juni 2004, 159 Seiten.

189 https://www.oesterreich.gv.at/themen/bauen_wohnen_und_umwelt/energie_sparen/1/raus_aus_oel.html

190 https://heizung.de/heizung/wissen/der-energieverbrauch-im-vergleich/

191 Statista: Wohnfläche je Einwohner in Wohnungen in Deutschland von 1991 bis 2020: J. Rudnicka, 24.01.2022

Pellets werden in der Regel aus dem Abfallholz gewonnen, das bei der Durchforstung eines Waldes anfällt. Würde man Fichtenwälder nur für Brennholzzwecke aufforsten, dann betrüge der jährliche durchschnittliche Holzzuwachs pro Hektar zum Beispiel in Bayern lufttrocken umgerechnet 5700 kg.[192] Diese Menge würde also für den Wohnraum von etwa neun bis zehn Personen reichen. Dafür müssten deutschlandweit jährlich auf 83.000 Quadratkilometern Wald so viele Bäume gefällt werden, wie es dem Hektarzuwachs entspricht. Deutschland hatte 2020 eine Gesamtwaldfläche von 106.400 Quadratkilometern.[193]

Das ist aber die Theorie, denn in der Praxis wird nur das Waldrestholz und Durchforstungsholz als Brennstoff verwertet, sonst hätten wir zu wenig Bau- und Möbelholz. Es ergeben sich dann selten mehr als 1500 kg pro Jahr und Hektar. Wollten also nur zehn Prozent der deutschen Bevölkerung ausschließlich mit Holz heizen, so bräuchten sie fast das gesamte Durchforstungsholz und Waldrestholz des derzeitigen Waldbestandes Deutschlands. Damit stünde aber den restlichen 90 Prozent der Bevölkerung kein Brennholz mehr zur Verfügung, seien es Hackschnitzel oder Pellets.

Für diese zehn Prozent Menschen in Deutschland keine schlechte Idee, wäre da nicht das deutsche Umweltbundesamt auf eine Erkenntnis gekommen, die seit Jahrhunderten bekannt ist: Holz, besonders feuchtes Holz, qualmt und riecht beim Verbrennen. Nicht umsonst stapelten früher die Bauern einen gewissen Holzvorrat unter der Sitzbank am Kachelofen, damit er dann beim Verbrennen

---

192 Daten aus: https://www.tfz.bayern.de/festbrennstoffe/brennstoffe/035110/index.php; Bayerisches Staatsministerium für Ernährung, Landwirtschaft und Forsten.

193 Statista: Anteil der Waldflächen in Deutschland bis 2020; Statista Research Department 24.01.2022. Aus den Prozentangaben und der Gesamtfläche Deutschlands Berechnung in km².

durch und durch trocken war. Der Bestandteil beim Qualm ist Feinstaub, der zuweilen als aromatisch empfundene Geruch brennenden Holzes sind unvollständig verbrannte organische Verbindungen, teilweise krebserregend oder anderweitig gesundheitsschädlich.[194] Nach Jahren der Propagierung und finanziellen Förderung auch des Holzheizens nun wenigstens die Einführung von Grenzwerten.[195] Als Konsequenz dieser Zahlen: Wo bekommen die restlichen neunzig Prozent der Bevölkerung in Deutschland ihre Kilowattstunden für Heizung und Warmwasser her? Nach diesem Gesichtspunkt muss man jedes Land dieser Welt gesondert betrachten unter Berücksichtigung der Bevölkerungsdichte und dem Volumen nachwachsender Energieträger. Aber bleiben wir bei Deutschland.

Holz ist der eine Bioenergieträger, den das deutsche Umweltbundesamt hinsichtlich der CO_2-Neutralität als Beitrag zum Klimaschutz bezeichnet. Biogas ist der andere. Dieses hat anaerobe Bakterien zur Bildung als Basis. Wie in Kapitel 1. erwähnt können sich manche Bakterien ohne Sauerstoff vermehren und Stoffwechsel betreiben[196], dann gibt es wieder welche, die je nach den gebotenen Bedingungen auf mit/ohne Sauerstoff umschalten und schließlich die Gruppe, die nur mit Sauerstoff existieren kann. Dabei ist die anaerobe Lebensweise nicht auf Bakterien beschränkt, auch z. B. Spulwürmer und Leberegel leben ausschließlich ohne Sauerstoff. Anaerobe Bakterien können bei Mensch und Tier Ursache für eine Vielzahl an Infektionskrankheiten sein. Zum Beispiel die lebensbedrohliche Wundinfektion Gasbrand durch ein Bakterium aus dem Stamm Clostridium.

---

194 Umweltbundesamt: Heizen mit Holz, Publikation 26.01.2021.

195 Bundesministerium der Justiz: Erste Verordnung zur Durchführung des Bundesimmissionsschutzgesetzes §26 Übergangsregelung für Einzelraumfeuerungsanlagen für feste Brennstoffe.

196 Lexikon der Biologie, Anaerobier; in: https://www.spektrum.de/lexikon/biologie/anaerobier/3228.

Für die Bildung von Methan aus organischem Material, Pflanzen, Tierreste oder Gülle, sind Methanbakterien zuständig, von denen es rund zwanzig verschiedene Arten gibt. Methan ist sozusagen das Abfallprodukt aus der Ernährung dieser Bakterien. Als weiteres Abfallprodukt entsteht aber unabhängig vom Ausgangsmaterial immer auch CO_2 in unterschiedlichem Verhältnis zu Methan. Werden Tierreste, Speiseabfälle oder andere eiweißhaltige Stoffe eingesetzt, dann entstehen zudem noch Ammoniak und Schwefelwasserstoff. Letzterer stinkt nach faulen Eiern. Bei den als NawaRo bezeichneten Stoffen handelt es sich um nachwachsende Rohstoffe, also Mais, Gras oder Getreide. Bei deren Vergärung entstehen Methan und CO_2 im Volumenverhältnis 1:1, bei eiweißhaltigen Abfällen sind es jeweils 38 % Methan und CO_2 sowie 18 % Ammoniak und 6 % Schwefelwasserstoff. Am besten schneiden Fette ab, die 71 % Methan und 29 % CO_2 liefern. Sie sehen, ganz so toll ist die CO_2-Bilanz dabei nicht, auch wenn diese CO_2-Emission von der Stoffbilanz her gesehen im Biogaskreislauf bleibt.

Und was nicht vergessen werden darf, die anaeroben Bakterien gedeihen und „arbeiten" nur dann optimal, wenn sie zusätzlich mit Spurenelementen gefüttert werden. Das sind unter anderem Nickel, Kobalt, Chrom, Mangan, Cadmium und Blei.[197/198] Also Elemente, die eigentlich im Ackerboden nichts zu suchen haben, wenn Gärreste aus Biogasanlagen als Düngemittel verwendet werden, sei es in Eigenverwendung, sei es als Handelsware. Zwar hat die EU

---

197 Caballero-Arzápalo, Nelson: Untersuchungen zum anaeroben Abbauprozess ausgewählter Abfallsubstrate mit Hilfe spezieller Mikroorganismen und Enzyme; Dissertation; Technische Universität München, Fakultät Wissenschaftszentrum Weihenstephan für Ernährung, Landnutzung und Umwelt, 2015.

198 Umweltbundesamt Österreich: Zethner, G; Pfundtner, E., Humer, Joh.: Qualität von Abfällen aus Biogasanlagen. Monographie Band 160, Wien 2002.

Grenzwerte erlassen, die über den Mengen aus Biogasanlagen liegen,[199] aber es kräht kein Hahn danach, wenn der Landwirt Gärreste mit höherem Schadstoffgehalt auf dem eigenen Feld ausbringt. Es bleibt ihm ja nichts anderes übrig, die teure Entsorgung als Sondermüll wäre sein wirtschaftlicher Ruin. Und noch etwas darf nicht übersehen werden: Der Anbau von Mais oder Weizen benötigt viel Dünger. Eine Maisernte von 45 Tonnen entzieht dem Boden 160 Kilogramm Kalium pro Hektar. Ähnlich sieht es beim Stickstoff- und Phosphatbedarf aus.[200] Gülle, Gründünger, Gärreste und mineralischer Dünger werden also gebraucht, das kostet Geld zum einen, Energie zum anderen. Ebenso kommt kein Energie-Landwirt ohne Pestizide aus, die ihrerseits Energie und Geld kosten. Denn sonst wären die auskeimenden Maispflanzen rasch vom Unkraut überwuchert. Zudem muss er darauf hoffen, dass ihm der Befall durch den Maiszünsler nicht den Hektarertrag schmälert. Oder er muss Insektizide einsetzen, die wiederum Geld kosten.

Der Umweltaspekt Kontamination des Bodens mit Schwermetallen tritt aber in den Hintergrund, wenn man den Flächenbedarf für den Betrieb von Biogasanlagen betrachtet. Mit Stand 2021 gab es in Deutschland 8600 Biogasanlagen mit einer installierten Leistung von insgesamt 6443 Megawatt, durchschnittlich rund 750 Kilowatt pro Anlage.[201] Davon waren rund 13 Prozent Gülle- und Abfallvergärungsanlagen, meist Kleinanlagen.[202] Denn auch Gülle und Mist liefert Energie. Pro Rind, seien es Milchkühe oder Mastrinder, ergeben jährlich ca. 20 Kubikmeter Gülle 1300 Kilowattstunden Strom und 1400 Kilowattstunden Wärme. Bei 11,2 Millionen Tieren in

199 Verordnung (EU) 2019/1009 vom 5. Juni 2019 mit Vorschriften für die Bereitstellung von EU-Düngeprodukten auf dem Markt.

200 Landwirtschaftskammer Nordrhein-Westfahlen/ Mais/Unterfußdüngung

201 https://www.agrarheute.com; 03.12.2021

202 Deutsches Biomasseforschungszentrum DFFZ: Stand und Perspektiven der Biogaserzeugung aus Gülle, Leipzig, 2019.

Deutschland[203] wären das immerhin knapp 14,6 Milliarden Kilowattstunden Strom, ein stattlicher Betrag.

Wäre da nicht die janusköpfige Beziehung zum Methan: Jedes Rind produziert bei der Verdauung je nach Fütterung und Rasse zwischen 400 und 700 Litern Methan pro Tag, das über Rülpsen oder über die entgegen gesetzte Richtung den Körper verlässt und in die Atmosphäre emittiert wird.[204/205] Bei den 11,2 Millionen Tieren in Deutschland sind das jährlich umgerechnet immerhin über 1630 bis 2800 Kubikkilometer Methan, das ein 21mal so großes Treibhauspotenzial hat wie CO_2 und der Emission von 67,5 Millionen Tonnen CO_2 entspricht. Dies nur für Deutschland. Weltweit bevölkern über eine Milliarde Rinder Weiden und Ställe, Sie können die Gesamtemission in CO_2-Äquivalenten leicht selbst ausrechnen. Verteufeln Sie aber nun nicht die Rinder. Je nach Art produziert jeder Organismus mehr oder weniger Darmgase durch seine Darmflora, darunter auch Methan. Schließlich basiert jede Biogasanlage auf dem Stoffwechsel ihrer Bakterien. Also sind auch Schafe, Schweine und Menschen Methanproduzenten. Früher waren die Mamuts die größten Methanabscheider. Je nach Ernährungsweise und Zusammensetzung der Darmflora des Menschen produziert dieser bis zu zwei Liter Methan pro Tag. Im Durchschnitt sind es 0,6 Liter. Bei nahezu acht Milliarden Menschen ergeben sich damit 1752 Kubikkilometer[206] im Jahr, umgerechnet rund 26,3 Millionen Tonnen CO_2-Äquivalente. Sie sehen, Kleinvieh macht auch Mist.

---

203 Bundesministerium f. Ernährung und Landwirtschaft: Rinder; Stand 12.10.2021.

204 Natur.de, 27. Januar 2021: Wie viel Methan rülpst eine Kuh?

205 Engelke, Stefanie W. et al.: Milk fatty acids estimated by mid-infrared spectroscopy and milk yield can predict methane emissions in diary cows; Agronomy

206 Bei Normaldruck 1013 Hektopascal.

Doch zurück zur Biogaserzeugung. Nach Angaben des Umweltbundesamtes Deutschland wurden 2021 aus Biomasse 50,4 Milliarden, davon aus Biogasanlagen 28,5 Milliarden Kilowattstunden Strom erzeugt.[207,208] Das entspricht über das Jahr gesehen einer durchschnittlichen Leistung von rund 5,8 Millionen Kilowatt. Für ein Kilowatt Leistung benötigt man rund 0,5 Hektar Mais oder 0,8 bis 1,2 Hektar Grünland.[209] Berücksichtigt man großzügig 15 Prozent Biogas-Stromerzeugung aus Gülle, Mist und Bioabfall, dann kommen wir auf einen Flächenbedarf von mindestens etwa 24.500 Quadratkilometern für Energiepflanzen, je nach Pflanzenart.[210] Mit anderen Worten, 14,7 Prozent der gesamten landwirtschaftlichen Nutzfläche Deutschlands[211] dient beim Stand 2021 ausschließlich der Stromerzeugung aus Biogas.

Der gesamte Stromverbrauch Deutschlands lag 2021 bei rund 504 Milliarden Kilowattstunden; davon also 51 Milliarden kWh = 10,1 Prozent aus nachwachsenden Rohstoffen bei dem oben nachgewiesenen Flächenverbrauch. Mit anderen Worten: Gerade einmal zehn Prozent des derzeitigen Strombedarfs wird zum Preis der Naturvernichtung und der Artenreduzierung auf fast einem Siebtel der landwirtschaftlichen Nutzfläche politisch gewollt und dementsprechend gefördert. Sei es über Investitionsdarlehen mit teilweisem Schuldenerlass der Kreditanstalt für Wiederaufbau (KfW), sei es über die Einspeisevergütung nach dem Gesetz für den Ausbau erneuerbarer

---

207 Statista: Bruttostromerzeugung aus Biogas in Deutschland in den Jahren 2000 bis 2021; Statista Research Department 01.04.2022.

208 Umweltbundesamt Deutschland, 14.03.2022

209 Statistisches Monatsheft Baden-Württemberg 7/2008, Dr. Anette Hartmann: Wie viel Fläche wird für Biogas benötigt?

210 https://www.bmwi.de/Redaktion/DE/Parlamentarische-Anfragen/2020/19-18247.pdf?__blob=publicationFile&v=2

211 Umweltbundesamt Deutschland 11.11.2021: Struktur der Flächennutzung.

Energien (EEG), das auch in seiner Fassung von 2021 einen Zahlungsanspruch aufrechterhält.[212]

Dabei ist es unerheblich, ob Biomethan im Blockheizkraftwerk in Strom und Wärme umgewandelt oder nach Auswaschen des CO_2 unter Energie- und Kostenaufwand ins Gasnetz eingespeist wird, der Flächenbedarf und die damit nachfolgenden Probleme bleiben davon unberührt. Auch das Argument, die Biogasanlage ließe sich gleichzeitig zur externen Abwärmenutzung verwenden, ist mehr oder weniger ein Scheinargument. Denn sie ist in der Regel auf den Erzeugerbetrieb beschränkt und nur in ganz wenigen Fällen über ein Nahwärmenetz möglich. Und außerhalb der Heizperiode allenfalls für Trocknungsprozesse im landwirtschaftlichen Betrieb nutzbar.[213] Große Anlagen stehen zudem fernab von Wohn- und Gewerbesiedlungen. Selbst wenn sie restlos ins Erdgasnetz eingespeist werden können, bleibt ihr Beitrag zur CO_2-Reduzierung bescheiden.

Dazu ein Beispiel. Die Biogasanlage Darmstadt-Wixhausen war in Hessen 2008 die erste Anlage, die Biogas ins Erdgasnetz einspeist. Dazu wirbt die Betreibergesellschaft, damit könnten 13.100 private Haushalte ein Jahr mit Strom und 800 Haushalte mit Wärme versorgt werden. Zudem würden 27.117 Tonnen CO_2 im Vergleich mit konventioneller Energie vermieden.[214] So zu werben ist das gute Recht eines jeden Unternehmens. Sieht man sich die Sache genauer an, dann erscheint sie in einem wesentlich ungünstigeren Licht. Der spezifische kumulierte Energieaufwand (KEA) definiert die insgesamt aufzubringende Energie zur erhaltenen Endenergie. Er beträgt bei dieser Anlage 1,68, das heißt, man muss 168 Kilowattstunden

212 § 39 h EEG 2021 – Dauer des Zahlungsanspruchs für Biomasseanlagen

213 Z. B. Bayerisches Landesamt für Umwelt: Wärmenutzung bei kleinen landwirtschaftlichen Biogasanlagen; Eigendruck, November 2007.

214 https://www.entega.ag/geschaeftsfelder/erzeugung/biogas-biomasse/biogasanlage-darmstadt-wixhausen/

Energie aufbringen, um 100 Kilowattstunden herauszubekommen. Die spezifische Treibhausgasemission beträgt 72,51 Gramm CO_2 pro erhaltene Megajoule Endenergie (=261 g CO_2 pro kWh). Im Vergleich dazu liegt sie bei einem Kernkraftwert bei 12 bzw. bei einer Windkraftanlage bei 11-12 g CO_2/kWh.

Da wundert man sich nicht, dass die Treibhausgaseinsparung lediglich bei 46,8 Prozent liegt.[215] Nüchtern betrachtet grenzt die Propagierung von Energiegewinnung aus Biogasanlagen durch politische Parteien und deren Nutznießer an Volksverdummung, wie diese in der Einleitung dieses Buches definiert ist. Denn sie ist eine bewusste Irreführung um den Preis des größten Opfers der Bevölkerung: die partielle Zerstörung der Umwelt durch erosionsgefährdete Anbauflächen im Verein mit weiterem fortschreitenden Artensterben infolge der Monokulturen. Da ist es mehr als scheinheilig, wenn die deutschen Bundesregierungen unterschiedlicher Farbkombinationen über weltweites Artensterben lamentieren, im eigenen Land aber durch Monokulturen jegliche Artenvielfalt abwürgen. Immerhin gibt es wenigstens einen kleinen positiven Effekt: Das erzeugte Biogas kann man ohne großen technischen Aufwand speichern, da bestehende Systeme dafür bereits vorhanden sind. Sofern die Gasrohre bis zur Biogasanlage reichen. Was aber auch wieder Energie und Wasser kostet, denn das im Gärgas enthaltene CO_2 muss vorher unter Druck ausgewaschen werden, bevor es ins Gasnetz eingespeist wird.

Fassen wir als Resumée zusammen: Biogasanlagen und Biogasproduktion waren zumindest in der Vergangenheit eine willkommene Subventionsmaschine für die Betreiber und Lieferanten der Biomasse. Angesichts des Flächenverbrauchs, der damit verbundenen

---

215 Hundt, Bärbel: Energie- und Klimaeffizienz von Biogasanlagen mit Biogasaufbereitung und -einspeisung unter Nutzung von Silomais; Dissertation, Justus-Liebig-Universität Gießen, 2010, Fachbereich 09 „Agrarwissenschaften, Ökotrophologie und Umweltmanagement".

artenvernichtenden Monokulturen und der zwangsläufigen Bodenerosion ist das scheinbare Qualitätssiegel „Erneuerbare Energie" in Wirklichkeit ein Synonym für Naturvernichtung. Biogasanlagen sind ökologisch nur dann sinnvoll, wenn darin ausschließlich Gülle, Mist oder andere organische Abfälle eingesetzt werden. Die aber sollen zumindest nach dem Willen der Grünen durch die Einschränkung des Fleisch- und Milchkonsums weniger werden. In diesem Zusammenhang erinnere ich mich an eine Äußerung des 1979 gestürzten Schahs von Persien, Mohammad Reza Pahlavi, wonach es schändlich sei, Öl für die Energieerzeugung zu verbrennen, anstatt es als Rohstoff für all die Produkte zu verwenden, die daraus hergestellt werden können. 1960 sagte er das.[216] Wer sagt in Deutschland und anderswo in Europa, es sei schändlich, Land und Natur durch Monokulturen zu zerstören, nur um ein klein wenig Energie zu gewinnen? Anders ausgedrückt, für zehn Prozent des Strombedarfs 2021 bzw. 1,5 Prozent des gesamten Primärenergiebedarfs in Deutschland (2021) dient eine Gesamtfläche von der Größe Mecklenburg-Vorpommerns ausschließlich der energetisch bedingten Bodenzerstörung, Beseitigung der Artenvielfalt und Verödung der Landschaft. Ein typisches Beispiel für den Mangel an generationenübergreifendem Denken, denn es zählt nur der Profit von heute, auch wenn er als Paradies von morgen den Menschen verkauft wird.

216 „... Es ist schändlich, das edle Erzeugnis zu verbrennen, um damit Energie für den Betrieb von Fabriken und Leuchttürmen zu erzeugen. Rund 70.000 Produkte werden aus Erdöl hergestellt ..." Zitat aus: David Patrikarakos; Atommacht Iran: Die Geburt eines nuklearen Staats; EuropaVerlagBerlin.

7.

Die sonnige Zukunft

Der Narr, als Schlauester von allen,
fängt das Licht mit Mausefallen.

Der Wunsch, das Licht einzufangen und zu nutzen begleitet die Menschheit seit ihrem ersten Erscheinen. Doch erst mit der Fähigkeit, gewölbte Metallflächen auf Hochglanz zu polieren und einfallendes Sonnenlicht in einem Brennpunkt zu bündeln, gelang der erste Schritt zur Nutzung der Sonnenenergie. Was wie erwähnt den alten Griechen zum Entzünden der olympischen Flamme diente, fand später seine Fortsetzung in der Entwicklung der Solarkochkiste[217] und des Solarkochers. Damit kann man zwar Speisen zubereiten und Wasser abkochen, aber es geht einem dabei wie einem hungrigen Angler. Dieser muss warten, bis ein Fisch angebissen hat, jener kann nur kochen, wenn die Sonne scheint. Immerhin eine Möglichkeit, in holzarmen aber sonnenreichen Gegenden umweltschonend Speisen zuzubereiten.

Vergrößert man die Reflexionsflächen entsprechend und steuert sie so zur Sonne, dass stets maximale Einstrahlung gebündelt wird, dann kann man sogar Solarschmelzöfen betreiben. So steht zum Beispiel im Deutschen Zentrum für Luft und Raumfahrt in Köln ein Hochflussdichte-Sonnenofen mit einer thermischen Leistung von 25 Kilowatt. Im Dörfchen Odeillo in den Ostpyrenäen, Frankreich, eine Anlage mit 1000 Kilowatt Leistung und in Spanien die Plataforma Solar de Almería mit einer Spiegelfläche von über

217 Horace de Saussure and his hot boxes of the 1700s. In: http://www.solarcooking.org/saussure.htm. Siehe auch Fußnote 134.

20.000 Quadratmetern, wo seit Ende 1980 die Erforschung der solaren Energienutzung erfolgt.

Das waren die Gehversuche zur großtechnischen Nutzung thermischer Sonnenenergie. Im marokkanischen Ouarzazate, auf einer Hochebene südlich des hohen Atlas und gegen die Sandstürme der Sahara durch das Gebirge Djebel Sarhro geschützt, befinden sich drei Sonnenkraftwerke mit einer Leistung von insgesamt rund 500 Megawatt. Das in den Parabolrinnen gebündelte Licht heizt ein synthetisches Öl auf, mit dem über Wärmeaustauscher Wasserdampf von bis zu 400 °C erzeugt wird. Damit werden Dampfturbinen zur Stromerzeugung betrieben. Der Vorteil der Anlage ist der Standort, die jährliche Sonneneinstrahlung liefert zwischen 2500 und 2600 Kilowattstunden Energie pro Quadratmeter an fast 365 Tagen im Jahr. Das sind weltweit Spitzenwerte.

Also ein Vorzeigeprojekt zum Thema grüne Energie mit Werbepotenzial? Würde da der Öffentlichkeit nicht schamhaft verschwiegen, dass es doch nicht ohne massive CO_2-Emission läuft. Die Spitzenlastzeit für den Stromverbrauch liegt in Marokko zwischen 18:00 und 20:00 Uhr. Also gerade dann, wenn die Sonne untergegangen ist. Also braucht man große Thermospeicher, die nach Sonnenuntergang noch genügend Hitze zur Dampferzeugung vorrätig halten. Die bestehen aus einem Salzgemisch aus hochreinem Natriumnitrat und Kaliumnitrat im Verhältnis 60:40. Das hat die Eigenschaft, bereits bei 110 °C flüssig zu sein und bis über 500 °C ohne Zersetzung zu bleiben. Für den gesamten Anlagenkomplex braucht man mehr als 100.000 Tonnen. Und die müssen flüssig bleiben, auch nachts, wenn damit keine Stromerzeugung mehr möglich ist, keine Sonne scheint und es empfindlich kalt wird. Sie dürfen eine Temperatur von 110 °C nicht unterschreiten. Das gelingt nur mit einer Heizung, für die man täglich 19 Tonnen Diesel – Sie lesen richtig! – braucht. Auch das synthetische Öl darf nicht unter 8 °C fallen. Das ergibt im Jahr umgerechnet immerhin knapp über 21.600 Tonnen CO_2 nur für diesen Anlagenkomplex. So grün ist also die Anlage doch nicht, auch wenn die beteiligten Unternehmen und Parteien damit prachtvoll grünes Marketing betreiben.[218] Insofern kann man unwidersprochen von Volksverdummung reden, wenn man vorgaukelt, die erzeugte Energie sei „grün" und nicht grau wie in Wirklichkeit. Immerhin ein rentables Geschäft für die Betreibergesellschaften, weniger für den Staat Marokko beziehungsweise seine Steuerzahler, welche die Anlage mit jährlich 75 Millionen Euro subventionieren, um eine sonst unumgängliche Strompreiserhöhung zu vermeiden.[219] In Deutschland wurden bis zum 1. Juli 2022 die Stromkunden mit der EEG-Umlage (Ökostrom-Umlage) direkt zur Kasse gebeten.[220]

Bezogen auf die Energieausbeute ist allerdings die Umwandlung von solarer Wärmeenergie in Strom eine magere Angelegenheit. Denn in den Solarröhren wird das Trägeröl „nur" auf etwa 400 °C aufgeheizt, womit dann Wasserdampf erzeugt wird, der Turbinen antreibt. Nach den Gesetzen der physikalischen Chemie[221] ist der

---

218 Quellen der Informationen: Kreditanstalt für Wiederaufbau; BASF; Wikipedia; Heidelbergzement; Pressemitteilung d. Bundesministeriums für Umwelt, Naturschutz, nukleare Sicherheit und Verbraucherschutz, 10.05.2013.

219 Neue Zürcher Zeitung, Saharasonne und Wüstenwind – eine grüne Energiewende im Magreb wäre eine Riesenchance für die Region, aber auch Europa; 21.12.2021 (Beat Staufer).

220 Die Bundesregierung, Pressemitteilung Mittwoch, 9. März 2022.

221 Carnot-Wirkungsgrad $\eta_c = 1 - T_k/T_h$ (T: Temperatur in Kelvin kalt/heiß); Thermischer Wirkungsgrad. Je höher die Dampftemperatur vor der Turbine (und damit der Druck) und je niedriger die Dampftemperatur (und damit der Druck) nach der Turbine, des größer der Wirkungsgrad. Realistischer ist der Clausius-Rankine-Kreisprozess, der die Bildung des Kondensats und die Wärmezufuhr im Dampfkessel berücksichtigt.

Wirkungsgrad eines Systems zur Umwandlung von thermischer Energie in mechanische Energie und damit in elektrische Energie umso höher, je höher die Temperaturdifferenz zwischen Eingangs- und Ausgangstemperatur (und damit des Dampfdrucks) ist. Moderne Anlagen mit bis zu 600 °C Dampftemperatur kommen auf diese Weise auf 60 % Wirkungsgrad. Das heißt, von 100 % reingesteckter Energie erhält man 60 % Stromenergie. Die Anlage in Marokko dürfte auf etwa 45 % kommen, wobei die Folgeenergie, verbrauchter Diesel, noch nicht berücksichtigt ist.

Für Europa und insbesondere Mitteleuropa kommen Anlagen wie in Marokko mangels Sonnenstrahlung nicht zur Erzeugung erneuerbarer Energien in Betracht. Solarkollektoren können lediglich als Energiequelle für Heizung und Warmwasser dienen, solange die Sonne scheint. Also im Sommer, aber auch im Winter, bei Sonnenschein jede Menge heißes Wasser, im Winter bei wolkenverhangenem Himmel wäre ohne zusätzlichen Energieaufwand Kaltduschen angesagt.

Betrachten wir zunächst die Solarthermie, also die Wärmekollektoren für Warmwasser und Heizung. In stärkerem Maße als die Photovoltaik sind sie vom direkten Sonnenschein abhängig, wogegen die PV-Panele auch bei diffusem Licht Strom erzeugen. Die folgende Abbildung zeigt Ihnen die durchschnittlichen Sonnenscheinstunden 2021/2022 in Deutschland pro Monat im Vergleich zum vieljährigen Mittel des Zeitraums 1991 bis 2020. *(Siehe dazu: Anhang, Seite 258, Abb. 14,* ***Durchschnittliche Sonnenscheinstunden 2021/22 in Deutschland****.*)

Den gesamten Energiebedarf in Deutschland für Raumwärme, Warmwasser und Klimaanlagen zeigt Ihnen die folgende Tabelle.[222]

222 https://www.umweltbundesamt.de/daten/energie/energieverbrauch-fuer-fossile-erneuerbare-waerme#warmeverbrauch-und-erzeugung-

Tabelle 1

	Industrie	Gewerbe Handel Dienstleistungen	Haushalte	Mrd. kWh
Raumwärme	42,5	192,5	192,5	699,2
Warmwasser	4,7	18,6	18,6	126,7
Klimatisierung	1,4	4,7	4,7	10
	48,6	215,8	215,8	**835,9**
Prozesswärme	504,2	28,1	28,1	571,9
Prozesskälte	28,6	10,6	10,6	52,5
Gesamt	581,4	254,5	254,5	1460,3

Glaubt man den Richtwerten der Solarthermiebranche, so kann man mit einem Jahresertrag von 450 bis 600 kWh pro Quadratmeter Solarkollektoren rechnen, je nach Region. Damit ergäbe sich nach Tabelle 1 für Raumwärme und Warmwasser insgesamt ein Bedarf zwischen 1858 und 1393 Quadratkilometer Kollektorfläche für den Jahresbedarf. 2020 betrug die bebaute Wohn-, Industrie- und Gewerbefläche etwas über 20.000 Quadratkilometer.[223] Schätzt man davon die Hälfte als bedingt geeignet für Solar- oder Photovoltaikenergie, dann könnte man rund 14 bzw. 18 Prozent der geeigneten Dachflächen dafür nutzen und hätte dann noch 86 bzw. 82 Prozent für Photovoltaik übrig.

Klingt gut, gilt aber allerhöchstens für die Sommermonate und die Übergangszeiten. Gerade dann, wenn der Bedarf an Heiz- und

---

nach-sektoren. **Anmerkung:** Die Daten beziehen sich auf 2017. Neuere Daten standen nicht zur Verfügung.

223 Destatis: Bodenfläche insgesamt nach Nutzungsarten in Deutschland,

Warmwasserenergie am höchsten ist, reichen die Sonnenstunden für Solarenergie nicht aus. Dabei könnte man aufgrund der Erfahrungswerte analog Abbildung 14 regional genau berechnen, wie der Energiemix gestaltet und wie groß die Wärmespeicher sein müssten, um die erforderliche Energie nach Erzeugerarten zu optimieren. Damit befasst man sich auf Regierungsebene jedoch nicht, die Wissenschaftlichen Dienste des Deutschen Bundestags behandeln in ihren Dokumentationen und Ausarbeitungen zwar gelegentlich die Deckung des Energiebedarfs durch nicht-fossile Energieträger, nicht aber mit einer ganzheitlichen Infrastruktur, die dafür nötig wäre. Ob die fundierten Studien des Fraunhofer-Instituts für Solare Energiesysteme (ISE) in Berlin zur Kenntnis genommen werden, muss bezweifelt werden, denn sonst würden keine Klimaträume wiedergekäut, so berechtigt sie auch sind, sondern wissensbasierte Entscheidungen getroffen werden. Immerhin könnte man auf diese Weise den Warmwasser- und Heizenergiebedarf wenigstens teilweise decken, in Einfamilienhäusern eher als in Wohnsilos.

Bei all der energetischen Träumerei sollten wir den gespitzten Stift des nüchternen Kaufmanns nicht vergessen. Rechnen wir beispielsweise das Szenario für einen 5-Etagen-Wohnblock mit rund 810 m² Grundfläche[224] und gehen wir wie in Kapitel 6. von einer durchschnittlichen Wohnfläche von 47 m² pro Person aus, so böte dieser theoretische Wohnblock Platz für etwa 86 Personen. Für Warmwasserbereitung und Heizungsunterstützung rechnet man je einen Quadratmeter Kollektor pro Person bzw. 10 m² Wohnfläche.[225] In der Summe also rund 160 m² Kollektorfläche, die im optimalen Winkel nach Süden ausgerichtet sein müsste. Die Kosten für Kollektoren, Solarspeicher und Installation sind für dieses Projekt mit wenigstens

---

224 Einschließlich 10 % Flächen für Flure und Treppenhaus.

225 https://www.verbraucherzentrale.de/wissen/energie/erneuerbare-energien/solarthermie-solarenergie-fuer-heizung-und-warmwasser-nutzen- 5568

290.000 Euro anzusetzen bei einer durchschnittlichen Nutzungsdauer von 25 Jahren.[226] Nicht eingerechnet etwaige notwendige Reparaturen, Ersatzteile und die Betriebsenergie für die Pumpen. Bei Baukosten von 2300 €/m² (das war die gute alte Zeit) sind das immerhin fast 16 Prozent der Bausumme. All das unter dem Aspekt, dass die Sonne dann Energie im Überfluss liefert, wenn man am wenigsten davon braucht und nichts für den Winter speichern kann.

Vergessen wir nicht die tiefe Geothermie, zu der es Stand 2022 42 Anlagen in Deutschland gibt.[227] Wie Sie im Vergleich zu Tabelle 2 (Seite 135) sehen, haben die 2022 bestehenden Anlagen gerade mal eine Gesamtenergieleistung von 0,7 Prozent der zur gleichen Zeit vorhandenen Onshore-Windenergieanlagen. Zudem sind tiefe geothermische Bohrung zuweilen mit Überraschungen verbunden. Wehe, man durchbohrt dabei eine Anhydritschicht und gleichzeitig eine andere wasserführende Schicht.[228] Das kann dann durch die Quellung zur Hebung des Erdbodens führen, wie an den Hebungsrissen im historischen Ortskern von Staufen im Breisgau zu sehen ist. Angesichts dieses geringen Beitrags können wir diese Wärmequelle für das Jahr 2022 und die Folgejahre außer Betracht lassen, ob sie bis zum Zieljahr 2050 eine größere Rolle spielt, ist ungewiss.

Wie oben gezeigt, spielt die Gewinnung von Wärmeenergie mit Sonnenkollektoren und Geothermie in Mitteleuropa beim Thema CO_2-Reduzierung nur eine untergeordnete Rolle. Ganz anders die Situation bei der Photovoltaik. Sehen wir uns dazu die Energie der

226 Berechnungsbasis: https://www.solarthermie.net/faq/wie-hoch-liegen-die-solarthermie-kosten-pro-m2. Stand 2021, vor der Teuerungswelle.

227 Bundesverband Geothermie: Geothermie in Zahlen – 30 Heizwerke, 3 Kraftwerke, 9 Heizkraftwerke. Installierte Wärmeleistung 350 MW, installierte elektrische Leistung 47 MW, durchschnittliche Teufe ca. 2.500 m.

228 Anhydrit ist wasserfreier Gips (Calciumsulfat), der unter Volumenvergrößerung Wasser aufnimmt, quillt und dann als Gips bezeichnet wird.

Solarstrahlung in unterschiedlichen Breitengraden an, wenn sie bei optimalem Winkel „aufgefangen“ wird. Also nicht einfach auf die Erdoberfläche trifft. *(Siehe dazu: Anhang, Seite 258, Abb. 15,* ***Sonnenenergie in kWh pro Monat und Quadratmeter.****)*

In der Jahressumme ergibt sich ein beträchtliches Süd-Nord-Gefälle von etwa 10.200 auf 5000 kWh pro Jahr und Quadratmeter. Diese Zahlen sind die Theorie, an der sich Politiker und Umweltaktivisten verschiedener Farbschattierungen berauschen. Die harte Landung auf dem Boden der Tatsachen ist dem Wirkungsgrad der Photovoltaikmodule, deren Aufstellwinkel mit Südausrichtung und der effektiven Sonnenscheindauer geschuldet. So betrug die Photovoltaik-Bruttostromerzeugung 2021 in Deutschland rund 48,6 Milliarden Kilowattstunden, wovon knapp acht Prozent die Anlagen selbst verbrauchten. Gehen wir von den derzeit leistungsfähigsten Modulen aus, dann kann man mit sechs Quadratmetern eine Leistung von einem Kilowatt-Peak erreichen. Das ist der theoretische Maximalwert. Real kommt man damit in Deutschland im besten Fall auf 1000 Kilowattstunden pro Jahr, somit auf 166 kWh pro Quadratmeter. Vertrauen wir auf den Fortschritt in der Entwicklung und rechnen wir für Deutschland mit durchschnittlich 180 kWh pro Quadratmeter und Jahr. Dann könnte bei einem Gesamtenergiebedarf von 3423 Milliarden Kilowattstunden[229] bezogen auf das Jahr 2019 eine Gesamtfläche von etwas mehr als 19.000 Quadratkilometern diese Energie liefern. Also auf 5,3 Prozent der Fläche Deutschlands.

PV-Anlagen in südeuropäischer Sonne wie z. B. im spanischen Sevilla könnten auf einer Gesamtfläche von etwas mehr als 78.000 Quadratkilometern alle Länder Europas mit der 2022 benötigten Energie versorgen. Dort scheint die Sonne intensiver und jeder

---

229 eurostat: Energiebilanzen im Excel-Dateiformat (Ausgabe 2022), hier Terajoule in kWh umgerechnet.

Quadratmeter PV-Modul könnte im Jahresschnitt 290 Kilowattstunden liefern. Das wären 7,6 Prozent der Gesamtfläche von Portugal, Spanien, Italien und Griechenland zusammen. Mit anderen Worten, Europa wäre gar nicht angewiesen auf Sahara-Sonne. Ganz abgesehen davon, dass sich dadurch wieder eine energetische Abhängigkeit ergäbe. Russisches Öl und Gas getauscht mit Anlagen unter maghrebinischer Sonne, kontrolliert vom wiedererstarkten Islam. Die politische und wirtschaftliche Abhängigkeit bliebe bestehen. Ganz abgesehen davon, dass große Wechselrichter- und Trafostationen einschließlich Seekabel nach Europa ein solches Vorhaben wirtschaftlich und militärisch äußerst verletzlich machten. Und warum von afrikanischer Sonne fabulieren, wenn zumindest die südeuropäische Sonne den gesamten europäischen Energiebedarf decken könnte? Natürlich flankiert von den Photovoltaikanlagen im jeweiligen Verbraucherland.

Zur Maximierung der Sonnenenergieausbeute wäre allerdings bauliches Umdenken nötig. Statt der üblichen Satteldächer dann Pultdächer mit Südneigung im optimalen Winkel mit dem Preis, dass dann einige Räume oder Wohnungen auf die Nordseite ausgerichtet sind. Für Mitteleuropäer eine mentale Sperre, für reiche Inder in Rajasthan die bevorzugte Lage, den ärmeren bleibt die Südrichtung. Auch die Fassaden mit Ausnahme der Nordrichtung könnten als PV-Wände gestaltet werden. Und jedes Ein- und Mehrfamilienhaus energetisch als Insellösung mit einem Strom- und Wärmespeicher im Keller. Freiflächenanlagen könnten dahingehend optimiert werden, dass die einzelnen Module innerhalb gewisser Grenzen hydraulisch gesteuert dem Lauf der Sonne folgen.

Klingt doch gut, oder? Und ist doch überzeugend, wenn uns grüne und weniger grüne Politiker vom CO_2-freien Energieparadies vorschwärmen. Aber leider dabei den seit Jahrtausenden ausgetretenen Pfad der Volksverdummung weiter austrampeln. Kein Wort über die aufzubringenden Kosten, kein Wort über die noch nicht vorhandenen Energiespeicher, die uns dann mit Stromenergie versorgen, wenn keine Sonne scheint oder im Winter wesentlich schwächer ist. Eine hervorragende rhetorische Begabung ist unabdingbare Voraussetzung für eine politische Karriere. Das Beherrschen der Grundrechenarten nicht. Aber wenigstens auf Minister- und Ministerialebene sollten die Gewählten jemanden kennen, der grundrechnen kann. Werfen Sie mir nun nicht vor, diese Bemerkung sei billige Agitation. Denn entweder ist den Menschen in Regierungsverantwortung die Konsequenz gleich welcher Entscheidung nicht bewusst, oder sie wissen darum und verschweigen dies der Bevölkerung. Eines ist so fatal wie das andere. Letzteres muss man aber als gezielte Volksverdummung bezeichnen, irreführende Äußerungen und Maßnahmen, die das Volk etwas glauben machen sollen. Die bewusste Irreführung und Manipulierung der Bevölkerung.

Rechnen wir also einmal für Deutschland und Europa basierend auf dem Preisniveau 2022 die Kosten für grasgrünen Strom nur mit Photovoltaik. Ohne die oben erwähnten Maximierungs- und Optimierungsmöglichkeiten. Pro Quadratmeter Anlage einschließlich Zähler, Wechselrichter (der erzeugte Gleichstrom muss in Wechselstrom umgewandelt werden) usw. muss man mit 200 bis 300 Euro rechnen je nach Aufstellungsort. Also Dach oder Feld. Dies auf der Preisbasis der guten alten Zeit, als blockierte Lieferketten und Kriegsgetümmel vor den Grenzen der Europäischen Union noch kein Thema waren. Das ergäbe allein für Deutschland eine Investitionssumme von 3,8 bis 5,7 Billionen Euro. Zum Vergleich: 2021 betrug das Bruttoinlandsprodukt, also der Wert aller erzeugten Waren und Dienstleistungen nach Abzug aller Vorleistungen, rund 3,6 Billionen Euro. Dazu kämen jährlich die laufenden Kosten für Wartung, Instandhaltung und Reinigung in Höhe von ein bis zwei Prozent der Anschaffungskosten. Das wären 36 bis 72 Milliarden

Euro pro Jahr. Für ganz Europa ergäbe sich bei gleicher Datenbasis beim heutigen Stand des Energiebedarfs eine Gesamtinvestition von 15,6 bis 23,4 Billionen Euro. Die EU-27-Staaten kamen 2021 auf ein Bruttoinlandsprodukt von 14,45 Billionen Euro.[230] Diese vage Kostenabschätzung galt für die Zeit vor Lieferkettendesaster und russisch-ukrainischem Krieg. Für die Zeit danach ist sie Makulatur, ob für die Gesamtinvestition dann das Doppelte, Dreifache oder Mehrfache ausreicht, steht in den Sternen. Dabei haben wir die Kosten für die neu dafür zu schaffende Infrastruktur und die erforderlichen Strom- bzw. Energiespeicher für Sonnen-Wind-Flautezeiten noch gar nicht berücksichtigt.

Sie werden zu Recht einwerfen, die vorliegende Rechnung sei irreal, denn schließlich hätten wir ja im idealen CO_2-freien Energieparadies ein Mix aus Photovoltaik, Wind-, Wasser- und Geothermalenergie, aus Wärmepumpen Energie aus Luft, Wasser und Boden und vielleicht in ferner Zukunft die Fusionsenergie als Minisonnen im Fusionsreaktor. Bei diesem und den folgenden Kapiteln schildere ich Ihnen bewusst das Entweder-Oder-Szenario. Also entweder nur Photovoltaik oder nur eine andere nicht-fossile Energieerzeugung. Zum Schluss kommt dann das Energieerzeugungs-Mix in verschiedenen Variationen, denn es dürfte bis heute keinem Politiker und keinem Energiespezialisten ebenso wenig wie uns allen bekannt sein, wie in dreißig Jahren, also bei Erreichen des CO_2- Endziels, die Verteilung der Energieerzeugung aussehen wird.

230 Statista: Bruttoinlandsprodukt in EU und Euro-Zone bis 2021 (21.03.2022); Quelle: Eurostat.

8.

Woher der Wind weht

Die Geschichte der Nutzung des Windes wurde bereits im Kapitel 4. kurz erwähnt. Noch 1882 sorgten im Deutschen Reich 18.900 Windmühlen neben 58.000 Wassermühlen für die Versorgung mit Mehl für die schnell wachsende Bevölkerung. Dann kamen die Dampfmaschinen, die ersten Mehlfabriken entstanden, das Mühlensterben begann. Bereits 1895 gab es über 58.000 Mühlen mit Dampfkraft. Wo aber Dampfkraft keine Dynamos betreiben konnte und auch keine Wasserkraft vorhanden war, da gab es keinen Strom. Wer trotzdem abends und nachts noch lesen wollte, der war auf Kerzenschein oder die Petroleumlampe angewiesen. Wer etwas mehr Geld hatte, griff zur Carbidlampe und hatte helleres Licht. Oder er kam wie der Schotte James Blyth[231] auf die Idee, über ein Windrad einen Dynamo zu betreiben und den Strom in Bleiakkumulatoren zu speichern. Damit hatte er ab 1891 für sein Wochenendhaus in Marykirk bei Glasgow genug Strom, um bei moderater Brise zehn Glühbirnen zu versorgen, eine wahre Illumination für damalige Verhältnisse. Sein Angebot, damit auch die Hauptstraße der Gemeinde zu erhellen, stieß allerdings auf Ablehnung. Denn etwas, was man nicht sieht und doch auf unerklärliche Weise Licht erzeugt, konnte nur Teufelswerk sein. Das war der Anfang. Für eine psychiatrische Klinik in Montrose im Nordosten Schottlands entwickelte er 1895 eine Windkraftanlage, die 30 Jahre lang in Kombination mit

231 James Blyth (1838–1906), schottischer Elektroingenieur und Wissenschaftler, Professur am Anderson's College (heute Universität von Strathclyde, Glasgow), befasste sich mit der Stromerzeugung durch Windenergie.

Akkumulatoren erfolgreich als Notstromversorgung diente.[232] Dort glaubte man nicht an Teufelswerk, zumal der Teufel in seinen besseren Tagen als Luzifer – Träger des Lichts – als schirmender gesalbter Cherub sich der besonderen Gunst Gottes erfreute.[233]

Damit war die Idee „Strom aus Wind“ Wirklichkeit geworden. Der Amerikaner Charles F. Brush[234] baute 1887/88 die weltweit erste vollautomatische Windkraftanlage mit einem Rotor von 50 Fuß (15,24 m) Durchmesser und 12 Kilowatt elektrischer Leistung, die zwanzig Jahre lang für sein Haus ihre Dienste tat. Einen entscheidenden Schritt weiter ging der Däne Poul La Cour[235], der als stellvertretender Direktor des Meteorologischen Instituts von Kopenhagen zwar ein gutes Auskommen gehabt hätte, dessen Versuche, Erfindung und Reisen aber seine Familie an den Rand des finanziellen Ruins brachten. So wurde er Lehrer für Physik und Mathematik an der Volkshochschule in Askov in Süderjütland, wo er 1891 die weltweit zweite Windkraftanlage baute, die einen Dynamo betrieb. Seine Arbeiten wurden wegweisend für die Nutzung der Windenergie: Er reduzierte die vielflügeligen amerikanischen Windturbinen auf vier Flügel, um eine optimale Stromerzeugung zu erhalten, versah die Flügel mit Jalousieklappen zur Regelung bei starkem Wind und baute einen eigenen Windkanal, um kleine Modelle zu testen.

232 http://www.thecourier.co.uk/Community/Heritage-and-History/article/2332/renewable-energy-and-role-of-marykirk-s-james-blyth.html

233 Das Buch Ezechiel, Kapitel 28, 2-19; hier ist vom Fürsten von Tyrus die Rede, der als Satan gedeutet wird.

234 Charles Francis Brush (1849–1929), US-amerikanischer Erfinder und Unternehmer. Studierte Bergbau und beschäftigte sich mit Elektrotechnik. Erfand eine Kohlebogenlampe, die den damals vorhandenen überlegen war.

235 Poul La Cour (1846–1908), dänischer Meteorologe, Physiker, Erfinder und Wegbereiter moderner Windkraftanlagen. Entwickelte ein Mehrfrequenz-Telegraphieverfahren (1874), das Phonische Rad (1875) zur Messung schneller Rotationen und Unwuchten.

In seinem Todesjahr 1908 versorgten bereits 72 seiner Windkraftanlagen die ländlichen Gebiete in Dänemark mit Strom.

Poul La Cour war auch genial genug, sich mit der Stromspeicherung zu befassen. Denn Bleiakkumulatoren, die einzigen leistungsfähigen wieder aufladbaren Batterien, die es damals gab, waren sehr teuer. Seine Lösung ist heute, mehr als 130 Jahre später, hochaktuell: Die Erzeugung von Wasserstoff mittels Elektrolyse und dessen Speicherung in großen Tanks. Damit konnten bei Flaute Wasserstofflampen für Licht sorgen. Mit dem so genannten Glühstrumpf ließen sich nicht nur mit dem städtischen Koksgas Gasleuchten betreiben, sondern sie gaben auch mit Wasserstoff beim Verbrennen helles Licht. Zwar gab es manchmal bei undichten Leitungsrohren oder verzögerter Zündung am Glühstrumpf einen kräftigen Knall, aber im Wesentlichen war die Sache funktionsfähig.[236] Damit hat er bereits das vorweggenommen, was hauptsächlich deutschen Politikern glänzende Augen beschert. Der erste Schritt zur Wasserstofftechnologie als Schlüsselelement für die verordnete Energiewende. Seither blieb Dänemark führend in der Technologie der Windkraftanlagen, bereits 1918 erzeugten dort WKAs drei Prozent des dänischen Stroms.

Windkraftanlagen blieben in Deutschland nach dem ersten Weltkrieg ein Nischenprodukt, hauptsächlich genutzt zum Pumpen von Wasser, Abwasser oder zum Entwässern, die wenigsten zur Stromerzeugung. Dafür dominierte bereits die Kohle, die verlässliche Produktion gewährleistete. Unabhängig davon blieb die Windkraft wissenschaftlich interessant. In diesem Zusammenhang berechnete der Physiker Albert Betz[237] den theoretischen Wirkungsgrad von

---

236 Ursache war die Knallgasreaktion. Mit Luftsauerstoff gibt Wasserstoff bei 4 bis 77 Volumenprozent ein zündfähiges Gasgemisch. Quelle: Linde; Sicherheitsdatenblatt Wasserstoff.

237 Albert Betz (1885–1968), deutscher Maschinenbauer, Physiker und Aerodynamiker. Ab 1926 Professur an der Georg-August-Universität

Windkraftanlagen mit horizontaler Rotorachse mit 59,3 Prozent – das Betzsche Gesetz. Dieser Anteil der Windenergie kann in Bewegungsenergie der Rotoren umgewandelt werden, mehr nicht. Als Gesamtbilanz ergeben sich dann aus 100 Prozent Windenergie nach Abzug aller Wirkungs- und Reibungsverluste rund 45 bis 50 Prozent Stromenergie. Windenergieanlagen mit vertikaler Rotorachse bringen es auf maximal 40 Prozent.

Aber es blieb für Jahrzehnte bei der Theorie, Kohle und später Öl und Gas waren die billigen Energielieferanten, keine Chance für Technikfantasien. Ein kurzes Aufflackern gab es während des Dritten Reiches unter Hitler in den 1930er Jahren mit den Visionen von Hermann Honnef[238], der Windkraftwerke entwarf, die bis zu 500 Meter hoch sein und Windrotoren von 160 Metern Durchmesser haben sollten. Bei 15 Metern Windgeschwindigkeit pro Sekunde, das entspricht Windstärke 7, starker Wind, berechnete er eine Leistung von 20 Megawatt. Das ist das Dreifache einer derzeitigen modernen Offshore-Anlage! Auch er hatte wie Jahrzehnte vor ihm der Däne Poul La Cour die Idee, überschüssigen Strom über die Elektrolyse von Wasser als Wasserstoff zu speichern. Aber wie es so ist mit Erfindern und Visionären, Hermann Honnef starb 1961 verarmt und verspottet.[239] Für solche Ideen hatte man allenfalls ein mitleidiges Lächeln übrig in Industrie und Politik, sprudelte doch Erdöl aus vielen Quellen billig und zuverlässig. Zudem wurden die weltweiten Steinkohlevorräte auf nahezu 17 Billionen Tonnen geschätzt, ein Energievorrat für zwei

---

Göttingen, ab 1936 Leiter der Aerodynamischen Versuchsanstalt. Seine Arbeiten zur Geometrie von Flugzeugflügeln sind bis heute Basis im Flugzeugbau.

238 Hermann Honnef (1878–1961), deutscher Erfinder und Windpionier, Gründer der Honnef-Werke in Dinglingen bei Lahr, die Kräne, bewegliche Brücken und Funktürme in ganz Deutschland bauten.

239 Spiegel Geschichte: Martin Pfaffenzeller, Der Traum vom Reichskraftturm, 29.06.2020.

Jahrhunderte. Die etwa 200 Stück 10-Kilowatt-Windkraftanlagen der Firma Allgaier Werke änderten daran nichts, wurden die doch exportiert, aus dem Auge, aus dem Sinn. Ebenso demotivierend war es für den dänischen Pionier Johannes Juul[240], dass die von ihm konstruierten Anlagen 1962 stillgelegt wurden. Kohle-Strom war billiger und Geiz ist immer geil.

Das änderte sich 1973 mit Ausbruch der Ölkrise schlagartig. Plötzlich mussten die vermeintlichen Kapitäne in Politik und Wirtschaft erkennen, dass die Energieversorgung nicht nur von der Endlichkeit der Vorräte abhängt, sondern ganz banal auch mit Interessenpolitik verwoben ist. Da hatten die Dänen wieder die Nase vorn. Experimentierte man von 1983 bis 1987 in Deutschland fehlschlagreich mit der damals weltweit größten und medial bombastisch präsentierten Windkraftanlage Growian mit drei Megawatt Nennleistung, so mauserten sich die Dänen innerhalb eines Jahrzehnts zur führenden Nation in Sachen Windenergie.

Aber es ist das Schicksal von technischen Neuerungen, die im Prinzip eine lange Geschichte haben, für Nutzer und Investoren erst dann interessant zu werden, wenn ein finanzieller Vorteil winkt. Als Erste winkten 1985 die Amerikaner in Kaliforniern mit respektablen Steuerabschreibung. Davon profitierten auch die dänischen WKA-Hersteller mit ihrer Erfahrung bei der Herstellung. Das Aus für das Abschreibungsmodell war auch das vorläufige Aus für die Windkraft in Kalifornien. Ein Aufschwung kam erst wieder, als in Deutschland 1991 das Stromeinspeisungsgesetz[241] in Kraft trat. Die

---

240 Johannes Juul (1887–1969), dänischer Ingenieur, Pionier der modernen Windkraftanlagen. Die von ihm entworfene Gedser Windturbine mit 200 kW lief 10 Jahre völlig wartungs- und störungsfrei.

241 Deutsches Bundesgesetzblatt: Gesetz über die Einspeisung von Strom aus erneuerbaren Energien in das öffentliche Netz (Stromeinspeisungsgesetz); 7. Dezember 1990. Inkrafttreten 1. Januar 1991.

Rechnung für die umbenannte Subvention zahlten die Stromversorger, die die Belastung umgehend an die Verbraucher weitergaben. Neun Jahre später wurde es abgelöst durch das Erneuerbare-Energien-Gesetz EEG.[242] Das bat auch die Stromerzeuger abzüglich einer geringen Freigrenze zur Kasse, die ihre Eigenerzeugung in das öffentliche Netz einspeisten und ihren Eigenverbrauch daraus wieder bezogen. Diese Stromsteuer, anders kann man die Zwangsabgabe nicht bezeichnen, wurde mit Gesetzentwurf der 20. Deutschen Bundestags[243] wieder gestrichen. Penibel wie Bürokraten dabei sind, werden die Erfüllungsaufwendungen, die der Wirtschaft aus Informationspflichten dabei entstehen, auf die Einerstelle genau mit 315.072 Euro beziffert. Wenn das keine Präzision ist!

Soviel zur Geschichte der Nutzung der Windenergie und ihrer Zwangsabgaben. Sehen wir uns im Folgenden die Energie- und Materialaufwendungen, die Gestehungskosten, Folgekosten und projektierte Lebensdauer einer Windkraftanlage an. Nicht zu vergessen dabei den Flächenbedarf, die ökologischen Folgen, die gesellschaftliche Akzeptanz und letztlich die Frage der Entsorgung ausgedienter Anlagen, sei es als Abfall oder durch Wiederverwertung. Dabei beschränken wir uns auf Windenergieanlagen mit horizontalen Rotorachsen, wenngleich ein Schweizer Unternehmen auf einem Testfeld in Grevenbroich, Deutschland, eine Vertikal-Anlage mit einer Nennleistung von 750 Kilowatt erstellte.[244] Die unser

242 Deutsches Bundesgesetzblatt: Gesetz für den Vorrang Erneuerbarer Energien (Erneuerbare-Energien-Gesetz – EEG) sowie Änderung des Energiewirtschaftsgesetzes und des Mineralölsteuergesetzes; 29. März 2000.

243 Drucksache 20/1025: Entwurf eines Gesetzes zur Absenkung der Kostenbelastung durch die EEG-Umlage und zur Weitergabe dieser Absenkung an die Letztverbraucher, 15.03.2022.

244 IWR.de: Schweizer Agile Windpower AG testen 750 kW Windkraftanlage mit Vertikalrotor; 02.04.2019.

Landschaftsbild prägenden Windenergieanlagen mit horizontaler Rotorachse sind „in“, auch wenn sie aus strömungstechnischer Hinsicht mehr Platz beanspruchen als die vertikale Variante.

Die Kosten für eine Windenergieanlage werden von den Interessenverbänden und Herstellern meist in Euro pro Megawatt Leistung angegeben, die Zahlen sind in der Regel fünf Jahre und älter. Detaillierte Daten über die Material- bzw. Sachbilanz einer bestehenden und einer für 2035 projektierten Windenergieanlage gibt eine Schweizer Veröffentlichung aus dem Jahre 2015.[245] Eine aktuellere Veröffentlichung im Auftrag des Deutschen Umweltbundesamtes[246] basiert größtenteils auf Abschätzungen nach Herstellerangaben und ist damit wesentlich unpräziser. Die mittleren Gesamtinvestitionskosten für eine Anlage im 3- bis 4-Megawattbereich wird demnach mit rund 1.570.000 Euro pro Megawatt angegeben.[247] Davon entfallen 80 Prozent auf direkte Anlagenkosten, 20 Prozent auf Erschließung, Planung, Netzanbindung und Bürokratie. Mit Recht werden Sie nun einwenden, inzwischen seien die Investitionskosten infolge der gestiegenen Anlagenzahl gesunken. Andererseits geht die Kostenentwicklung aufgrund Rohstoff- und Lieferknappheit 2021/22 wieder steil nach oben, ebenso wie die Lohnkosten bedingt durch die ansteigende Inflationsrate. Rechnen wir also im Folgenden der Einfachheit halber mit 1,5 Millionen Euro Investition

245 Eidgenössisches Departement für Umwelt, Verkehr, Energie und Kommunikation; Bundesamt für Energie: Ökobilanzierung von Schweizer Windenergie; Schlussbericht 11.03.2015, 98 Seiten.

246 Hengstler, Jasmin et al.: Aktualisierung und Bewertung der Ökobilanzen von Windenergie- und Photovoltaikanlagen unter Berücksichtigung aktueller Technologieentwicklungen; Abschlussbericht. In Auftrag des Umweltbundesamtes Deutschland, Fraunhofer-Institut für Bauphysik, Stuttgart, Forschungskennzahl 37EV 16 119 0 FB000545; 392 Seiten, Mai 2021.

247 Zahlen: Deutsche WindGuard.de

pro Megawatt. Die können aber bei Veröffentlichung dieses Buches längst ein Vielfaches sein. Soweit die kaufmännische Seite der Angelegenheit.

Der andere Aspekt ist die Sach- und Energiebilanz bei der Erstellung der Anlage. Für Fundament, Turm, Gondel und Rotor benötigt man beträchtliche Mengen an Beton, Stahl, Aluminium, Kupfer und Kunststoffe. Dazu das Seltenerdmetall Neodym für die Permanentmagnete im Elektrogenerator. Deren Herstellung und Bereitstellung kostet nicht nur Rohstoffe, sondern im beachtlichem Maße auch Energie.

Während der allgemein auf 20 Jahre projektierten Laufzeit fallen ebenfalls Material- und Energiekosten an, so zum Beispiel für Schmieröl, Kühlmittel, Ersatzteile, deren Transport zur Anlage und die damit verbundenen Lohnkosten. Sie werden nach[216] auf jährlich 2 bis 11 Prozent der Herstellungskosten, wogegen die Danish Wind Industry Association[248] mit 1 bis 2 Prozent kalkuliert. Sofern kein neuer Satz Rotorblätter fällig wird, der 15 bis 20 Prozent des Anlagenpreises ausmacht.

Das Lebensende einer Windenergieanlage ist ebenfalls nicht umsonst. Rückbau, Abtransport, Verwertung und/oder Beseitigung kosten wieder Ressourcen und Energie. Alle Metalle können zwar recycelt werden – im Schnitt mit 5 Prozent Verlust –, das Betonfundament vollständig, sofern es nicht im Boden bleibt. Denn das Zerstückeln des Fundaments und das Zermahlen zu Schotter verschlingt ebenfalls Energie. Aber die verwendeten Kunststoffe landen einschließlich der geschredderten Rotoren vorerst in der Müllverbrennung. Die liefert zwar thermische Energie, aber auch CO_2 und Chlorwasserstoff, die aufwendig abgetrennt werden müssen, soll das proklamierte Umweltziel erreicht werden. Denn wer will schon

248 www.windpower.org

Salzsäurenebel inhalieren, die aus der Verbrennung des bislang unverzichtbaren Kunststoffs PVC stammen?

Damit ist die Sache noch nicht zu Ende, Umspannwerke an Land und Umspannstationen auf See müssen ebenso in die Kalkulation eingehen wie die Verkabelung von Offshore-Anlagen zum Land und die Stromtrassen an Land, um eine flächendeckende Stromverteilung zu gewährleisten. Letztere finden in Wirtschaftlichkeitsberechnungen in der Öffentlichkeit kaum Beachtung, eher die mediale Empörung über die damit verbundene Landschaftszerstörung. Dies mit der Konsequenz, dass das Kabinett des 18. und 19. Deutschen Bundestages zur Rettung seiner klimapolitischen Ambitionen für die Strecken Höchstspannungs-Erdkabel dort ins Gespräch brachte, wo die Ablehnung von Oberleitungen auf zu großen Widerstand stieß. Allerdings blauäugig, ohne die physikalischen Gegebenheiten zu hinterfragen. Ganz nach dem Motto, was ideologisch notwendig ist, muss auch technisch machbar sein. Die Kurzmeldung an den Deutschen Bundestag, der Einsatz von Höchstspannungs-Erdkabeln sei weitgehend unerprobt[249] ging im politischen Tagesgeschäft sicherlich unter. Denn sonst hätte sich der Deutsche Bundestag in den Folgejahren nicht intensiv für die Verlegung von Erdkabeln stark gemacht ungeachtet der Stellungnahme seiner Wissenschaftlichen Dienste,[250] in der ausdrücklich auf die physikalische und finanzielle Problematik hingewiesen wird.

Anders als bei einer Freiluftleitung ist der so genannte kapazitive Leitungsverlust des Wechselstroms bei einem Erdkabel um das Zehn- bis Zwanzigfache höher, die gleichzeitig geringere Wärmeabfuhr hat eine geringere Strombelastung zur Folge. Also bleibt als Lösung

249 Deutscher Bundestag, Webarchiv – Presse – Kurzmeldung – 201301: Einsatz von Höchstspannungs-Erdkabeln weitgehend unerprobt; 10.01.2013.

250 Wissenschaftliche Dienste Deutscher Bundestag: Erdverkabelung von Höchstspannungsvorhaben; WD 5-3000-014/18; 19. Februar 2018.

Höchstspannungsgleichstrom. Der aber muss erst in Konverterstationen vom Wechselstrom in Gleichstrom und dann bis zum Stromverbraucher wieder in Wechselstrom umgewandelt werden, soll er zum Beispiel von Niedersachsen nach Bayern transportiert werden. Bei Überlandleitungen mit 1.100.000 Volt in China kein Problem, zudem bei Siemens als ausgereifte Technik im Programm. Aber in Deutschland ticken die Uhren in einem anderen Jahrhundert. Hinsichtlich der Kosten werden aus einer Million Euro Freileitung pro Kilometer vier bis 16 Millionen Euro Erdleitung pro Kilometer. Das kümmert Politiker nicht, die Stromrechnung bezahlt der Verbraucher und die Protestklientel gegen Stromtrassen ist ruhiggestellt. Wählerstimmen bleiben damit erhalten.

Soviel im Schnelldurchgang zu den technischen und finanziellen Voraussetzungen für die Nutzung von Windenergie. Betrachten wir nun wie in Kapitel 7 den Anlagenbedarf, würde man nach dem Entweder-Oder-Prinzip alle in Deutschland und Europa verbrauchte Primärenergie aus Windenergie erzeugen wollen. Legen wir dabei wie in Kapitel 5 gezeigt den Gesamtenergieverbrauch Deutschlands 2021 zugrunde, also 3387 Milliarden Kilowattstunden. 2021 gab es in Deutschland 28.230 Onshore-Windenergieanlagen mit einer installierten Leistung von 56.130 Megawatt.[251] Also mit durchschnittlich knapp zwei Megawatt pro Anlage, theoretisch. Die im gleichen Jahr bestehenden 1501 Offshore-Anlagen brachten es auf 7800 installierte Megawatt, somit ebenso theoretisch rund 5,2 Megawatt pro Anlage. Die nachfolgende Tabelle gibt Ihnen einen Überblick über die 2021 bestehenden Anlagen und deren Nettostromerzeugung, also der Strom, der tatsächlich ins Netz gespeist und nicht für den Anlagenbetrieb benötigt wird. Daraus errechnet sich der Anlagenbedarf zur Deckung des Primärenergiebedarfs auf der Basis 2021.

251 Bundesverband WindEnergie

Tabelle 2

2021	Onshore	Offshore
Anzahl WEA	28.230	1.501
Installierte Leistung in MW	56,130	7.800
Leistung MW/Anlage	2,0	5,2
Nettostromerzeugung TWh	89,5	24,0
Nettostrom kWh/Anlage	3.170.386	15.989.340
Durchschnittsleistung MW	10.217	2.740
Ausbeute/Anlage in %	18,2	35,1
Anlagen für 3.387 Mrd. kWh	1.068.324	211.829

Die vorgestellten Zahlen sind valide, der daraus errechnete Anlagenbedarf natürlich theoretisch nach dem Entweder-Oder-Prinzip. Der aufgeführten Nettostromerzeugung 2021 lag ein windarmes Jahr zugrunde, 2020 war windreicher und somit ertragsstärker. Für eine Projektierung empfiehlt sich jedoch stets das Worst-Case-Prinzip, möchte man nicht von vorneherein einen Engpass provozieren. Wie Sie sehen, würde man zur Deckung des Gesamtenergiebedarfs Deutschlands beim technologischen Stand 2021 entweder über eine Million Onshore-Windenergieanlagen oder über 200.000 Offshore-Anlagen benötigen. Diese Zahlen als Anhaltspunkte zur Abschätzung des Flächenbedarfs. Seien wir optimistisch und nehmen wir an, bis 2050 hätten alle Onshore-Windenergieanlagen eine durchschnittliche Nennleistung von 5,5 Megawatt, dann bestünde ein Bedarf von knapp 390.000 solcher Anlagen bzw. bei 7-Megawatt-Offshore rund 150.000, sofern die Windausbeute und der Primärenergiebedarf nach Tabelle 2 unverändert bliebe. Zum Vergleich und zur Ernüchterung: Ende 2021 hatte Frankreich bei Windkraft eine installierte Leistung von 19 Gigawatt, gerade mal 30 Prozent der Deutschlands. Alle Länder der EU zusammen ohne Deutschland haben lediglich 42

Prozent mehr installierte Leistung im Vergleich zu Deutschland.[252] Dazu passt, dass in Frankreich das Genehmigungsverfahren für Offshore-/Onshore-Anlagen durchschnittlich zehn bzw. sieben Jahre dauert, doppelt so lange wie in Deutschland. Immerhin will die französische Regierung unter Präsident Macron bis in 30 (!) Jahren die Onshore-Anlagen verdoppeln. Also von 8000 auf 16.000.[253] Dagegen sprechen erfolgreiche Klagen vor Gericht, wenn sich Anwohner einbilden, durch eine 1000 Meter weit entfernte Anlage gesundheitliche Schäden zu erleiden.[254] Wie soll da der deutsche grüne Traum von fossil- und kernkraftfreier Energie Wirklichkeit werden?

Damit sich die Windenergieanlagen nicht gegenseitig stören, brauchen sie Abstand zueinander. An Land den vier- bis fünffachen Rotordurchmesser in Hauptwindrichtung, den dreifachen Rotordurchmesser in Nebenwindrichtung.[255/256] Deren Maße liegen bei 160 bis 170 Metern,[257] was bei einem Windpark von fünf Anlagen einen spezifischen Flächenbedarf von etwa 77 Hektar ergibt.[258] Oder 6 ½ Windkraftanlagen pro Quadratkilometer. Damit ergäbe sich ein Gesamtflächenbedarf von rund 60.000 Quadratkilometern,

---

252 https://www.wind-energie.de/themen/zahlen-und-fakten/europa/

253 SPIEGEL Wirtschaft: Macron will Ausbau erneuerbarer Energien beschleunigen; 22.09.2022

254 Frankfurter Allgemeine Zeitung: Windparkbetreiber müssen Schadenersatz zahlen; 09.11.2021.

255 Piorr, Detlef: Berücksichtigung des Immissionsschutzes bei der Ausweisung von Konzentrationszonen für Windenergieanlagen; Landesamt für Natur, Umwelt und Verbraucherschutz Nordrhein-Westfalen, 12.07.2011

256 Fachagentur Wind, Überblick Windenergie an Land: Wirkung von Höhenbegrenzungen auf den Flächenbedarf für Windenergieanlagen an Land, Berlin 2019.

257 Nordex Group, N163/5.X-Turbine mit über 5 MW Nennleistung für Schwachwindstandorte.

258 Berechnung auf der Basis eines Dreiecks, 3 WKAs an der Basis, 2 in der Mitte, 1 an der Spitze. Fläche: ½ * Basis (960 m) * Höhe (1600 m) = 76.800 m^2 = 76,8 ha.

über die rasterförmig Windenergieparks zu je fünf Anlagen verteilt wären. Also rund 17 Prozent der Gesamtfläche Deutschlands! Diese Rechnung ist natürlich sehr theoretisch und realitätsfern. Denn zum einen ist realistisch ein Mix aus nicht-fossilen Energieanlagen zu betrachten und zu planen, also Windenergie, Photovoltaik, Solarkollektoren, Wärmepumpen und Geothermie. Zum anderen wurde bislang nur die für einen Jahresbedarf auf der Basis 2021 zu erzeugende Energie betrachtet, nicht aber deren zeitliche Schwankungen. Denn der Wind weht nicht immer und vor allem nicht immer mit der gleichen Stärke und Strom wie andere Energieformen werden abhängig von den Tageszeiten, Wochentagen und Jahreszeiten in schwankenden Mengen benötigt, mal mehr, mal weniger. Also braucht man für die Mangelzeiten einen deutlichen Überschuss an Windenergieanlagen oder ausreichende Energiespeicher, auf die später eingegangen wird. Von denen wird in der hohen Politik geträumt oder fantasiert, ohne Fakten und Zahlen vorweisen zu können. Erdgasnetz und Erdgasspeicher für grünen Wasserstoff werden zitiert, *power to gas* proklamiert, ohne auch nur einen einzigen Hinweis auf die Realisierung zu geben. Die für diese Visionen zusätzlich erforderliche Energie ist nirgends weder in Regierungspapieren noch in den Medien zu finden. Von den geschätzten und vor allem prospektierten Kosten ganz zu schweigen. Das lässt nur den Schluss zu, dass in den diversen Ministerien und vor allem beim Ministerium für Umwelt, Naturschutz, nukleare Sicherheit und Verbraucherschutz entweder keinerlei Zahlen dazu vorliegen oder dass diese der Bevölkerung verschwiegen werden. Um dann vielleicht häppchenweise preisgegeben zu werden. Sozusagen den Nulltarif vorher predigen und dann mit der Salamitaktik die dicke Rechnung präsentieren. Mit anderen Worten: zuerst die Volksverdummung, dann ratenweise die gestückelten Rechnungen preisgeben. Denn ein verdummtes Volk ist vorzüglich manipulierbar.

Analog ist die Situation bei den 1501 Offshore-Windenergieanlagen, von denen jede wie oben gezeigt bis 2021 im Durchschnitt 5,2 Megawatt Nennleistung, aber lediglich 1,83 Megawatt tatsächliche Durchschnittsleistung und somit rund 16 Millionen Kilowattstunden Jahresstrom erbrachte. Wie die On-shore-Anlagen brauchen auch die auf See genügend Abstand zueinander, um die Windenergie optimal zu nutzen. Die Abstandsempfehlungen reichen je nach Anlagenhersteller von 500 bis 800 Metern zueinander, andere geben für die Hauptwindrichtung das Vierfache und für die Nebenwindrichtung das Achtfache des Rotordurchmessers an.[259]

Unterstellen wir bis 2050 eine künftige Nennleistung von 7 Megawatt pro Offshore-Anlage, die durchschnittlich 21,5 Millionen Kilowattstunden Strom jährlich liefert und einen Abstand von 700 Metern zueinander, dann kommen wir auf ein Raster von gleichseitigen Dreiecken mit einem Flächenbedarf von rund 0,2 Quadratkilometern pro Anlage. Würden nur 10 Prozent des Gesamtenergiebedarfs nach Tabelle 2 aus Offshore-Windenergieanlagen gedeckt, so entspräche dies unter den oben gemachten Voraussetzungen einer Seefläche von abgerundet 3150 Quadratkilometern.

Oder nach den Plänen der Deutschen Bundesregierung betrachtet, wonach bis zum Jahr 2045 Offshore-Anlagen mit einer Gesamtleistung von 70 Gigawatt Leistung vorhanden sein sollen.[260] Bei der oben gemachten Annahme von 7 Megawatt pro Anlage wären dies 10.000 Offshore-Windenergieanlagen, was einer notwendigen Fläche von 2000 Quadratkilometern entspräche, also wesentlich

259 PNE WIND AG, Cuxhaven; Siemens Gamesa Renewable Energy, Zamudio (Spanien); Bundesministerium f. Umwelt, Naturschutz, Bau und Reaktorsicherheit;

260 Die Bundesregierung; Mehr Windenergie auf See, 6. April 2022 (https://www.bundesregierung.de/breg-de/themen/klimaschutz/windenergie-auf-see-gesetz-2022968)

weniger als oben berechnet. Diese würden nach Planung der Deutschen Bundesregierung unter Berücksichtigung des tatsächlichen Windaufkommens rund 215 Milliarden Kilowattstunden Strom liefern, also gerade mal 6,4 Prozent des gesamten Primärenergiebedarfs in Deutschland bezogen auf das Jahr 2021. Denn das erklärte Ziel ist ja die absolute Substitution fossiler Energieträger in allen Bereichen, nicht nur im Stromverbrauch. Selbst der reine Stromverbrauch würde beim Bedarf von 2021 nur zu weniger als 43 Prozent dadurch gedeckt werden können.[261]

Machen wir bei dieser Gelegenheit einen kleinen Ausflug zur Nord- und Ostsee. Einschließlich 12-Meilen-Zone und der Ausschließlichen Wirtschaftszone (AWZ) beträgt die Deutschland zustehende Meeresfläche 56.541 Quadratkilometer. Davon sind rund 70 Prozent der Küstengewässer und 30 Prozent der AWZ als Schutzgebiete ausgewiesen, insgesamt ca. 45 Prozent.[262] Weiterhin müssen Schifffahrtswege frei bleiben, sind Flächen für die Rohstoffgewinnung aus dem Meeresgrund tabu und schließlich ist den Schweinswalen ebenfalls ein ungestörtes Gebiet zugewiesen. Dies alles nachzulesen im Raumordnungsplan der deutschen Bundesregierung. Von der verbleibenden Fläche sind geschätzt 10 Prozent als Vorrang- bzw. Vorbehaltsgebiete für Windenergie ausgewiesen, also etwa 3100 Quadratkilometer.[263] Flächenangaben sind im Raumordnungsplan

---

261 Bundesnetzagentur 07.01.2022: Stromverbrauch 2021 ca. 503,8 TWh (= 503,8 Mrd. kWh)

262 Bundesamt für Naturschutz: Nationale Meeresschutzgebiete (https://www.bfn.de/nationale-meeresschutzgebiete), 2022.

263 Anlageband zum Bundesgesetzblatt Teil I Nr. 58 vom 26. August 2021; Anlage zur Verordnung über die Raumordnung in der deutschen ausschließlichen Wirtschaftszone in der Nordsee und in der Ostsee vom 19. August 2021.

für die AWZ nicht gemacht, da muss man raten.[264] Wie oben berechnet reicht also diese geschätzte/geratene Fläche für nur rund 10 Prozent des Gesamtenergiebedarfs.

Mit anderen Worten, die deutsche Bundesregierung beschränkt die Offshore-Windenergie auf diesen Wert und hofft auf die restlichen 90 Prozent aus Onshore, Photovoltaik, Wärmepumpen und Geothermie. Sofern sie überhaupt über den Flächenbedarf und die zur von ihr vorgesehene Fläche Kenntnis hat. Dies muss bezweifelt werden. Wie sonst hätte Minister Robert Habeck konstatieren können, Stand 2021 seien 0,5 Prozent der Bundesfläche mit Windkraftanlagen voll.[265] Rechnet man nach, dann wären das bei 357.588 Quadratkilometern Staatsfläche 1788 km^2. Bei 28.230 bestehenden WKAs im gleichen Jahr wären dies knapp 13 pro Quadratkilometer. Wie oben nachgewiesen haben aber pro Quadratkilometer nur rund 6 ½ Anlagen Platz, ohne sich gegenseitig zu stören. Das lässt nur den Schluss zu, dass die Verantwortlichen in Regierung und Ministerien wie bereits erwähnt entweder der Grundrechenarten nicht fähig sind, oder gezielt Volksverdummung betreiben, indem sie der Bevölkerung glauben machen wollen, eine Null-CO_2-Emission ließe sich bis 2050 auf diese Weise erreichen. Das mag provozierend oder populistisch formuliert sein, aber die bissige Bemerkung drängt sich angesichts des Zahlenvakuums auf.

---

264 Bundesamt für Justiz: Raumordnungsplan für die deutsche ausschließliche Wirtschaftszone in der Nordsee und in der Ostsee. Ausfertigungsdatum 19.08.2021.

265 Interview im Deutschlandfunk, 20.12.2021: Klimakrise / Robert Habeck: „Kein Klimaschutz ist die teuerste Antwort."

9.

Energie für Warmduscher und Kältefeinde

Hand aufs Herz: Wer mag schon jeden Tag kalt duschen und an kalten Tagen auf eine mollig warme Stube verzichten? Für Arbeitsstätten ist die Raumtemperatur vom Bundesministerium für Arbeit und Soziales entsprechend der ausgeübten Tätigkeit unter Angabe der Messgenauigkeit und der Höhe über dem Fußboden penibel geregelt.[266] Für Mietwohnungen gibt es zwar keine gesetzlichen Vorschriften zur Raummindesttemperatur, aber Empfehlungen für die einzelnen Raumtypen, die zum Teil durch Gerichtsurteile fixiert sind. Demnach im Wohnzimmer 20 °C, im Badezimmer 22 °C und im Schlafzimmer 18 °C zwischen 6 Uhr morgens und 24 Uhr. Zu warm werden darf es aber auch nicht. Wird es im Sommer wärmer als 25-26 °C, dann ist die „Wohlbefindlichkeitsschwelle" überschritten und Mietminderung möglich. Allerdings sind diese Werte in dem Moment null und nichtig, in dem Russland oder ein anderer Lieferant den Gashahn oder allgemein den Energiehahn zudreht. Für den Gesamtenergiebedarf für Raumwärme und Warmwasser der verschiedenen Sektoren muss man mangels aktueller Daten auf das Jahr 2017 zurückgreifen.[267]

Die einzelnen Werte dazu zeigt

266 Technische Regeln für Arbeitsstätten ASR A3.5, Punkt 4.

267 https://www.umweltbundesamt.de/daten/energie/energieverbrauch-fuer-fossile-erneuerbare-waerme#warmeverbrauch-und-erzeugung-nach-sektoren

Tabelle 3

	Industrie	**Gewerbe Handel Dienstleistungen**	**Haushalte**	**Mrd. kWh**
Raumwärme	42,5	192,5	464,2	699,2
Warmwasser	4,7	18,6	103,3	126,7
Klimatisierung	1,4	4,7	3,9	10,0
				835,9
Prozesswärme	504,2	28,1	39,7	571,9
Prozesskälte	28,6	10,6	13,3	52,5
Gesamt	581,4	254,5	624,4	1460,3

Bislang stammte die Energie für Wärme, Warmwasser und Klimatisierung aus Heizöl, Gas, Kohle, Holz, Fernwärme, Solarthermie, Strom und Wärmepumpen. Die ersten drei gilt es aus dem Behaglichkeitsbegehrten zu streichen und durch CO_2-freie Wärmequellen zu ersetzen. Das wird durch Russlands militärische Aktionen, die daraus resultierenden EU-Lieferboykotte und die wiederum sich ergebenden russischen Liefereinschränkungen ein durchaus schmerzlicher Prozess für die Bevölkerung.

Fernwärme ist akzeptabel, sofern sie nicht-fossile Basis hat. Also bleiben Holz, Solarthermie, Wärmepumpen und Strom. Die Grenzen der Holzheizung wurden bereits in Kapitel 6. aufgezeigt. Das reicht lediglich für maximal 10 Prozent aller Wohnungen. Die restlichen 90 Prozent der Wohnflächen in Deutschland sowie für Industrie, Gewerbe, Handel und Dienstleistung müssen neben Strom also Solarthermie und Energie über Wärmepumpen aus Luft, Wasser und Boden (oberflächennahe Geothermie, Bohrtiefe bis 400 m) decken. So zumindest das Ziel der Europäischen Union bis 2050, wonach dann keinerlei Treibhausgase mehr emittiert werden dürfen.

Der dafür benötigte elektrische Strom soll nach Plan bis 2050 restlos aus Photovoltaik und Windenergie erzeugt werden. In der Summe also ein Energiebedarf von gerundet 826 Milliarden Kilowattstunden minus die erwähnten 10 % bei Wohnungen mit Holzenergie plus die für den Betrieb der Pumpen und Kompressoren nötige elektrische Energie. Den weiteren Energiebedarf in Industrie und Gewerbe für Prozesswärme und Prozesskälte müssen wir dabei außer Betracht lassen. Der kann allenfalls optimiert oder durch andere Verarbeitungsprozesse reduziert werden.

Wärmepumpen funktionieren nach dem Prinzip des umgekehrten Kühlschranks. Theoretisch und praktisch realisierbar sind dabei sechs Varianten. Der Umgebungsluft oder der Abluft wird Wärme entzogen und über Wärmetauscher genutzt, oder die Systeme Luft – Wasser, Wasser – Luft, Wasser – Wasser und schließlich Erdwärme – Luft und Erdwärme – Wasser. Sie entziehen der Umgebung über das Kältemittel Wärme und geben sie beim Komprimieren an den Heizkreis ab. Dafür brauchen sie Strom. Je nach Wärmeträger (Luft, Boden, Wasser) werden pro eingesetzte Kilowattstunde Strom zwischen 2,5 und 5,0 Kilowattstunden Wärmeenergie erzeugt. Wie Sie sehen, bietet uns Wasser mit seiner hohen Wärmekapazität den besten Wert, Luft den schlechtesten.[268] Man spricht dabei von Leistungszahlen für Wärmepumpen. Diese geben an, wieviel Kilowattstunden Wärmeenergie man beim Einsatz von einer Kilowattstunde Wärmepumpe gewinnt. Auf das ganze Jahr bezogen verwendet man die Jahresarbeitszahl (JAZ), das Verhältnis aus ganzjährig nutzbarer Wärme zu eingesetzter elektrischer Energie. Je nach Bedarf gibt es Wärmepumpen mit einer Heizkapazität zwischen 10 und 500 und mehr Kilowatt Leistung. Damit lassen sich Vorlauftemperaturen zwischen 35 °C für die Fußbodenheizung bis über 70 °C für

268 https://www.effizienzhaus-online.de/stromverbrauch-waermepumpe/

Radiatoren erreichen. Vergessen wir dabei aber nicht, dass wir dafür 20 bis 40 Prozent an elektrischer Leistung bereitstellen müssen. Also Energie aus Wind, Licht oder Wasserkraft.

Die technischen Kombinationsmöglichkeiten erlauben die Kopplung mit Solarwärme für Tage, an denen der Sonnenschein nicht für eine eigenständige Heizung ausreicht, aber über die Wärmepumpe einen Energieanteil liefern kann. Oder die Zusatzheizung des Heizkreislaufs mit elektrischen Heizstäben, wenn an besonders kalten Tagen die Standardleistung nicht ausreicht. Auch die brauchen wiederum Strom.

Soweit die Theorie. Die schnöde Praxis heißt Realisierungsmöglichkeiten, Genehmigungsverfahren, Investitionskosten bei Um- und Neubau, Betriebs- und Servicekosten sowie Demontage und Ersatzbeschaffung beim physischen oder bürokratisch verfügten Anlagentod. Für Luft/Wasser-Wärmepumpen schreibt das Bundesimmissionsschutzgesetz Lärm vor, wie laut die Geräte sein dürfen, wenn sie außerhalb des Hauses installiert sind. Die EU-Verordnung über fluorierte Treibhausgase regelt die Verwendung von teilfluorierten Kohlenwasserstoffen, die als Kältemittel immer noch die effektivsten sind. Wenn die dann plötzlich verboten werden, dann gibt es Probleme für den Besitzer, sobald Kältemittel nachgefüllt werden muss. Und erst recht, wenn die Anlage ersetzt wird. Dann muss der Nachweis erbracht werden, dass das fluorhaltige Kältemittel fachgerecht, das heißt sehr teuer, entsorgt wurde. Wärmepumpenanlagen, die Grundwasser oder Erdreich nutzen, müssen der Wasserbehörde angezeigt und ab einer gewissen Tiefe genehmigt werden. Ein zeitraubender und mit teuren Gutachten gepflasterter Weg.[269] In

269 Deutsches Umweltbundesamt: Wärmepumpe; 31.3.2022; hier Verweise auf relevante Vorschriften.

Österreich[270] gelten analoge Vorschriften, ebenso in der Schweiz, um nur einige Staaten in Europa zu nennen.

Und schließlich kann die ganze Investition respektable Nachfolgekosten mit sich bringen. Denn wie bei herkömmlichen Heizkesseln und Feuerungsanlagen kann nicht ausgeschlossen werden, dass per amtlicher Verfügung in Zukunft auch diese Anlagen die Betriebserlaubnis verlieren, wenn zum Beispiel die oben erwähnten Leistungszahlen nicht mehr ins klimapolitische Konzept passen. Weil ganz banal die Rechnung mit der klimaneutralen Stromerzeugung nicht aufgeht mangels Energiespeicher. Mit anderen Worten, der Weg zur Null-CO_2-Heizung ist von der Gebäudeisolierung bis zur grünen Wärme in der Stube mit vielen Euro-Bündeln gepflastert. Bei Ein- und Zweifamilienhäusern lässt sich für Luft/Wasser- und Erdwärme mit 15.000 bis 35.000 Euro die Grundlage für fossilfreie Heizung und Warmwasser schaffen. Hinsichtlich der Heizkörper kommen weitere Kosten hinzu. Dies ist der Stand 2022. Angesichts der durch blockierte Lieferketten und militärischer Ereignisse angeheizten weltweiten Inflation bleiben Prognosen im Bereich der Kristallkugel.

Sollte infolge des Klimawandels in Mitteleuropa das Gefühl aufkommen, die zitierte Wohlfühltemperatur sei überschritten und man brauche Kühlung, dann kann man das Wärmepumpensystem zum Kühlsystem umfunktionieren. Also nach dem ursprünglichen Kühlschrankprinzip, innen Kälte und außen Wärmeabgabe an Luft, Wasser oder Boden. Natürlich zu einem Aufpreis. In den geografischen Breiten Mitteleuropas steht jedoch die Heizung im Vordergrund. Die Wärmeausbeute wiederum ist von der schnöden physikalischen Chemie bzw. der Physik abhängig in Form der

270 Maßgebliche Richtlinien/Normen/Gesetze: ÖNORM EN 15450:2007; M 7755:2012; EN 378-3:2015; EN 12831 u.v.m.

Leistungszahl, dem Kehrwert des Wirkungsgrads, wie schon auf Seite 94 erwähnt. Ohne Sie mit Formeln zu erschrecken: Je niedriger die Wärmequelltemperatur und je höher die gewünschte Vorlauftemperatur im Heizsystem, desto schlechter die Leistungszahl, desto weniger Energieausbeute pro eingesetzte elektrische Energie bei der Wärmepumpe. Mit anderen Worten: An einem heißen Sommertag kann die Luft/Wärmepumpe Ihre Wohnung wesentlich billiger heizen als an einem trüben Wintertag um den Gefrierpunkt. Und natürlich macht es auch einen Unterschied, ob Sie bei der Fußboden- bzw. Wandheizung nur eine Vorlauftemperatur von 30 °C oder bei der Radiatorenheizung mindestens 60 °C brauchen.

Bleiben wir bei den Kosten und betrachten nur einmal Deutschland. Für Österreich, die Schweiz und andere EU-Länder gelten ähnliche Bedingungen. 2020 gab es in Deutschland rund 16 Millionen Einfamilienhäuser.[271] Bis 2021 wurden in Deutschland rund 1,4 Millionen Wärmepumpen installiert.[272] Davon zuletzt 70 Prozent als Luft-Wärmepumpen. Grundwasser-Wärmepumpen spielen nur marginal eine Rolle, die restlichen ca. 25 % verteilen sich gleichmäßig auf Sole- und Warmwasser-Wärmepumpen. Im Klartext: Rund zwei Drittel aller bisher installierten Wärmepumpen haben die geringste Effizienz, brauchen also am meisten Strom pro erzeugte Kilowattstunde Wärme, sei es als Heizung, sei es als Warmwasser. Das wird angesichts der besonders in Städten beschränkten geeigneten Bodenflächen und der Genehmigungsprozedur und der Kosten für Tiefenbohrungen auch so bleiben.

Unterstellen wir für unsere Kostenabschätzung bis zum Jahr 2050, dem EU-verfügten Ende fossiler Energieerzeugung, dann müssten

271 Statista: Anzahl der Einfamilienhäuser in Deutschland in den Jahren 2001 bis 2020; Statista Research Department, 01.04.2022.

272 Pressmitteilung Bundesverband Wärmepumpe e.V., 20.01.2022.

allein für Raumwärme, Warmwasser und Klimatisierung nach Tabelle 3 (Seite 142), 835,9 Milliarden Kilowattstunden aus Wärmepumpen erzeugt werden. Rechnen wir angesichts der überwiegenden Luft-Wärmepumpen mit 30 Prozent erforderlicher elektrischer Energie, dann müssten zum bestehenden Strombedarf noch 250 Milliarden Kilowattstunden zusätzlich erzeugt werden. Also 50 Prozent mehr als 2021! Der Strombedarf der Umwälzpumpen in den Heizkreisen bleibt dabei unberührt, denn die waren bereits bei der fossilen Energienutzung in Betrieb. Daran werden auch alle Bestrebungen zum Passiv- oder Nullenergiehaus nichts ändern, denn in den verbleibenden knapp drei Jahrzehnten müssten beim Stand 2021 mindestens rund 65 Prozent aller Wohngebäude – Baujahr bis 1969 – isolier- und heizungstechnisch saniert werden.[273] Andere Quellen sprechen von rund 75 Prozent bei Baujahr bis 1980. Umgerechnet 12,6 Millionen Wohngebäude mit 28 Millionen Wohnungen.[274] Das müssten die Hausbesitzer und damit verbunden die Mieter bezahlen. Bei einer anteiligen Wohnfläche an der Gesamtwohnfläche in Deutschland[275] von rund 2,5 Milliarden Quadratmeter bedeutet das immerhin eine Gesamtinvestition von fast 600 Milliarden Euro, wenn man das Gebäudeenergiegesetz erfüllen will[276] und rund 900 Milliarden Euro, wenn man gar ein Passivhaus möchte. Wohlgemerkt nur für die Sanierung von Altgebäuden! Da purzeln nur die Milliarden, die von Eigentümern und Steuerzahlern aufgebracht werden müssen, denn auch die Fördermittel kommen

---

273 Statistische Ämter des Bundes und der Länder; Zensus 2011: Gebäude- und Wohnungsbestand in Deutschland

274 Statistisches Bundesamt (Destatis), 2022: Gebäude und Wohnungen, Bestand an Wohnungen und Wohngebäuden ab 1969 – 2021.

275 Statista Research Department, 22.07.2022: Gesamtwohnfläche in Deutschland 2020 3,81 Milliarden Quadratmeter.

276 Bundesgesetzblatt: Gesetz zur Vereinheitlichung des Energieeinsparrechst für Gebäude und zur Änderung weiterer Gesetze; 8. August 2020.

nicht aus dem Nirgendwo.[277] Ungewollt, aber nicht unerwünscht, spielt die durch Russlands Krieg initiierte Energiekostenlawine, der sich alle Öl- und Energielieferanten angeschlossen haben, eine willkommene Förderrolle beim großen Umbau zumindest in Deutschland.

Für Parlamentsabgeordnete in EU- und Länderparlamenten ist es ein Leichtes, Zielvorgaben zu erstellen und Zukunftsvisionen mit der bunten Palette der Illusionen an die Wand zu malen. Entweder im Zustand unschuldiger Ignoranz oder unter Vorsatz der geplanten Volksverdummung. Denn sie blenden die Realität bewusst oder unbewusst völlig aus. Das könnte ideologische Visionen wie Seifenblasen zum Platzen bringen. So dringend und so zwingend ein epochales Umdenken in Ressourcenverbrauch und der damit verbundenen Energieerzeugung ist, so kläglich sind die dilettantischen Weichenstellungen, die seitens der diversen Regierungen beschlossen werden. Denn alles, was Wählerstimmen kosten könnte, wird sorgsam ausgespart, wird unterschlagen und allenfalls häppchenweise den Menschen sorgsam dosiert. Das ist die empfindliche Achillesferse aller Demokratien.

277 Kostenabschätzung z. B. bei https://www.bayweintek.de/inhalte/energie-kostenrechner.html.

10.

Die große Transformation

Transformationen gibt es in Hülle und Fülle. Zum Beispiel in der Physik bei der Änderung der Wechselspannung durch einen Transformator, in der Mathematik etwa in der Geometrie beim Verschieben einer geometrischen Figur, in der Genetik bei der Zellteilung, in der Betriebswissenschaft und im Recht, um nur einige zu nennen. Im Folgenden definieren wir Transformation allgemein als eine Wandlung von technischen, wirtschaftlichen und gesellschaftlichen Strukturen von einem Ausgangszustand in einen Zielzustand. Damit kann ein Inhalts- und Substanzverlust verbunden sein, ebenso aber ein im Vergleich mit dem Ausgangszustand höherwertiger Zielzustand. Betrifft der Wandel den Gesamtbereich der technischen, wirtschaftlichen und gesellschaftlichen Strukturen und des Sozialverhaltens, dann landen wir bei der Großen Transformation. Diesen Begriff prägte zuerst Karl Polanyi in seiner Schrift *The Great Transformation,*[278] in der er Ursprünge von Gesellschaften und Wirtschaftssystemen behandelte.

Kommen wir noch einmal zurück auf die in der Einleitung zitierte Rede der vormaligen deutschen Bundeskanzlerin Angela Merkel am 23. Januar 2020 anlässlich des 50. Jahrestreffens des Weltwirtschaftsforums in Davos. Lesen wir daraus zum Thema Transformation:

278 Karl Polanyi, 1886 geboren in Wien, Jura- und Philosophiestudium in Budapest, Redakteur in Wien, 1933 Emigration nach Großbritannien, Wirtschaftshistoriker, Wirtschafts- und Sozialwissenschaftler. 1947-1953 Gastprofessur an der New Yorker Columbia University, gestorben 1964 in Toronto/Kanada. Werke: Trade and Market in the Early Empires; The Livelyhood of Man; The Great Transformation, Dahomey and the Slave Trade.

„ … Europa will der erste Kontinent sein, der CO_2-frei, also emissionsfrei, lebt. Aber, meine Damen und Herren, das sind natürlich ***Transformationen von gigantischem, historischem Ausmaß. Diese Transformation bedeutet im Grunde, die gesamte Art des Wirtschaftens und des Lebens, wie wir es uns im Industriezeitalter angewöhnt haben, in den nächsten 30 Jahren zu verlassen*** *– die ersten Schritte sind wir schon gegangen – und zu völlig neuen Wertschöpfungsformen zu kommen, die natürlich auch wieder eine industrielle Produktion enthalten und die vor allem durch die Digitalisierung verändert worden sind. Wir haben ja eine zweite Riesentransformation zu bewältigen. Und wir hoffen, dass sich die Transformation zur CO_2-Emissionsfreiheit mit der Digitalisierung verstärken wird und die Digitalisierung das erleichtern kann …"*

Die frühere Bundeskanzlerin brauchte für diese Textpassage keine eigenen neuen Erkenntnisse. Bereits 2011 veröffentlichte der Wissenschaftliche Beirat der Bundesregierung Globale Umweltveränderungen (WBGU) ein 400-Seiten-Gutachten zu diesem Thema und listete darin Kostenschätzungen verschiedener Studien zur vollständigen globalen Transformation in eine klimaverträgliche Gesellschaft auf.[279] Für den Zeitraum bis 2030 lagen die Schätzungen global zwischen 200 bis 1.000 Milliarden US-Dollar jährlich, von 2030 bis 2050 deutlich über 1.000 Milliarden. 2022 wäre man selig, wenn sich diese Kostenprojektion allein in Deutschland einhalten ließe.

Vier Jahre später betonte der deutsche Bundespräsident a.D. Horst Köhler die Notwendigkeit einer neuen Großen Transformation.[280]

279 WBGU: Hauptgutachten – Welt im Wandel – Gesellschaftsvertrag für eine Große Transformation. Berlin 2011, ISBN 978-3-936191-38-7.

280 Horst Köhler: Die deutsche Wirtschaft und die neue große Transformation; Rede beim Ecosense-Forum Nachhaltigkeit der Deutschen Wirtschaft, Berlin, 5. Mai 2015.

Geschichtlich betrachtet brachte jede Änderung des Nahrungs- und Lebenserwerbs zwangsläufig eine Änderung der gesellschaftlichen Grundlagen mit sich. Und damit eine Transformation. Das geschah in der neolithischen Phase zur Sesshaftigkeit vor 10.000 Jahren ebenso wie bei der industriellen Revolution im 18./19. Jahrhundert. Ähnlich beim Abolitionismus im gleichen Zeitraum, der Abschaffung der Sklaverei. Mit der Folge, dass die ehemaligen Sklavenhalter selbst arbeiten oder aber die ehemaligen Sklaven sich als Arbeiter verdingen mussten. Oftmals also statt gesicherter Kost und Logis in Unfreiheit Hungerlohn und Elendsquartier in Freiheit.

Weniger wuchtig in der Erscheinung, aber dennoch epochal die Grüne Revolution in den 1960er Jahren in der technologischen und wissenschaftlich basierten Landwirtschaft vor allem in so genannten Entwicklungsländern. Ebenso auch in Europa. Weg vom schollengebundenen Bauern, der im Märzen sein Rösslein einspannt hin zum hoch automatisierten satellitengesteuerten Agrar-Industriebetrieb. Statt der Produktionshallen und -gebäude für industrielle Güter hier für die Ernährung das Produktionsmittel „Substrat“ auf möglichst großen Flächen, genannt Erde oder Mutterboden. Oder für die Erzeugung von Biomasse zum Energie- und Rohstoffbedarf. Jeder Quadratmeter musste produktiv sein, Büsche und Hecken mit ihrer Vielfalt an Flora und Fauna hatten dem Mehrertrag zu weichen. Statt der Tributzahlung an Unkräuter und Schädlinge namens Minderertrag nun Pestizide und Insektizide für vielfache Hektarerträge, um globale Hungersnöte zu vermeiden. Seien wir froh darüber, sonst gäbe es auch in Europa immer wieder Hungersnöte und Hungertote.

Weite Urlaubsreisen konnten sich seinerzeit nur Reiche leisten, weil die Mehrheit der Bevölkerung ein Drittel und mehr des Monatsverdienstes für Lebensmittel einplanen müsste, so wie vor hundert Jahren. Man fuhr allenfalls in die Sommerfrische. Inzwischen reichen nur noch 15,4 Prozent des Durchschnittseinkommens für die Ernährung.[281] Analog statt der traditionellen Viehhaltung nun Fleischproduktionsanlagen. Vorbei die Zeiten, als Bauer und Bäuerin ihren Kühen noch Namen gaben. Der Bauernhof wandelte sich zum Agrarbetrieb, verbunden mit dem sozialen Wandel in der Gesellschaft. Das soll kein Trauergesang auf eine vergangene Epoche sein, handelt es sich bei dieser Entwicklung doch lediglich um die logische Konsequenz eines jeden Wirtschaftsunternehmens, durch Innovationen, Rationalisierung und Produktionsumstellungen bei gleichzeitiger Kostenminimierung die Produktionsmenge zu steigern und damit den Unternehmensgewinn. Das funktioniert, solange dies wenige betreiben und andere untergehen. In der Gesamtheit der Landwirtschaft kommt es wie in anderen Branchen jedoch zum Theater-Effekt. Die in der ersten Reihe stehen auf, um noch mehr zu sehen. Um wenigstens ebenso viel zu sehen wie vorher, müssen die in den folgenden Reihen auch aufstehen. Am Ende stehen alle und sehen nicht mehr als vorher, eher weniger. Außer die in der ersten Reihe.

Weitaus folgenreicher die technische und gesellschaftliche Transformation, die mit den ersten Transistoren begann und mit den heutigen Mikrochips noch längst nicht absehbar ist. Die IT-Revolution, das World-Wide-Web, die Kommunikation mittels Handy samt den unzähligen Apps trugen zu einer epochalen Änderung sozialen Verhaltens bei. Nicht zu vergessen die politisch und soziologisch initiierten Transformationen beträchtlicher Reichweite: Die europäische Integration, die Flüchtlingswellen und die damit verbundenen sozialen Verschiebungen samt deren Folgeschäden und geringfügigem Nutzen. Der Gender-Wahn und die Regenbogeneuphorie mit ihrem Anspruch der Antidiskriminierung und Gleichheitsdoktrin,

281 DESTATIS: Struktur der Konsumausgaben im Zeitvergleich: Deutschland (2020).

die aber oft genug in der Diskriminierung derer mündet, die sich nicht damit identifizieren. Damit betreibt ein relativ kleiner, aber lauter Bevölkerungsanteil einen noch nie da gewesenen Umbau des Sozialverhaltens und damit der gesamten Gesellschaftsstruktur. Ein weiteres Indiz dafür, dass maximal fünf Prozent einer Bevölkerung dazu in der Lage sind, die übrigen 95 Prozent zu dominieren und zu terrorisieren. Sei es die physische Diktatur oder die Gesinnungsdiktatur. Diese Fünfprozentklausel werden Sie in allen Staaten und Gesellschaftsstrukturen finden.

Transformationsprozesse verlaufen nie vorhersagbar. Vor allem nicht, wenn sie „von oben" angestoßen bzw. verordnet werden oder mit religiösen Traditionen kollidieren. Allen gemeinsam ist der Start, basierend auf der Vorentwicklung. Ist für die Mehrheit der Menschen der Nutzen erkennbar oder gleichgültig, so wird sich die Entwicklung mit der Startphase beschleunigen, um schließlich auf der Sättigungsebene, der Stabilisierung, zu landen. Je nach Akzeptanz und Mehrheit der Menschen auf einem mehr oder weniger höheren Niveau als zu Beginn. Mathematisch gesehen ist dies eine logistische Funktion mit der Form einer S-Kurve, die prinzipiell für viele Wachstums- und Verbrauchsprozesse gilt. Sie kann sehr steil verlaufen wie bei einer Krankheitsepidemie, aber auch flach und anschließend wieder auf oder unter das Ausgangsniveau abfallen. Wird der Transformationsprozess trotz Energieaufwands – Propaganda, Gesetz, Manipulation der öffentlichen Meinung – letztlich von der Mehrheit abgelehnt, dann kommt es zwar durch die Mitläufer zu einem vorübergehenden Ansteigen des Niveaus auf ein kleines Maximum, in der Folge jedoch zum Absinken unter das Ausgangsniveau. Man spricht dann vom Rückschlag, im Extremfall von der Systemkrise, wenn sich die verordnete Transformation nur mit Gewalt durchsetzen lässt und die Machtverhältnisse ausgewogen sind. Im Gegensatz zur gesellschaftlichen Transformation im Kommunismus oder dem Nationalismus. Oder die Systemkrise durch eine derartige Teuerung der Grundbedürfnisse entsteht, dass die Mehrheit der Bevölkerung kurz- und mittelfristig nur materielle Nachteile zu erwarten hat.

Die von der EU und den mit ihr verbundenen Staaten verordnete Null-Emission Treibhausgase bis 2050 ist zweifellos ohne eine tiefgreifende Transformation aller Lebens- und Sozialbereiche nicht realisierbar. Die Absichtserklärung zur großen Transformation entstand mit dem in Paris am 12. Dezember 2015 von 196 Staaten rechtsverbindlich unterzeichneten internationalen Abkommen zum Klimawandel. Darin wurde das Ziel fixiert, die Erderwärmung auf deutlich unter 2, vorzugsweise auf 1,5 Grad Celsius gegenüber dem vorindustriellen Niveau zu begrenzen. Bleiben wir angesichts dieses Ziels bei der Annahme, dies sei mit der Emissionsreduzierung der Treibhausgase auf Null zu erreichen. Blauäugig wurde dabei davon ausgegangen, dass die Emissionen eingefroren und von diesem Niveau aus dann nur noch reduziert werden müssten. Kein Wort zur fortwährend wachsenden Weltbevölkerung, die logischerweise für den Menschenzuwachs zusätzlich Energie benötigt. Und ebenfalls kein Wort zum zwangsläufig weltweit steigenden Energieverbrauch, wenn Schwellenländer sich erdreisten, einen Lebensstandard wie in den „alten" Industriestaaten anzustreben. Und erst recht der Größenwahn der unterentwickelten Welt, den Standard wenigstens der Schwellenländer zu erreichen. All das angesichts rudimentärer alternativer Energieerzeugung nach wie vor mit Kohle, Öl und Gas, sobald die Holzvorräte erschöpft sind.

Man könnte hier auch die Keule der Gesinnungsethik schwingen als Totschlagargument gegen die Handlungsethik. Der Gesinnungsethiker wird argumentieren, man müsse eben all diesen Ländern die entsprechenden Techniken und vor allem finanziellen Mittel an die Hand geben, dann würde alles gut. Dies in einer Situation, in der die wenigen hochentwickelten Länder selbst nicht in der Lage sind, eben diese Transformation konsequent voranzutreiben. In einer weltwirtschaftlichen Situation, in der die globale Vernetzung infolge COVID-19-Pandemie, Krieg und Kriegsvorbereitung durch die Mangelversorgung bei Wirtschaftsgütern und Rohstoffen ihre Verletzlichkeit offenbaren muss. Vor allem beim Rohstoff Energie, sei es in Form von Kohle, Erdöl oder Erdgas. Denn ohne diese ist die Produktion von Anlagen für fossilfreie Energieerzeugung nicht zu machen. So lange nicht, bis letztlich ausschließlich fossilfreie Energie zum Bau von fossilfreien Energieerzeugungsanlagen dient. Bis dahin ist es noch ein langer, langer Weg.

Es brauchte vier Jahre, bis die Europäische Kommission unter ihrer Präsidentin Ursula von der Leyen am 11. Dezember 2019 den *European Green Deal* vorstellte, der an das Pariser Abkommen anknüpfte. Danach sollen im Zeitraum 2021 bis 2027 mit rund 1,8 Billionen Euro – 257 Milliarden pro Jahr – aus dem EU-Haushalt klimaschutzrelevante Maßnahmen finanziert werden.

Die Maßnahmenliste[282] umfasst:

Klima	Umwelt und Ozeane
Energie	Verkehr
Landwirtschaft	Finanzen und regionale Entwicklung
Industrie	Forschung und Innovation

Also fast die komplette Palette des volkswirtschaftlichen Bereichs, der grundlegend umgebaut werden soll und folglich umwälzende gesellschaftliche Veränderungen mit sich ziehen wird. Eben die große Transformation. Bildung und Ausbildung für die breite Bevölkerung kommt in dem Maßnahmenkatalog nicht vor. Absicht?

282 https://ec.europa.eu/info/strategy/priorities-2019-2024/european-green-deal_de

Viel nutzlos publiziertes Papier zur Existenzsicherung bestbezahlter EU-Bürokraten? Auf jeden Fall ein Schönwetterpapier, ein ungedeckter Wechsel auf die Zukunft ohne Erfolgsgarantie. Wenn man nachrechnet, bedeutet das eine EU-Kreditaufnahme von etwa 104 Milliarden Euro pro Jahr, denn von den 168,7 Milliarden EU-Einnahmen bleiben nach Abzug der internen Kosten 153,6 Milliarden für den EU-Haushalt, welche den *European Green Deal* von jährlich 257 Milliarden – siehe oben -finanzieren sollen.[283] Deutschland leistete 2020 übrigens mit 28,1 Milliarden Euro (20 %) den höchsten nationalen Beitrag, nach dem EU-Austritt Großbritanniens sind es 2021 rund 40 Milliarden.[284,285]

Natürlich fließen auch Euros zurück nach Deutschland und den verbliebenen acht Nettozahlern der EU. In Deutschland finanzierten 2020 die Steuerzahler immerhin mit 15,5 Milliarden Euro die Subvention der 18 Netto-Empfängerländer. Die veröffentlichten EU-Zahlen sind allerdings Beträge aus der Portokasse im Vergleich zu den im vorangehenden Kapitel allein für die Gebäudesanierung erforderlichen Summen.

Für die Verwirklichung des *European Green Deal* muss man vorrangig die mehrheitliche Zustimmung der EU-Bevölkerung gewinnen. Notfalls die schweigende Zustimmung. Die lässt sich nur erzielen, wenn man die Fata Morgana einer schönen neuen Welt so projizieren kann, dass sich ein neues Paradies auftut. Statt der Rohstoff-Ausbeutung des Planeten und fossile Energie verschlingenden

---

283 https://www.consilium.europa.eu/de/policies/the-eu-budget/eu-annual-budget/2020-budget/#:~:text=Der%20Schwerpunkt%20des%20vom%20Rat,%E2%82%AC%20festgesetzt.

284 Statista: Beiträge der EU-Länder zum Haushalt 2020; Bruno Urbach, 21.01.2022.

285 Handelsblatt, 06.08.2021: Deutschland zahlt Rekordbetrag in EU-Haushalt.

Luxuswelt die neue saubere Welt mit CO_2-freier Energie, einer ewigen Kreislaufwirtschaft und vor allem noch mehr Luxus und Sorglosigkeit. Wer stattdessen Verzicht, Einschränkung und gelegentliche Not predigt, wird keine Jünger finden. Zumindest nicht genügend für eine große Transformation.

Wenn eigene Einsicht und Verantwortung für die kommenden Generationen fehlen, dann muss von übergeordneter Instanz ein Scham- und Schuldkomplex erzeugt werden. Die aus dem althochdeutschen *scama* stammende heutige Scham war die Angst vor Bloßstellung, Verlegenheit und Schande. Vor allem in Bezug auf die Geschlechtsteile und die Ehre der Familie. Schämen konnte man sich bereits damals nicht nur für das eigene Tun und Nichttun, sondern auch für andere. Heute gibt es durch die Kreativität von Umweltaktivisten eine Fülle von Schamvarianten, von denen erstmals die schwedische *flygskam* 2017 als Flugscham nach Deutschland übersiedelte. Dann folgte eine Schamlawine, aus der nur einige Beispiele hier aufgelistet seien:

- Auto-/SUV-Scham
- Bauscham
- Essscham
- Exportobstscham
- Fast-Food-Scham
- Fernreisenscham
- Fremdscham
- Kunsumscham
- Kreuzfahrtscham
- Müllscham
- Plastikscham
- Social-Media-Scham
- Zuckerscham

Sie sehen, die Möglichkeiten, sich für etwas zu schämen, sind schier unerschöpflich. Sei es für klimaschädliches oder gesundheitsschädliches Verhalten. Die Krönung dürfte dann die Kinderscham sein mit dem Vorwurf „Schämst Du dich nicht, Kinder in die Welt zu setzen?“.

Mit all diesen Schamarten wurde versucht, die Menschen in Richtung Klimarettung zu konditionieren. Nur zu dumm, dass diese aufgezählten Schämungen allesamt mit Verzicht, Enthaltung und Entbehrung verbunden sind. Und damit völlig ungeeignet für eine breite Akzeptanz. So pfeifen die Urlauber nach COVID-19-bedingter Reiseabstinenz sorglos auf die Flugscham.

Kommen wir noch einmal zurück auf die im *European Grean Deal* aufgelisteten geplanten Maßnahmen, die Eingangs dieses Kapitels bereits erwähnt wurden. Darin wird ausschließlich die Netto-Treibhausgasemission als Ursache für den Klimawandel verantwortlich gemacht. Wie in Kapitel 3. erwähnt ist es einfacher und wirkungsvoller, eine einzige Ursache für ein Geschehnis verantwortlich zu machen als ein Ursachenbündel. Durch starke Regenfälle und Unwetter bedingte Sach- und Personenschäden und leider auch Tote werden in der Politik und ihren Handlangern, den zwangsfinanzierten öffentlich-rechtlichen Medien, in der Regel ausschließlich als CO_2-bedingte Klimakatastrophe regelrecht zelebriert. Kein Wort über andere Ursachen. Zum Beispiel der Besiedelung von Gebieten, die wegen möglicher Überschwemmungen von vorne herein ein Risiko darstellen. Seit Jahrtausenden siedeln sich Menschen gerne am Wasser an und leben mit dem damit verbundenen Risiko. Weil die augenblicklichen Vorteile überwiegen. So geschah es zum Beispiel beim Oderhochwasser 1997 in der Ziltendorfer Niederung im Landkreis Oder-Spree oder in den Gebieten entlang der Elbe bei der Jahrhundertflut 2002. Da wurden Gebiete besiedelt, die über die Jahrhunderte hinweg als Flussauen als Hochwasser-Puffer dienten. Deiche zu nah am Flussbett sorgten für die Einschnürung der Flussläufe, entsprechend schnell der Pegelanstieg. Und folglich der Druck auf die Deiche bis zu deren Bruch.

Damit verbunden ist die Änderung der Landschafts- und Bodenstruktur einschließlich der bislang irreversiblen Eingriffe in Fluss- und Stromläufe. Als Paradebeispiel die „Rheinkorrektion" von Basel bis Mannheim[286] und später bis zur Mündung in die Nordsee. Statt der vielen verästelten Nebenarme des Stroms und der ausgedehnten Auen, die wie ein Schwamm Schmelz- und Regenwasser aufsaugten und damit den Hochwassern die Wucht nahmen, nun Begradigung und schneller Abfluss. Folglich aber auch ein schnelleres Ansteigen der Pegel. Vor allem dann, wenn zum Beispiel infolge eines so genannten Vb-Tiefs langanhaltende und starke Niederschläge ein Gebiet trafen. In Begleitung damit eine noch dichtere Bebauung oder landwirtschaftliche Felder näher zum Wasser. Die alten Römer waren auch in dieser Hinsicht klüger. Sie wollten keine nassen Füße bekommen und hielten mit Ausnahme der Straßen zu den Häfen gehörig Abstand zum Wasser. Zum Beispiel bei der Limes-Straße entlang des Rheins bei Bonn und Köln. Oder in Köln, wo einschließlich der damaligen Rheininsel der Rhein seinerzeit fast doppelt so breit war wie heute und demzufolge die Hochwassergefahr entsprechend geringer.[287] Zudem bauten sie, wo immer möglich, ihre rechtwinkligen Siedlungen so, dass die Hauptstraßen in der vorherrschenden Windrichtung lagen. Da gab es dann frische Luft in engen Siedlungen und keinen Hitzestau wie in heutigen Betonschluchten.

---

286 Helmut Volk: Die Rheinauen und die Rheinkorrektion von Basel bis Mannheim; Schwäbische Heimat 2020/2, Seite 194-202.

287 Römisch-Germanisches Museum der Stadt Köln: Römer Straßen Köln; Informationszentrum >> Erlebnisraum Römerstraße <<.

Ein anderes Beispiel sind Erdrutsche und Bergstürze. Murgänge entstehen, wenn im steilen Gelände der Untergrund mit Wasser übersättigt ist und die Schwerkraft gegenüber der Bodenhaftung überwiegt. Die Ursachen können übermäßige Niederschläge, Schneeschmelze oder das Abschmelzen von Gletschern sein, um nur einige zu nennen. Aber sie können auch menschengemacht sein. Zum Beispiel durch das Abholzen von Wäldern in Hanglagen. Damit wird die Durchwurzelung der Bodenkrume zerstört, das Erdreich verliert seinen Halt und rutscht ab. Werden zu allem Überfluss diese Hanglagen noch besiedelt oder man baut unmittelbar darunter, dann ist die Katastrophe für die dort lebenden Menschen nur eine Frage der Zeit bzw. des Starkregens.

Bergstürze, sofern sie im 21. Jahrhundert den Weg in die Medien finden, sind generell die Folge der Erderwärmung und somit der Treibhausgas-Emissionen. Andere Ursachen sind klimapolitisch nicht opportun. Dass Bergstürze ebenso wie Erdbeben durch die Faltung der Gebirge infolge der Verschiebung der Kontinentalplatten entstehen können ist Basiswissen der Geologen. Das aber hat nichts zu suchen im medial beschworenen Katastrophenszenario. Ein menschengemachter Bergsturz noch weniger. Dazu ist geschichtlich verbürgt ein gewaltiger Bergsturz 1618 vom Monte Conto in der Lombardei. Die Ursache: unkontrollierter Abbau des Lavezsteins (Specksteins) hatte den Berg gefährlich unterhöhlt und zehn Tage Regen reichten aus, um drei bis vier Millionen Kubikmeter Gestein talwärts donnern zu lassen. Der Ort Piuro (Plurs), der vom Export des Specksteins in Wohlstand lebte, verschwand ebenso wie der Nachbarort Chilano unter den Gesteinstrümmern und mit ihnen mindestens 1000 Menschen.

Menschengemacht sind auch die Probleme, die der Kohlebergbau hinterlassen hat. So sind im Ruhrgebiet infolge des jahrzehntelangen intensiven Bergbaus ganze Areale bis zu 30 Meter abgesackt.

Niederschlags-, Quell- und Abwasser muss weggepumpt werden, zum Schutz des Grundwassers muss man auch das Grubenwasser immer wieder abpumpen. Das leisten bislang 1115 Pumpwerke, die müssen laufen, solange das Ruhrgebiet nicht zur Seenplatte werden soll, und das kostet rund 100 Millionen Euro jährlich.[288, 289] Gleiche Probleme bestehen im Saarrevier, im deutschen Braunkohletagebau und in Sachsen und Thüringen durch den Uranabbau unter Tage. Das Erbe für die Folgegenerationen: Ewigkeitslasten, sofern die Gebiete als Siedlungsgebiete nicht aufgegeben werden. Diese Ewigkeitslasten werden von Politik und Umweltverbänden schamhaft verschwiegen, ist es doch einzig und allein opportun, die Probleme bei der Endlagerung von Atommüll medienwirksam in Szene zu setzen. Auch die proklamierte große Transformation wird diese Ewigkeitslasten übernehmen müssen. Transformiert wird lediglich die dafür notwendige Energieerzeugung, damit also die Umwandlung in eine grüne Ewigkeitslast.

Betrachten wir in der Folge die Energie- und Klimapläne, wie sie die EU im Rahmen des *Green Deal* fixiert hat.[290] Und deren Realisierung bis 2050 erreicht werden müsste. Der Anspruch dabei: *Europe will be the first climate-neutral continent by 2050.* Von ganz Europa kann dabei keine Rede sein, denn Russland macht dabei gewiss nicht mit. Es zählt zumindest bis zum Ural zu Europa. Mit anderen Worten, für etwa 447 Millionen Menschen[291] sollen sich die Lebensbedingungen und Lebensgewohnheiten drastisch verändern. Selbstverständlich laut

288 https://www.worldtimes-online.com/imfocus/105-pumpen-im-ruhrgebiet-werden-ewig-laufen-müssen.html

289 https://www.nationalgeographic.de/umwelt/2018/12/nach-dem-ende-der-steinkohle-land-unter-im-ruhrgebiet

290 https://ec.europa.eu/info/strategy/priorities-2019-2024/european-green-deal/energy-and-green-deal_de

291 https://www.destatis.de/Europa/DE/Thema/Basistabelle/Bevoelkerung.html; Stand 10. Mai 2022

EU-Plänen in positiver Weise, wie folgende Auflistung zeigt:

- Saubere Luft, sauberes Wasser, gesunder Boden und Biodiversität.
- Sanierte, energieeffiziente Gebäude.
- Gesundes und bezahlbares Essen.
- Mehr öffentliche Verkehrsmittel.
- Saubere Energie und modernste saubere Technologien.
- Langlebigere Produkte, die repariert, wiederverwertet und wiederverwendet werden können.
- Zukunftsfähige Arbeitsplätze und Vermittlung der für den Übergang notwendigen Kompetenzen.
- Weltweit wettbewerbsfähige und krisenfeste Industrie.

Diese Wünsche sind lobenswert, edel und gut. Sie gelten für 5,7 Prozent der Weltbevölkerung, soviel Einwohner hat die EU-27. Die Realisierung dieser Wünsche kostet allerdings Geld, konkret Unsummen in unbekannter Höhe. Die müssen letztlich von den in den jeweiligen Ländern lebenden Menschen erwirtschaftet werden. Als volkswirtschaftliche Kennzahl und als Wohlstandsindikator wird meist das Pro-Kopf-Bruttoinlandsprodukt (BIP) herangezogen. Dabei wird das Preisniveau für Verbrauchsgüter und Dienstleistungen in den jeweiligen Ländern aber nicht berücksichtigt. Um einen realistischen Vergleich zu erhalten muss man das Verhältnis des Pro-Kopf-BIP zum Preisniveau-Index bilden, um zum Beispiel zu berechnen, in welchen EU-Ländern die Menschen wirklich in relativem Wohlstand leben.[292/293] Dabei stellt man überrascht fest,

292 Statista: EU: Bruttoinlandsprodukt (BIP) pro Kopf in den Mitgliedstaaten in jeweiligen Preisen im Jahr 2021. Veröffentlichung von Bruno Urmersbach, 11.04.2022.

293 Statista: EU: Preisniveauindex für Verbrauchsgüter und Dienstleistungen

dass lediglich zehn der 27 Mitgliedstaaten über dem EU-Durchschnitt liegen von 32.270 Euro/Kopf.

Unterstellen wir, die zehn „reichen" EU-Länder könnten die Kosten für die große Transformation in ihrem Staatsgebiet unter beträchtlichen Opfern aufbringen, so ist das für die ärmeren 17 wohl schwerlich zu schaffen, die aber immerhin 52 Prozent der EU-Bevölkerung ausmachen. Man muss davon ausgehen, dass sich die Mitglieder der Europäischen Kommission keinerlei Gedanken über die wirklichen anfallenden Kosten gemacht haben, welche die für sich gesehen notwendigen und sinnvollen Änderungen hin zu einem klima- und umweltneutralen Wirtschaften mit sich bringen. Oder es existieren Kostenschätzungen und werden wohlweislich nicht veröffentlicht, was wiederum den Vorwurf der Volksverdummung zur Folge hätte. Ich will das nicht unterstellen, aber dann bleiben die Träume im Wolkenkuckucksheim und der Vorwurf der grobfahrlässigen Irreführung.

Bislang haben wir bei den von den EU-Kommissaren vorgegebenen *Green Deal* nur die finanzielle Seite betrachtet. So wie es in den EU-Papieren steht. Allerdings ist dort auch von der Umgestaltung der Gesellschaft die Rede.[294] Blicken wir zurück in die Menschheitsgeschichte, so stoßen wir immer wieder auf Umgestaltungen der Gesellschaft. Mit Ausnahme des Übergangs zur Sesshaftigkeit, die neolithischen Revolution, waren sie stets mit Gewalt und Tod verbunden. Jeder Krieg, jeder Eroberungszug bedeutete in den eroberten Gebieten eine Zäsur, immer zum Nachteil der dort lebenden Bevölkerung. Sei es die Bekehrung zu einer neuen Religion mit Feuer und Schwert wie im Christentum oder Islam, sei es die militärische

---

in den Mitgliedstaaten im Jahr 2021. Veröffentlichung von Bruno Urmersbach, 20.07.2022.

294 https://ec.europa.eu/info/strategy/priorities-2019-2024/european-green-deal/delivering-european-green-deal_de

Einverleibung eines ganzen Landes wie zum Beispiel Tibet durch China. Jede von Herrschenden vorgegebene neue Lebensform wird den Untergebenen aufgezwungen ohne Rücksicht auf deren Sinn und Akzeptanz. Auch das nennt man Transformation.

In Demokratien und Staaten, die sich als solche bezeichnen, ohne es zu sein, ist allerdings die Gewaltanwendung bei der Durchsetzung neuer Denk- und Gesellschaftsformen unwirtschaftlich. Die unablässige Überwachung, Kontrolle und notfalls gewaltsame Durchsetzung von Transformationsprozessen kann sich auf Dauer kein Staatssystem leisten. Auch nicht deren Aufrechterhaltung. Das beweist die Geschichte der Sowjetunion und der Volksrepublik China. Beide Staaten mussten den ungewollten Übergang vom klassenlosen Kommunismus zum hemmungslosen Kapitalismus hinnehmen. Hier die Oligarchen, dort die chinesischen Multimilliardäre. Auch wenn diese wie vordem unter Diktatoren dienen, das System ist ein ganz anderes geworden als es einst war. Dabei wollen wir außer Acht lassen, dass in den alten Systemen sehr wohl gewaltige Klassenunterschiede bestanden zwischen der Arbeiterklasse und der Parteiführung. Hier der triste Plattenbau und mit etwas Glück die kleine Datscha im Schrebergarten, dort die Urlaubsvilla an der Schwarzmeerküste oder die streng bewachte Waldsiedlung in Bernau bei Berlin, wo sich die Mitglieder des Politbüros der Zentralkomitees der SED gemütlich einrichteten.

Wer im 21. Jahrhundert in demokratisch regierten Staaten eine Transformation gleich welcher Art durchsetzen will, muss das Denken der dort lebenden Menschen lenken, leiten, konditionieren. Neues Denken lässt sich nicht einprügeln, sondern muss sich unbemerkt einschleichen, wie Ratten in den Vorratskeller. Denken ist per se eine kognitive Fähigkeit nicht nur des Menschen, die für sich gesehen nicht unbedingt der Sprache bedarf, solange sie auf Einzelpersonen beschränkt bleibt. Es hat zu allererst seinen Ursprung im

Erkennen und Erfühlen, der Zuordnung von Gegenständen und Bildern und der Fähigkeit, Schlussfolgerungen daraus zu ziehen. Unabhängig von allen philosophischen und psychologischen Deutungsversuchen über die Jahrtausende hinweg. Diese Art zu Denken beschränkt sich nicht auf das Kleinkind, das zum Beispiel beim Anblick einer Flamme das Gefühl „aua" oder „heiß" assoziiert, sofern die schmerzliche Erfahrung gemacht wurde. Beobachtungen zum Beispiel an Rabenvögeln wie Elstern zeigen eindeutig, dass sie zwischen Personen mit Spazierstock und Personen mit Flinte unterscheiden und dadurch ihre Artgenossen warnen können. Und auch in der Lage sind, sich im Spiegel selbst zu erkennen.[295]

Kehren wir zurück zur Beziehung zwischen Denken und Sprache beim Menschen. Definieren wir Denken als Prozesse, bei denen Bilder, Gegenstände und Begriffe einander zugeordnet und kombiniert werden. Diese Denkergebnisse anderen mitzuteilen bedarf es der Sprache, ausgedrückt auf akustischem und optischem Wege, also gesprochenes Wort, Schrift oder Gebärdensprache.[296, 297] Damit bleibt wie in der Physik die Frage nach Ursache und Wirkung. Bestimmt unser Denken die Sprache oder die Sprache unser Denken? Genau das ist der Dreh- und Angelpunkt einer jeden Manipulation von Menschen. Man gebe bestimmten Begriffen und Gegenständen eine neue Bedeutung, moralische Wertung oder assoziiere diese mit negativen oder positiven anderen Begriffen, zu denen kein kausaler Zusammenhang besteht. Und schon ist man beim *Neusprech*

---

295 Scinexx-das Wissensmagazin: Auch Elstern können sich selbst erkennen; 28. August 2022.

296 Z. B.: Sieghard Beller, Andrea Bender: Allgemeine Psychologie – Denken und Sprache; Hogrefe Verlag GmbH & Co.KG, Göttingen, 2010.

297 Dietrich Dörner: Sprache und Denken. In: J. Funke (Ed.), Denken und Problemlösen, Enzyklopädie der Psychologie, Themenbereich C: Theorie und Forschung, Serie II: Kognition, Band 8; Hogrefe Verlag GmbH & Co. KG, Göttingen.

angelangt, wie es ursprünglich George Orwell in seinem dystopischen Roman „1984“ verwendete.[298] Allgemein und für die Gegenwart gültig ausgedrückt: Die ehemals präzise beschreibende Sprache wird durch Sprachmanipulation durch bestimmte wirtschaftliche, politische oder sonstige Gruppen bewusst so verändert, dass die wirklichen Tatsachen, Ziele oder Ideologien verschleiert werden.

Neusprech im Sinne von Sprachmanipulation ist nicht ein Produkt aus dem 20. und 21. Jahrhundert. Neusprech hat seine Wurzeln bereits in der Rhetorik der griechischen Antike, also vor rund 2500 Jahren. Zum Beispiel empfahl der Sophist Leontinoi[299/300], im Aufbau der Rede rhetorische Stilmittel und Argumentationstechniken zu verwenden, um die Gefühle des Publikums für sich zu gewinnen. Paradoxe Wendungen und Scheinargumente sollten dabei nicht fehlen. Also eine Redetechnik, die zum Beispiel bei heutigen Politikern und in der Werbebranche zum täglichen Werkzeug gehört. Neu hinzu gekommen ist lediglich das Erfinden neuer Wörter beziehungsweise deren Umdeutung in neue Begriffe. Obwohl die Umdeutung auch nicht von heute ist. Bereits Friedrich Engels[301] monierte in seinem Vorwort zur dritten Auflage von Band I „Das Kapital“, dass Marx die irreführenden Begriffe *Arbeitnehmer* und *Arbeitgeber* der deutschen Ökonomen übernommen habe. Denn in Wirklichkeit

---

298 Bei George Orwells *Newspeak* soll die sprachpolitisch umgestaltete Sprache im fiktiven totalitären Staat *Ozeanien* die Ideologie des English Socialism (*Ingsoc)* im Unterbewusstsein der Menschen verankern.

299 Georgias von Leontinoi, ca. 490 bis ca. 396 v. Chr., griechischer Rhetor, Rhetoriklehrer und Philosoph.

300 Leo Uilaki, Rhetorik als Mittel der Manipulation in der politischen Rede; Bachelor-Arbeit, 2019, University of Rijeka, Faculty of Humanities and Social Sciences; https://urn.nsk.hr/urn:nbn:hr:186:216732

301 Friedrich Engels, *1820 in Barmen – † 1895 in London; deutscher Philosoph, Historiker, Journalist und kommunistischer Revolutionär. Gleichzeitig erfolgreicher Textilunternehmer. Entwickelte gemeinsam mit Karl Marx die Gesellschafts- und Wirtschaftstheorie, den Marxismus.

sei es der Arbeiter, der gegen Bezahlung seine Arbeit gibt, und der Unternehmer, der von diesem gegen Lohn die Arbeit nimmt.

Über die Frage, ob und wie die Sprache das Denken des Menschen bestimmt, streiten die Linguisten und Philosophen seit Jahrhunderten. Da gibt es die Sapir-Whorf-Hypothese[302], wonach das Denken in Beziehung zur jeweiligen gesprochenen Sprache steht. Also zum Beispiel Deutsche anders denken als Hopi-Indianer, deren Sprache unter anderem Whorf untersuchte. Andere Sprachforscher verwerfen diese Hypothese und favorisieren eine sprachunabhängige kognitive Form des Denkens. Eigentlich ein Streit um des Kaisers Bart. Denn darum geht es bei der Wegbereitung zur großen Transformation gar nicht. Die findet territorial beschränkt in den einzelnen Staaten statt, in denen meist *eine* Sprache gesprochen wird. Innerhalb derer muss das Neusprech etabliert werden, Worten andere Begriffe zugeordnet als ursprünglich. Dann kommt es zwangsläufig zu anderen, den gewünschten Denkprozessen. Zuerst muss die mentale und intellektuelle Akzeptanz einer gesellschaftlichen und ökonomischen Transformation geschaffen werden. Die Manipulation der Sprache und damit des Denkens ist ein Weg dorthin. Opferbereitschaft und Entbehrung zählen nicht dazu, das beweisen die konfusen Aktionen der regierenden Parteien in Deutschland und den anderen EU-Staaten angesichts zusammengebrochener Lieferketten, ausbleibender Gasversorgung und damit drohender geringfügig weniger warmer Wohnräume. Und gar das Schreckgespenst des Kaltduschens! Das wird zur realistischen Gefahr für die westliche Demokratie. Ein

302 Edward Sapir, *1884 in Lauenburg, Pommern, † 1939 in New Haven, USA. Ethnologe, Linguist, Begründer der modernen amerikanischen Sprachwissenschaft. Professuren in Chicago und Yale.
Benjamin Lee Whorf, 1897–1941, US-amerikanischer Linguist. Ursprünglich Chemieingenieur und Angestellter einer Feuerversicherung, aus der Privatbeschäftigung mit amerikanischen Sprachen kam er zur Überzeugung, dass unterschiedliche Sprachen die Gedanken unterschiedlich beeinflussen.

kaltgeduschter Wutbürger, schlimmer ginge es nicht für Mitglieder des Deutschen Bundestags in ihrer Elfenbeinbehausung. Ebenso fatal die Protestbürger in Frankreich, die ihre gelben Westen nur vorübergehend in den Schrank hängten.

Da trifft es sich gut, dass *Political Correctness, Cancel Culture* und *Gender-Richtlinie*[303], entstanden aus der *Gender Theory,* das Feld für eine sprachliche Umgestaltung bereitet haben. Alle drei übrigens ein Import aus den USA, hauptsächlich geprägt von US-amerikanischen Studenten und Studentinnen, denen sich dann flugs verschiedene Lehrstuhlinhaber anschlossen. Selbstverständlich auch -inhaberinnen. Gemeinsam ist allen dreien der postfaktische Bezug, die Wirklichkeitsverweigerung und die insbesondere bei der Cancel Culture zum Teil militante Verhinderung freier Meinungsäußerung. Der französische Philosoph Alain Finkielkraut[304] bezeichnete die Political Correctness einmal als „Nicht sehen wollen, was zu sehen ist." Diese sprachlichen Innovationen sind ihrem Wesen nach Sprachdiktatur, geprägt von vielen kleinen Diktatoren in eigens für sie geschaffenen Lehrstühlen, wie die vielen Lehrbeauftragten zu Gender Studies beweisen. Unterstützt von den bereitwilligen Handlangern dieser Diktatur, den Bürokraten, die für den jeweiligen Amtsbereich Anleitungen für richtiges Gendern erfinden. Aber auch Journalist*_:innen und NachrichtensprecherInnen müssen (?) gendern, nachdem sie den Glottisschlag intensiv trainiert haben.[305]

303 Gender-Richtlinie RL 2002/73: Antidiskriminierungsstelle des Bundes; https://www.antidiskriminierungsstelle.de/SharedDocs/downloads/DE/EU_Richtlinien/gender_richtlinie_rl_2002_73.html

304 Alain Finkielkraut, geb. 30 Juni 1949, Mitglied der Académie française, Offizier der Ehrenlegion, Autor zahlreicher philosophischer Schriften, z. B. *La Défaite de la pensée (Die Niederlage des Denkens),*

305 Glottis: Anatomisch der Stimmlippenapparat mit dazu gehörigen Stellknorpeln, mittels derer auch Knacklaute erzeugt werden können, die beim Gender-Sprechen erzeugt werden sollen.

Begleitet wird dieses akademische Neusprech von sprachlichen „Innovationen“ bei Banken, im Marketing und der Polit-Ebene. Dazu ein paar Beispiele zu Neusprech und die wirkliche Bedeutung.

So gibt es *Engpässe in der Nahrungsmittelsicherheit* anstelle von Hunger und Armut, *Sondervermögen* statt Neuverschuldung, *Alternativlosigkeit* als rigorose Ablehnung jeder anderen Möglichkeit, *Friedensmission* steht für Kriegsbeteiligung und *Gefährder* sind vorerst Unschuldige, denen man eine zukünftige Straftat unterstellt. Wirtschaftsbetriebe stehen generell unter Verdacht, *Übergewinne* zu erzielen, die nach Meinung des deutschen Wirtschaftsministers Robert Habeck[306] mit einer *Übergewinnsteuer* bestraft werden müssten. Phantastisch für einen Politiker, wenn man über die Neid-Schiene in Deutschland bestehende betriebswirtschaftliche Begriffe umdeuten kann. Unter Übergewinn oder Residualgewinn versteht man in der Betriebswirtschaftslehre den Betrag, der bleibt, wenn man vom Jahresgewinn die geforderte Rendite der Investoren subtrahiert [(307)].

Minister Habeck verwendete den Begriff Übergewinn jedoch so, wie ihn die Wissenschaftlichen Dienste des Deutschen Bundestags interpretiert haben. Nämlich als Sondersteuer auf Gewinne, die gegenüber einem Vergleichszeitraum nach oben abweichen.[308] Wenn also ein Unternehmen im Dreijahresdurchschnitt einen Gewinn von 100.000 Euro mit einer Umsatzrendite von 5 % hatte und im Folgejahr infolge 10 % Inflation und Preiserhöhung bei gleicher

306 Robert Habeck (*1969 in Lübeck), Bundesminister für Wirtschaft und Klimaschutz im 20. Deutschen Bundestag, Mitglied Bündnis 90/Die Grünen.

307 Dazu ein Beispiel: Geldgeber investieren in ein Unternehmen 10 Millionen Euro und verlangen von der Geschäftsführung eine Rendite von 5 % jährlich, also von 500.000 Euro. Das Unternehmen erzielt einen Jahresgewinn nach Steuern von 600.000 Euro = 12 %. Dann beträgt der Übergewinn (Residualgewinn) 100.000,- Euro.

308 Wissenschaftliche Dienste, Ausarbeitung WD 4-3000-023/21, Seite 12

Umsatzrendite einen Jahresgewinn von 110.000 Euro, dann hat es nach Ministeransicht einen Übergewinn von 10.000 Euro erwirtschaftet, der einer Sondersteuer unterliegen müsste. Alles klar?

Eine ähnliche Meinungsmanipulation geschieht mit den *Sondergewinnen* oder *Zufallsgewinnen*, wie sie die EU-Kommission medien- und meinungswirksam postuliert. Nämlich als unerwartete Gewinne vor allem bei Energieerzeugern und Gas- und Öllieferanten.[309] Für den deutschen Steuerzahler sind Sondergewinne alles andere als das, zum Beispiel wenn er von seinem Betrieb einen Teil eines Betriebsgrundstücks verkauft.[310] Dann und nur dann spricht man von Sondergewinnen, die im Einkommensteuergesetz klar definiert sind. Aber klar definierte Begriffsbestimmungen beachten ist nicht sachdienlich, wenn Meinungsmache angesagt ist. Zumal dann, wenn der politisch gedeutete Begriff Übergewinn gar nicht definiert ist. Ab welchem Gewinnzuwachs gilt ein Übergewinn? Ihn auf eine Branche – den Energiekonzernen – zu beschränken entspräche der wirtschaftlichen Diskriminierung. Also müsste er auch auf den Handwerksbetrieb anzuwenden sein, wenn der bei gleichem Umsatz fünfzehn Prozent mehr Gewinn erwirtschaftet als in den Vorjahren. Weil er vielleicht günstiger eingekauft und strikt rationalisiert hat. Neid und Gier kollidieren schnell mit Recht und Rechtsgültigkeit. Ehrlicher wäre es, von Kriegsgewinnlern und branchengebundenen Sonderabgaben zu sprechen.

Wohlweislich akzeptiert in der Wortneuschöpfung werden auch *Kollateralschäden* mit der Tötung oder Verletzung unbeteiligter oder unschuldiger Menschen. Nicht zu vergessen der *Meinungskorridor*, das neue schöne Wort für Beschränkung der Meinungsfreiheit und

309 Frankfurter Allgemeine Zeitung, von Hendrik Kafsack: EU-Kommission will „Sondergewinne“ von Energiefirmen abschöpfen“. 07.09.2022

310 § 13a Abs. 7 Satz 1 Nrn. 1-4 Einkommensteuergesetz.

Zensur bzw. Selbstzensur. Denn die Zensur ist dann perfekt, wenn vorauseilend Selbstzensur geübt wird.

Der eigentlich gemeinte Begriff wird ersetzt durch einen anderen sprachlichen Ausdruck, wird zur Metapher, nimmt aber in der Folge eine ganz andere Bedeutung an. Damit sind die Voraussetzungen gegeben für das *Framing*, der Verhaltensbeeinflussung der Zielgruppen durch unterschiedliche Formulierungen desselben Inhalts.[311] Dabei entbehrt es nicht einer gewissen Ironie, dass das englische Verb *to frame* nicht nur *einrahmen* bedeutet, sondern auch *jemanden hereinlegen*. Damit spielt das Framing bei der Irreführung und folglich der Verdummung der Menschen eines Staates eine tragende Rolle. Offiziell nennt man das positive Beeinflussung. Für wen positiv?

Ebenso wichtig wie das Framing ist das *Greenwashing*, das Reinwaschen in Hinblick auf die Ökologie und Nachhaltigkeit. Ursprünglich eine Domäne von Wirtschaftsunternehmen, durch suggerierte Umweltfreundlichkeit ein grünes Image zu erlangen und damit Mehrumsatz zu erzielen. Seit Jahren hat sich das Greenwashing auch in der Politik etabliert. Anfangs – nomen est nomen – bei den Grünen, dann im Zuge des Ringens um Wählerstimmen bei fast allen anderen Parteien quer über Europa. Denn was braucht der Kontinent im Kampf gegen den Klimawandel? Natürlich grüne Energie, grünen Wasserstoff, grüne Rohstoffe und weiteres Grünzeug. Und was braucht der Kontinent, was braucht die Welt noch im Kampf gegen den Klimawandel? Natürlich Menschen, die bereit sind, sich diesem Kampf zu stellen.

Also entweder sehr verständige und um die Zusammenhänge der Natur wissende Menschen oder weniger verständige, die bereit sind, Regierungsentscheidungen fraglos oder nur leicht murrend hinzunehmen, solange ihr persönliches Wohlbefinden nicht darunter leidet.

311 Engl.: framing = einrahmen, frame = Rahmen;

Oder ein persönlich definiertes Leidensniveau nicht übersteigt. Die erste Gruppe ist für alle Regierungsformen außerordentlich gefährlich, seien es Demokratien, Diktaturen oder Mischformen davon. Denn dann müssten die Regierenden, im Fall von Demokratien Abgeordnete und Regierungskabinett, mindestens ebenso wissend und verständig sein wie die Regierten. Wenn die politischen Laufbahnen der einzelnen Abgeordneten die Säulen Rhetorik und Demagogie als tragende Elemente haben und die Mehrheit unter ihnen als Berufsausbildung Jura, Politologie oder Soziologie mit Erfolglosigkeit in der freien Wirtschaft vorweisen kann, dann wird der Wissende zum Feind. Deshalb zieht sich die Bildungsmisere spätestens seit dem proklamierten Ziel „jedem sein Abitur" wie ein roter Faden durch die Jahrzehnte. Nimmt man als Maßstab die Bildungsausgaben in Prozent des Bruttoinlandsprodukts, dann haben sich die Aufwendungen von 1992 bis 2000 mit 3,88 % zu 3,91 % praktisch nicht verändert.[312] 2017 liegt Deutschland mit 4,2 % immer noch unter dem OECD-Durchschnitt von 4,9 %. Aber Geld auszugeben heißt noch lange nicht einen hohen Bildungsstandard zu erreichen. Staaten wie Singapur oder Japan geben lediglich 2,9 % bzw. 3,2 % des Bruttoinlandprodukts für Bildung aus, belegen aber in allen PISA-Studien bei allen Fächern stets die Spitzenplätze im internationalen Ranking.[313,314] Man kann zu PISA stehen wie man will, mit der Auswahl der Schulen, der Schüler und Schülerinnen erhält man nie ein

312 Deutscher Bundestag, Wissenschaftliche Dienste: Dokumentation WD 8 – 3000 – 015/20; 10.03.2020

313 https://www.kooperation-international.de/laender/asien/singapur/zusammenfassung/ueberblick-zur-bildungs-forschungs-und-innovationslandschaft-und-politik#:~:text=Einwohnern%20das%20kleinste%20Land%20S%C3%BCdostasiens,internationalen%20Vergleich%20nur%20im%20Mittelfeld.

314 https://www.destatis.de/DE/Themen/Laender-Regionen/Internationales/Laenderprofile/japan.pdf?__blob=publicationFile

ehrliches statistisches Ergebnis. Denn bei 5500 15-Jährigen aus 245 Schulen in Deutschland werden sich wohlweislich nur die Schulen melden, die keine Blamage befürchten müssen. Aber das geschieht in anderen Ländern ebenso, so dass sich die Sache wieder nivelliert. Zwar ist bei PISA 2018 Deutschland im internationalen Vergleich allen drei Fächern im Vergleich zu 200 leicht über den OECD-Durchschnitt gerückt, liegt aber in Lesekompetenz, Mathematik und Naturwissenschaften weit abgeschlagen hinter dem kleinen Estland und natürlich auch weit hinter Japan, Südkorea und Singapur.[315]

In diesem Zusammenhang noch eine interessante Feststellung. Australische Kinder mit ostasiatischen Eltern überflügeln immer die schulischen Leistungen der anderen australischen Kinder. Die Ursache: Kinder mit ostasiatischen Eltern sind 15 Stunden pro Woche an den Hausarbeiten nach der Schule, dagegen die anderen nur 9 Stunden.[316] In Deutschland reicht das Zeitfenster von täglich 30 bis 45 Minuten in der Grundschule bis zu 120 Minuten in den Klassen 7 bis 10. Also gerade mal 10 Stunden wöchentlich, denn am Wochenende und an Feiertagen dürfen in Deutschland keine Hausaufgaben gemacht werden. Das wäre den Kindern nicht zuzumuten. Denn dann hätten sie ja keine Zeit mehr, täglich drei bis vier Stunden an Handy und Tablett zu verbringen.[317] Mit anderen Worten: Disziplin und Fleiß als ehemals deutsche Grundtugenden sind nach Ostasien ausgewandert. An deren Stelle ist die *Life-Work-Balance* getreten mit dem Schwerpunkt Life. Und der Proklamation des bedingungslosen Grundeinkommens, das seit dem 16. Jahrhundert durch die

---

315 Kristina Reiss et al.: PISA 2018, Grundbildung im internationalen Vergleich, Zusammenfassung; Technische Universität München.

316 https://erziehungstrends.info/suedkoreanisches-bildungssystem-pisa-spitze-aber; 11.09.2022.

317 JIM-Studie 2020; Medienpädagogischer Forschungsverbund Südwest

Geschichte geistert[318] und mit dem 1986 gegründeten *Basic Income Earth Network* in einigen Industriestaaten, auch Deutschland, Anklang gefunden hat.

Der politischen Gilde zumindest in Deutschland ist diese Entwicklung nicht unwillkommen. Garantieren doch eine weit verbreitete verminderte Lesekompetenz und mangelhafte Kenntnisse in Mathematik und Naturwissenschaften in der breiten Bevölkerung ein wesentlich sorgenfreieres Dasein in den Parlamenten. Nicht umsonst haben die Kultusministerien in den verschiedenen Ländern das Sprachvermögen der Kinder zurechtgestutzt. Umfasste der Pflichtwortschatz in Bayern 1990 Ende der 4. Klasse Grundschule exakt 1100 Wörter, so ist er 2020 auf 700 geschrumpft. Nordrhein-Westfalen ist dieses Niveau noch zu hoch, da wurde es auf 533 Wörter reduziert.[319] Mecklenburg-Vorpommern und Berlin-Brandenburg dagegen haben sich für das 700er-Niveau Bayerns entschieden.[320,321]

All dies im Wissen, dass die Kinder, sofern sie nicht aus sozial prekären Verhältnissen und/oder bildungsfernen Migrationsfamilien kommen, bei der Einschulung in der Regel einen aktiven, allenfalls passiven, Wortschatz von 2000 bis 3000 Wörtern von zu Hause mitbringen. Mit anderen Worten: nicht aufbauen und weitermachen, sondern ideologisch begründet runterfahren auf das unterste Niveau anstatt gezielten Förderunterricht für die leistungsschwachen Schulanfänger. Das Ergebnis: 12,1 Prozent der Bevölkerung in Deutschland sind

---

318 Thomas Morus im Roman *Utopia*: Zahlung von Lebensunterhalt an alle Menschen, um Diebstahl vorzubeugen.

319 Ministerium f. Schule und Bildung des Landes Nordrhein-Westfalen, 26.03.2019

320 Ministerium f. Bildung, Wissenschaft und Kultur Mecklenburg-Vorpommern, Mindestwortschatz, 2016.

321 Senatsverwaltung für Bildung, Wissenschaft und Forschung; Bildung für Berlin, Der Grundwortschatz im Unterricht, 2011.

funktionale Analphabeten, bestens geeignet für Brot und Spiele. In Ländern wie Frankreich, Österreich und Schweiz sieht es nicht besser aus, zum Teil schlimmer. Angesichts der Kosten für Brot und Spiele, sprich Stütze und Glotze, bleibt natürlich nicht mehr allzu viel für Bildung, Schuleinrichtungen und Besoldung des Lehrpersonals. Deshalb Lehrermangel, Unterrichtsausfall, heruntergekommene Schulgebäude und demotivierte Pädagogen. Wobei gerade dieses Gebiet verlässlich planbar wäre. Mit jedem Geburtenjahrgang wäre bekannt, wann wo wie viele Kinder in die erste Klasse kommen. Mit jedem Jahrgang wäre mit ganz geringer Schwankung sicher, wie viele Kinder Realschule und Gymnasium besuchen werden. Und damit läge auch der Bedarf an Lehrern und Lehrerinnen fest. Somit auch die Zahl der Studienbeginner und erfahrungsgemäß die Zahl der Studienabbrecher. Anhand dieser Erfahrungen könnte man den Bedarf bei den Abiturienten anwerben. Sofern das Lehramt attraktiv genug ist. Man könnte, wenn man wollte. Aber wie erwähnt, jeder kluge Untertan ist der Feind des dummen Königs. Deshalb achten die kleinen Könige in den Parlamenten sorgsam darauf, dass das Volk in seiner Gesamtheit nicht zu klug wird. Denn es gilt seit Jahrtausenden der Spruch: Nur ein dummes Volk ist ein gutes Volk.

Deshalb muss man auf dieser Basis die psychologischen Voraussetzungen für eine volkswirtschaftliche und grundlegende technische Transformation bei der Bevölkerungsmehrheit schaffen. Dann kann man deren Verwirklichung wagen. Natürlich flankiert von finanzieller Unterstützung in Form von Subventionen oder Zuschüssen bei Herstellern und Käufern. Wobei diese Morgengaben eben jene vorher oder nachher in Form von Steuern und/oder Kapitalvernichtung infolge Inflation aufbringen müssen. Denn was bedeuten die acht EU-Ziele für eine große Transformation? Vor allem, was sind die Folgen für die Menschen, die auf dem Transformationsterritorium leben? Sehen wir uns dies Punkt für Punkt näher an.

11.

Schöne neue EU-Welt

Saubere Luft, sauberes Wasser, gesunder Boden und Biodiversität. Saubere Luft ist kein großes Problem, hat doch die EU Luftqualitätsnormen festgelegt, die von allen EU-Ländern erfüllt werden müssen.[322/323] In Verbindung damit die Vorschriften zu Industrieemissionen, die auch die Grenzwerte industrieller Abwässer festlegt.[324] Im Rahmen des *European Green Deal* ist es zwangsläufig, dass die CO_2-Emission Null bis spätestens 2050 verpflichtend ist und in die Richtlinie über Luftqualität aufgenommen wird. Dann dürfen nur noch Lebewesen im Rahmen ihrer Atmung CO_2 freisetzen. Womöglich gibt es in einigen Jahren eine EU-Richtlinie zur Beschränkung der Nutztierhaltung, um deren Treibhausgas-Beitrag neben der Methanproduktion auch deren CO_2-Emission zu verringern. Die Kreativität von EU-Bürokraten sollte man nicht unterschätzen! All diese vorläufigen Vorschriften gelten für eine Fläche von knapp 4,3 Millionen Quadratkilometern, also 2,8 Prozent der globalen Landfläche bei 5,7 Prozent der Weltbevölkerung. Also ohne jegliche Aussicht auf Weltrettung.

Zur Beurteilung der Luftqualität gibt es globale, EU- und nationale Luftgüteleitlinien und Karten zu Luftgütedaten.[325/326/327] Allerdings

---

322 Richtlinie 2008/50/EG über Luftqualität und saubere Luft für Europa.

323 Richtlinie 2004/107/EG über Arsen, Cadmium, Quecksilber, Nickel und polyzyklische aromatische Kohlenwasserstoffe in der Luft.

324 Richtlinie 2010/75/EU über Industrieemissionen.

325 Globale Luftgüteleitlinien der WHO, Zusammenfassung, 2021; ISBN: 978-92-890-5606-9.

326 https://www.umweltbundesamt.de/berechnungsgrundlagen-luftqualitaetsindex

327 https://www.umweltbundesamt.at/umweltthemen/luft/daten-luft

kocht das deutsche Umweltbundesamt dabei seinen eigenen Brei. Anstelle der internationalen Übereinkunft zwei Klassen der Feinstaubpartikel, Ozon, Stickstoffdioxid, Schwefeldioxid und Kohlenstoffmonoxid zu messen und zu kartieren beschränkt man sich in Deutschland auf eine Klasse Feinstaubpartikel, Ozon und Stickstoffdioxid. Und hurra, schon können wir Echtzeitkarten mit überwiegend guter bis sehr guter Luftqualität präsentieren, die das Prinzip, Äpfel mit Birnen zu vergleichen, restlos erfüllen. Man könnte dies auch als einen Beitrag zur Volksverdummung bezeichnen. Durch die Unterschlagung sonst gültiger Kriterien wird glauben gemacht, dass die dann getroffenen Aussagen allgemeinen Kriterien entsprechen. Um dies zu konkretisieren: Angenommen, in Island gäbe es wieder einmal zahlreiche und langanhaltende Vulkanausbrüche mit dem Ausstoß an Unmengen Schwefeldioxid und Kohlenstoffmonoxid und diese würden auch über Deutschland und Österreich die Luft verpesten. Dann wäre, sofern keine Staubwolken diese Länder erreichen, die Luft über Deutschland entsprechend dem Luftgüteindex des deutschen Umweltbundesamts größtenteils gut bis sehr gut, in Österreich dagegen katastrophal. Denn Schwefeldioxid und Kohlenstoffmonoxid spielt in Deutschland keine Rolle bei der Einstufung, wohl aber in Österreich. Mit diesem Szenario sind wir auch schon bei den Grenzen der Beurteilung gelandet. Denn Vulkanismus und Stürme können regional und überregional die Luftqualität nach den oben aufgezählten Kriterien gründlich beeinflussen. Und noch ein Aspekt darf nicht übersehen werden, die Bevölkerungsdichte. Je mehr Menschen pro Quadratkilometer leben und je höher dort die gewerbliche und industrielle Tätigkeit nach althergebrachten Methoden, desto höher die Emission an Schadstoffen und damit eine Minderung der Luftqualität. Sie können sich das auf der Visuellen Karte des Luftqualitätsindex in Echtzeit ansehen.[328]

---

328 https://aqicn.org/map/world/

Um einiges komplizierter wird es dann beim sauberen Wasser. Denn es umfasst nicht nur das Trinkwasser nach EU-Richtlinie[329] und den entsprechenden nationalen Bestimmungen, sondern auch alle Fließ- und Stillgewässer einschließlich der Zuflüsse aus Kläranlagen und sonstigen Quellen. Die Behandlung von kommunalem Abwasser, sprich Kläranlagen, wird in der EU akribisch geregelt,[330] in Deutschland durch das Wasserhaushaltsgesetz[331]. Bislang beschränkt sich die Abwasserbehandlung in Europa auf drei, höchstens vier Reinigungsstufen: Im mechanischen Verfahren werden Feststoffe entfernt, im anschließenden biologischen Verfahren werden mikrobiologisch aerob und anaerob organische Substanzen bis zur anorganischen Stufe abgebaut und schließlich in der abiotisch-chemischen Stufe durch Oxidation und Fällung Phosphate und andere Stoffe entfernt, so dass klares Wasser anschließend in Flüsse und Seen geleitet werden kann. Zumindest glaubt man das, denn was an Mikroplastik nicht im Klärschlamm hängen bleibt, das bleibt im geklärten Wasser. Ebenfalls nicht oder nur teilweise verschwinden Hormone, Arzneistoffe und deren Metabolite, Pestizide, Insektizide, Viren und einiges mehr. Diese Spurenstoffe bleiben sowohl im Klärschlamm als auch im Wasser. Alles in allem hat die American Chemical Society in ihren Publikationen derzeit mehr als 100.000 organische und anorganische Substanzen identifiziert, die über die Kläranlagen in die Gewässer geraten. Gerade mal 36 werden in der Liste prioritärer Stoffe der EU-Richtlinie aufgeführt[332], die es in der Zukunft mit der vierten Reinigungsstufe wesentlich kostspieliger zu entfernen gilt als

329 Richtlinie EU/2020/2184 über die Qualität von Wasser für den menschlichen Gebrauch

330 Richtlinie 91/271/EWG über die Behandlung von kommunalem Abwasser, geänderte durch EG/1137/2008.

331 Bundesministerium der Justiz: Gesetz zur Ordnung des Wasserhaushalts, 31.07.2009, Änderung 20.07.2022.

332 Richtlinie 2000/60/EG, hier Anhang X.

bei den ersten drei Stufen. Was mit anderen Worten eine beträchtliche Verteuerung des Trinkwassers mit sich bringt, denn in dessen Preis sind auch die Kosten für die Abwasserbehandlung enthalten. Sofern in Zukunft die Beschaffung von Trinkwasser ohne Probleme möglich ist. Dabei darf auch nicht vergessen werden, dass in Europa wenige Staaten eine annähernd vorbildliche Klärung des Abwassers durchführen. In vielen Orten Spaniens, Italiens, Griechenlands und auch Frankreich sprudelt Abwasser völlig ungeklärt in Flüsse und ins Meer, trotz Klage der EU vor dem Europäischen Gerichtshof. Sie sehen, der Weg zum sauberen Wasser in ganz Europa ist dornenreich und vor allem sehr, sehr teuer. Gefragt sind also Zahlmeister-Staaten ähnlich wie beim Länderfinanzausgleich in Deutschland mit fünf Geberländern und elf Nehmerländern. Von denen allein Bayern, Baden-Württemberg und Hessen mit insgesamt rund 16,6 Milliarden Euro, 97 Prozent, Unterhaltszahlungen für die elf „Benachteiligten" leisten.[333]

Das dritte Ziel ist gesunder Boden. Als Laie versteht man darunter den Mutterboden und die Bodenstruktur, die der Mensch vor der Bearbeitung durch Ackerbau und Viehzucht sowie Siedlungsbau vorfand. Das gilt heute nur noch eingeschränkt für den Boden in weitgehend naturbelassenen Mischwäldern. Gesunder Boden ist eine hochkomplexe Angelegenheit. Pilze, Algen, Bakterien und Flechten bilden die Bodenflora. Sie bewirken die Humusbildung und die Mineralisierung des organischen Materials. In ähnlicher Weise sorgen Lebewesen wie Amöben, Wimpertierchen, Milben, Asseln, Spinnen, Regenwürmer und Käfer, um nur einige zu nennen, als Bodenfauna für Zerkleinerung und Zersetzung, Durchmischung, Durchlüftung und Lockerung des Bodens. Auch Wirbeltiere wie

333 Statista: Geber und Empfänger beim Länderfinanzausgleich 2021; veröffentlicht von J. Rudnicka, 02.05.2022.

Maulwürfe, Wühlmäuse und Spitzmäuse zählen dazu, selbst wenn man sie beim gepflegten Rasen nicht gerne sieht.[334]

Beim landwirtschaftlich genutzten Boden wird diese natürliche Lebensgemeinschaft zwangsläufig gestört. Bodenpressung durch schwere landwirtschaftliche Maschinen verdichtet die Erde, damit keine Chance mehr für die Kleinlebewesen zur Auflockerung. Tiefes Pflügen bringt die „Wohngemeinschaft" der Bodenorganismen in Unordnung. Deshalb wird in der Landwirtschaft das Pro und Kontra einer pfluglosen Bodenbearbeitung diskutiert. Einerseits durch pfluglose Bodenbearbeitung – Grubber und Scheibenegge – höhere biologische Aktivität und biologische Vielfalt, andererseits stärker verdichtete Böden, da ja weiterhin mit schweren Landmaschinen gearbeitet wird.[335] Diese mechanischen Belastungen sind das geringere Übel. Wesentlich gravierender sind Pestizidrückstände und deren Abbauprodukte, die Metaboliten, in der Erde.

Wo in fruchtbaren Gebieten der Erde viele Menschen leben, da bleibt hinsichtlich landwirtschaftlichen Situation nur die Wahl zwischen Pest und Cholera. Entweder extensive Bodenbewirtschaftung ohne Kunstdünger und ohne „Chemie" mit geringen Ernteerträgen und folglich das Risiko von Hunger und Not. Oder intensives Landwirtschaften unter Einsatz von Kunstdünger und Pestiziden mit hohen Hektarerträgen, aber den Nachteilen und Risiken, die sich für die Bodenfauna damit ergeben. Pestizide, also Spritzmittel gegen Insekten, Bakterien, Pilze und so genannte Unkräuter, geraten immer teilweise in den Boden, können sich dort in Organismen anreichern und als Abbauprodukte bis in das Grundwasser

---

334 Raoul Heinrich Francé: Das Leben im Boden. Das Edaphon. Neuauflage. Edition Siebeneicher, Deukalion Verlag, Hamburg 1995, ISBN 3-930720-02-7

335 https://www.agrarheute.com/technik/ackerbautechnik/pfluglose-bodenbearbeitung-pro-contra-513975; 05.10.2016.

gelangen. Beispielsweise hat man EU-weit in 317 Bodenproben 76 Pestizidrückstände nachgewiesen, mehr als vier Fünftel der Böden enthielten einen oder mehrere Rückstände.[336]

Die meisten davon zwar im Rahmen der amtlich zugelassenen Menge pro Kilogramm Trockenmasse Erde, aber diese Grenzwerte geben keine Auskunft über die Wirkung auf Bodenorganismen. Regenwürmer sind in der Regel die bevorzugten Zielorganismen, in denen sich diese Rückstände anreichern und letztlich zu deren Absterben beitragen.[337] Ebenso wurden die Abbauprodukte von Pestiziden im Grundwasser gefunden, wo sie nicht weiter abgebaut werden, sondern im sich im Fall der Trinkwassergewinnung wieder im Wasserkreislauf befinden. Brechen Sie aber nun nicht den Stab über die bösen Landwirte, denen gar nichts anderes übrigbleibt als der Biozideinsatz zum wirtschaftlichen Überleben. Und zu unserem Überleben. Die Alternative wäre Ökolandbau und über alle Getreidesorten gemittelt der Verzicht auf rund 52 Prozent des Hektarertrags.[338] Was natürlich eine wesentliche Teuerung der Lebensmittel bedeuten würde. Oder den Import von Erzeugnissen aus konventionellem Landbau, was die Sache konterkarierte.

Ein anderes Thema ist der Schwermetalleintrag in landwirtschaftlich genutzte Böden. Eisen, Mangan, Zink und Kupfer sind essenzielle Pflanzennährstoffe, die in Spuren notwendig, im Überschuss aber toxisch sind. Problematisch sind Blei, Cadmium, Uran und

336 Vera Silva et al.: Pesticide residues in European agricultural soils – A hidden reality unfolded; Science of the Total Environment, 653 (2019) 1532-1545

337 Steffen Krumm: Der Regenwurm als Bioindator: Einfluss von Schwermetallen und Pestiziden auf den Ionentransport über das Integument von Lumbricus terrestris. Dissertation September 2005, Institut für Tierphysiologie der Justus-Liebig-Universität Gießen.

338 https://www.oekolandbau.de/handel/marktinformationen/der-biomarkt/marktberichte/ertraege-im-biologischen-und-konventionellen-landbau/

Quecksilber, die zwar je nach Bodenart in unterschiedlichen Mengen überall zu finden sind, sich aber je nach Bodenstruktur anreichern können. Vor allem dann, wenn die in Kapitel 6. genannten Metalle als Gärreste der Biogasanlagen auf die Felder gebracht werden. Nicht zu vergessen dabei der Uran-Eintrag durch mineralischen Phosphatdünger. Eine übliche Phosphatdüngung von 22 kg pro Hektar und Jahr bringt immerhin einen Eintrag von 10 bis 22 Gramm Uran auf diese Fläche. Und dies Jahr für Jahr. Ebenfalls nicht zu vergessen Klärschlamm als Dünger, der je nach Herkunft 4 bis 32 Milligramm Uran pro Kilogramm Trockenmasse enthält. Demgegenüber beträgt die Auswaschung durch Regen und Erosion nur einen Bruchteil davon.[339] Auf diese Weise ist eine Urananreicherung im Boden unvermeidbar, womit über die Pflanzen das Schwermetall in die Nahrungskette gerät. Vorerst kein Grund zur Panik, denn natürliches Uran kommt weltweit in Spuren vor. Auch in den Ozeanen sind geschätzt vier Milliarden Tonnen enthalten.

Kommen wir zur Biodiversität und legen dabei die Definition der Vereinten Nationen zugrunde. Das ist die Vielfalt unterschiedlicher Arten, die genetische Vielfalt innerhalb einzelner Arten, die Vielfalt an Biotopen und Ökosystemen sowie an Ökosystemfunktionen. Zu den Letzteren gehören Bestäubung und Samenverbreitung. Sie werden fragen, was hat das alles mit Klimawandel und großer Transformation zu tun? Und gar mit der Volksverdummung im Titel dieses Buches? Wie in Kapitel 1. dargelegt kann die ungehinderte Vermehrung einer Art durch ihren Stoffwechsel eine radikale Änderung der Atmosphäre und damit des Weltklimas verursachen. Waren es vor 2,4 Milliarden die Cyanobakterien, die zur großen Sauerstoffkatastrophe und damit zum ersten großen Massensterben führten,

339 Scinex Das Wissensmagazin, 6. September 2022. Hier Verweis auf Jahresbericht der Bundesforschungsanstalt für Landwirtschaft, Braunschweig, 16.02.2005.

so sind es heute die Menschen, die mit ihrem Tun das sechste große Massenaussterben verursachen, sei es durch die Zerstörung von Lebensräumen, sei es durch den anthropogen verursachten Klimawandel.[340]

Dazu ein paar nackte Zahlen. Von knapp 97.000 gelisteten Tier- und Pflanzenarten sind 27.000 vom Aussterben bedroht,[341] derzeit leben 60 Prozent weniger Wirbeltiere auf der Erde als noch 1970.[342] Allein in Deutschland ist die Menge der Fluginsekten seit 1989 um rund 75 Prozent zurückgegangen.[343] Bienen, Hummeln und andere Bestäuber sind für uns kostenlose Dienstleister, deren Tätigkeit allein in Deutschland auf einen Geldwert von 3,8 Milliarden Euro geschätzt wird.[344] Verschwinden die geflügelten Dienstleister, dann bleibt dem Menschen die mühselige Arbeit der Bestäubung, will er nicht auf die bunte Palette begehrter Früchte verzichten. So wie in China, wo es seit dem immensen Einsatz von Pestiziden, vor allem Insektiziden, in manchen Landstrichen überhaupt keine Bienen mehr noch andere sechsbeinige Bestäuber gibt. Da müssen eben Menschen mit Pinsel und Wattestäbchen die Bäume hochklettern.

---

340 Bradford C. Lister, Andres Garcia: Climate-driven declines in arthropod abundance restructure a rainforest food web; PNAS Vol. 115, No. 44, E10397-E10406; https://doi.org/10.1073/pnas.1722477115

341 The IUCN Red List of Threatened Species, 2022-1 (https://www.iucnredlist.org/)

342 WWF Report 2018: Living Planet Report 2018: Aiming Higher. ISBN 978-2-940529-90-2

343 Hallmann CA, Sorg M, Jongejans E, Siepel H, Hofland N, Schwan H, et al. (2017): More than 75 percent decline over 27 years in total flying insect biomass in protected areas. PLoS ONE 12 (10): e0185809. https://doi.org/10.1371/journal. pone.0185809 Editor: Eric Gordon Lamb, University of Saskatchewan, Canada

344 Christian Lippert et al.: Revisiting the economic valuation of agricultural losses due to large-scale changes in pollinator populations; Ecological Economics, Volume 180, February 2021, 106860.

Trübe Aussichten angesichts der demografischen Entwicklung in ganz Europa.

Das EU-Vorhaben Biodiversität im Rahmen des Green Deal wird dann zur Farce, wenn diese schon zerstört ist. Wenn Tausende von ehemals heimischen Pflanzen und Tieren nicht mehr existieren. Und wenn über das Ballastwasser der Schiffe Organismen eingeschleppt werden, die im neuen Siedlungsland keine natürlichen Feinde haben, sich ungehindert vermehren und ausbreiten, einheimische Arten rigoros verdrängen. Oder über Pelztierfarmen oder anderen Tierhaltungen zum Beispiel der Marderhund und der Waschbär in Deutschland heimisch werden. Ersterer hat nach Genom-Analysen durchaus das Potenzial, COVID-19-Viren zu übertragen. Die Viren können an Genen für Membranproteine andocken, womit die Tiere zu Überträgern werden. Man braucht also keine chinesischen Fledermäuse dazu.[345] Letzten Endes wird mit den gut gemeinten Bemühungen die gesamte Natur eines Kontinents in die große Transformation mit einbezogen.

Biodiversität, Renaturierung, zurück zur Natur: Wovon Europäische Union und nationale Regierungen träumen, das ist zum Teil unwiederbringlich verloren und wenn nicht, nur mit hohem Kostenaufwand wieder zu erlangen. Da ist es wie beim Auto: Wenn Sie das betrunken an die Wand fahren, dann zahlt keine Versicherung die Reparatur, das müssen Sie schon selbst zahlen. Aber auch nach der teuren Reparatur wird das Auto nie wieder so sein wie früher. Die Trunkenheit der Menschheit heißt Wirtschaftswachstum und mehr, immer mehr. Und sie vergisst die Weisheit, die Äsop[346] in

345 Luis J. Chueca et al.: De novo Genome Assembly of the Raccoon Dog (Nyctereutes procyonides); frontiers in Genetics, 29 April 2021; doi 10.3389/fgene.2021.658256.

346 Äsop (ca. 600 v. Chr.), Sklave und Dichter vieler Fabeln, die im 17. und 18. Jahrhundert u. ae. von La Fontaine und Gotthold Ephraim Lessing wieder verfasst wurden.

einer Fabel einen Frosch zum anderen sagen ließ: „Was dir heute nutzt, kann dir morgen schaden, darum denke nach, bevor du handelst." Später wurde daraus in einer spätmittelalterlichen Exempelsammlung der Spruch „Was auch immer du tust, tue es klug und bedenke das Ende.[347]

Die schöne neue EU-Welt malt uns mit dem Beamer noch eine Reihe weiterer bunter Träume an die Wand. Träume, die in Wirklichkeit Forderungen sind und von der Bevölkerung bezahlt werden müssen. Zum Beispiel sanierte, energieeffiziente Gebäude. 2019/2020 gab es in Deutschland etwas über 19 Millionen Wohngebäude, davon knapp 16 Millionen Ein- und Zweifamilienhäuser, der Rest Mehrfamilienhäuser. Damit etwa 40 Millionen Wohneinheiten mit insgesamt 3,75 Milliarden Quadratmetern beheizte Nettogrundfläche. Ergänzt wird der Baubestand mit fast 2 Millionen Nichtwohngebäuden, also Geschäften, Büros, Werkstätten und Industriebetriebe. Die bringen es auf 3,5 Milliarden Quadratmeter beheizte Nettogrundfläche und bedürfen ebenso der Sanierung hinsichtlich Energieeffizienz [(348)].

Diese Zahlen mögen für einen Zahlenfetischisten interessant sein, sind aber zunächst nichtssagend. Brisanz zeigt sich erst dann, wenn man die Bausubstanz nach dem Baujahr sortiert und feststellt, dass 76,5 Prozent aller Wohngebäude vor 1990 gebaut wurden und damit als energetisch unzureichend isoliert gewertet werden müssen, sprich 14,5 Millionen.[349] Frankreich befindet sich mit recht ähnlicher Altersstruktur der Bausubstanz fast in der gleichen Situation

347 Quidquid agis, prudenter agas et respice finem. Zitat aus Gesta Romanorum.

348 Deutsche Energie-Agentur: dena Gebäudereport 2021 – Fokusthemen zum Klimaschutz im Gebäudebereich. 76 Seiten.

349 Statistische Ämter des Bundes und der Länder: Wohngebäude nach Baujahr, 5. Juni 2018.

wie Deutschland, auch hinsichtlich der Struktur und Nutzung der Nichtwohngebäude.[350] Man kann davon ausgehen, dass es in den anderen EU-Staaten ebenso aussieht, also rund drei Viertel aller Gebäude energetisch sanierungsbedürftig sind im Sinne der EU-Energieeffizienz. In Mitteleuropa und im Norden Isolierung gegen Kälte, im Süden gegen Wärme, denn auch die Raumkühlung kostet Energie. Ergibt sich wie in Kapitel 9. dargelegt allein für die energetische Gebäudesanierung in Deutschland fast eine Billion Euro Kapitalbedarf, so kann man das auf die gesamte EU getrost auf mindestens fünf Billionen hochrechnen. Wer das bezahlen soll? Natürlich die Hausbesitzer, die haben mit ihrem Besitztum die nötigen breiten Schultern, um die Lasten zu tragen. Niemand in den Bürokraten- und Regierungspalästen schert sich um betriebswirtschaftliche Aspekte, denn erforderliches Kapital muss immer erwirtschaftet werden, sei es vor der Investition oder danach, um den notwendigen Kredit zu tilgen. Die Alternative wäre die Insolvenz, denn Hausbesitzer sind keine systemrelevanten Unternehmen, die auf staatliche Rettung bauen dürfen.

Eine weitere Fiktion aus dem Wunschdenken zum Thema große Transformation: Langlebigere Produkte, die repariert, wiederverwertet und wiederverwendet werden können. Im Klartext, es geht um Gebrauchsgüter in Haushalt, Gewerbe und Industrie, die entweder ganz oder teilweise in außereuropäischen Ländern hergestellt werden. Oder man benötigt für deren Herstellung in Europa wichtige Bauteile aus außereuropäischen Gegenden. Etwa Chips zur Steuerung eben dieser Geräte. Dabei geht es nicht nur um Autos, fast jedes Gerät in unserem Umfeld ist ohne diese elektronischen Diener undenkbar, sei es die Kaffeemaschine in der Küche oder der

350 Deutsch-Französische Energieplattform / Deutsche Energie-Agentur (dena): Vergleichende Untersuchung zur Effizienzpolitik Gebäude Frankreich – Deutschland, Dezember 2019.

Heizkessel im Keller. Dazu die Gewissensfrage an Sie: Würden Sie als Unternehmer oder Unternehmerin Geräte so konzipieren und bauen, dass sie fortwährend repariert oder ausgeschlachtet werden können als Ersatzteilbasis für andere Geräte? So wie die Bundeswehr ihre Panzer und Kampfjets im Rahmen des Kaputtsparens. Sofern Sie nicht gleichzeitig einen lukrativen Ersatzteilsektor aufbauen, der Ihnen Gewinne beschert, wären Sie allein vom unternehmerischen Aspekt her gezwungen, den Schwerpunkt auf die Produktion und den Verkauf von Neugeräten zu setzen. Genau aus diesem Grund ist die Chassis vieler Geräte so verschweißt oder mit Sonderschrauben gesichert, dass eben diese Reparaturen nicht möglich sind. Vordergründig natürlich mit der Begründung der Gerätesicherheit zum Schutz des Anwenders. Damit der nicht auf die Idee kommt, selbst den Schraubenzieher in die Hand zu nehmen.

Neben diesem Aspekt die nächste, noch wichtigere Frage: Wer soll eigentlich reparieren? Natürlich entsprechend ausgebildete Handwerker und Techniker. Aber wo gibt es die in ausreichender Zahl angesichts einer europaweiten Abiturientenschwemme[351] und daraus resultierender Jugendarbeitslosigkeit von Hochschulabsolventen mit Studienfächern, für die niemand in der Volkswirtschaft Verwendung hat. Dazu die Gescheiterten ohne jegliche Berufsausbildung, in der Summe europaweit 14 Prozent aller 15 bis 24-Jährigen. In Spanien und Italien über 24 %, in Frankreich und Portugal über 17 %.[352] Genau diese Länder haben die höchsten Abiturientenquoten. Zynisch formuliert, lieber einen schönen Masterabschluss als die Fähigkeit zum eigenen Lebensunterhalt.

351 Eurostat: Bildungsabschluss im Tertiärbereich nach Geschlecht; https://ec.europa.eu/eurostat/databrowser/view/sdg_04_20/default/table?lang=de

352 Statista: Europäische Union: Jugendarbeitslosenquoten in den Mitgliedsstaaten um Juli 2022. Veröffentlicht von Bruno Urmersbach, 06.09.2022.

Dabei darf man nicht vergessen, dass sich hohe Abiturientenquoten mit inflationär ansteigenden Einser-Durchschnitten nur mit entsprechender Niveauabsenkung erzielen lassen. Denn die Gaußsche Normalverteilung bleibt auch für Intelligenz und kognitive Leistung eine Glockenkurve, die man in Richtung „mehr Abitur“ nur verschieben kann, wenn man den Leistungsanspruch senkt. Dazu ein Beispiel aus grauer Vorzeit. Ein 17-Jähriger stellte sich im Spätsommer 1835 der Reifeprüfung. Ihn erwarteten

- fünf Stunden Deutscher Aufsatz
- fünf Stunden Lateinischer Aufsatz
- fünf Stunden mathematische Arbeit
- zwei bis drei Stunden Übersetzung Deutsch-Lateinisch
- zwei bis drei Stunden Übersetzung Deutsch-Französisch
- zwei bis drei Stunden Übersetzung Griechisch-Deutsch
- fünf Stunden Aufsatz Religion.

Damit nicht genug, einen Monat später unabhängig vom schriftlichen Ergebnis die mündliche Prüfung in sieben Fächern an drei Tagen: Lateinisch und Griechisch, Französisch, Mathematik, Naturwissenschaften, Geschichte, Religion. Noch Fragen zum Leistungsniedergang? Der Prüfling war übrigens Karl Marx.[353]

Die Konsequenz der Anspruchsreduzierung ist, dass 25 Prozent aller Studienanfänger in Deutschland keinen Abschluss schaffen, in den Naturwissenschaften und Mathematik sind es 40 Prozent.[354]

353 Rainer Bölling, Bundeszentrale für politische Bildung: Das Tor zur Universität – Abitur im Wandel. 10.12.2016. https://www.bpb.de/themen/bildung/dossier-bildung/238795/das-tor-zur-universitaet-abitur-im-wandel/

354 Destatis Statistisches Bundesamt: Bildung und Kultur – Erfolgsquoten, Berechnung für die Studienanfängerjahrgänge 2008 bis 2012, Stand 2020.

Das sind mehr als 725.000 Menschen auf einen Zeitraum von fünf Jahren, die eigentlich einen Teil ihres Lebens verplempert und gleichzeitig den Steuerzahlern auf der Tasche gelegen haben. Sprich, außer Spesen nichts gewesen. Die Schuld der Hochschulen, die eine Niveauabsenkung wie im Gymnasium verweigerten?

Handwerk und Industrie in ganz Europa suchen händeringend Auszubildende, bedingt durch eben diese Bildungssackgasse und natürlich auch die demografische Entwicklung. Woher sollen also die Menschen kommen, die als Handwerker für den Reparatursektor infrage kommen? Denn Reparatur wird anders als Produktion wenigstens in den nächsten Jahrzehnten nicht von Robotern durchgeführt werden können. Die Industrie 4.0 hat da keine Chance. Folglich bleibt auch dieses EU-Vorhaben Wunschdenken, das man der Bevölkerung vorgaukeln kann.

Zukunftsfähige Arbeitsplätze und Vermittlung der für den Übergang notwendigen Kompetenzen. Weltweit wettbewerbsfähige und krisenfeste Industrie. Auf diese letzten Punkte auf der EU-Wunschliste bräuchte man eigentlich nicht gesondert einzugehen, denn sie erinnern zu sehr an das übliche Blabla in der Politik. Zukunftsfähige Arbeitsplätze kann man nicht im Voraus planen. Sonst müsste man bereits in der Gegenwart wissen, wie die Zukunft aussieht. Und wie weit soll der Blick in die Zukunft reichen? Wir können abschätzen und spekulieren, aber Zukunft ist die dichte Nebelwand vor uns, die wir mit dem Prinzip Hoffnung zu durchstochern versuchen. Aber statt im Nebel der Sonne entgegenzuwandern können wir auch in einen dunklen Abgrund fallen.

Wer dachte 2019, dass ein etwa 100-millionstel Millimeter großer Partikel, das SARS-Co-V2-Virus, für mehr als ein Jahr die gesamte Weltwirtschaft lahmlegen kann und damit den globalen Warenfluss durcheinanderbringt? Dass anschließend nichts mehr so ist, wie es früher war, weil dieses Ereignis nicht nur Änderungen im Sozialverhalten, sondern auch auf dem Arbeitsmarkt zur Folge hatte. Plötzlich fehlen Menschen dort, wo sie früher waren. Und es fehlen Rohstoffe und Erzeugnisse, weil ein Land wie China zur innenpolitischen Beruhigung den Lebensstandard im eigenen Land erhöhen will, auf dem Weltmarkt Spekulationspreise bezahlt und damit Lieferengpässe in den alten Industrieländern verursacht. Nicht nur durch den Produktionsstillstand infolge COVID-19. Ebenso die Entwicklung in Indien, der weltweit am schnellsten wachsenden Volkswirtschaft, verbunden mit dem entsprechenden Energiehunger. Man fühlt sich an den Schmetterlingseffekt in der Chaostheorie erinnert. Irgendwo in der Welt fliegt erschreckt ein Schmetterling auf und mit der Wirkung seines Flügelschlags startet eine sich selbst verstärkende Kette von Ereignissen, die schließlich in einem unvorhersehbaren großen Geschehnis endet.[355,356]

Und wer dachte noch 2021, dass Wladimir Putin, seit 2000 Präsident der Russischen Föderation, einen Eroberungskrieg gegen die Ukraine beginnen würde, der für die EU-Staaten zum Energie-Desaster wurde. Insbesondere für Deutschland. Obwohl, wer sich mit russischer Geschichte beschäftigte, der wusste um die Zählebigkeit des Panslawismus, der die Politik des Zarenreichs ebenso bestimmte wie die Phase der UdSSR. Und der wusste auch, dass dieses Streben, alle slawischen Völker unter einer Herrschaft zu vereinen, bis heute nicht nur latent Bestand hat. In diesem Fall lag kein Schmetterlingseffekt vor, dieser Krieg war lange geplant, die radikale Zerstörung

---

355 Edward N. Lorenz: Predictability: Does the flap of a butterfly's wings in Brazil set off a tornado in Texas? Vortrag 1972 zur Jahrestagung der American Association for the Advancement of Science.

356 Edward N. Lorenz: Deterministic Nonperiodic Flow; Journal of the Atmospheric Sciences, 20, Nr. 2, März 1963, S. 130-141; doi:10.1175/1520-0469(1963)020<0130:DNF>2.0.CO;2.

jeglicher Infrastruktur des zu erobernden Landes Basis des Kalküls sowie die Überzeugung, dass die russische Bevölkerung eher bereit ist Entbehrungen zu ertragen als die im Westen, speziell in Europa.

Alle Planung für die Zukunft war plötzlich Makulatur, statt der Träume einer schönen CO_2-freien Zukunft das Gespenst des wirtschaftlichen Zusammenbruchs, der Insolvenzen, der sozialen Unruhen und des Abschieds vom energetischen Luxusleben. Zur Beruhigung der EU-Bevölkerung wurden und werden allerorts Entlastungspakete geschnürt, sei es in Deutschland, Frankreich, den Niederlanden oder anderswo. Kleinkrämerisch sparsam zu denken ist verpönt, nicht kleckern, sondern klotzen ist angesagt. Alles im Bewusstsein, dass letzten Endes die Rechnung denen präsentiert wird, denen damit geholfen werden soll. Denn die Neid-Taktik mit Übergewinnen, Sondergewinnen und Reichensteuer wird wesentlich weniger zurückbringen als die allein von der deutschen Bundesregierung bereitgestellten hunderte von Milliarden Euro.[357] Das war erst der Beginn der bombastischen Verschuldung. Es bleibt der verzweifelte Versuch, die Stabilität des Bauwerks Demokratie zu retten, weil die Fundamente von ihren Konstrukteuren statisch falsch berechnet sind. Dazu bedient man sich regierungsseitig schon mal gerne des Instruments der Volksverdummung.

Zur letzten großen Schlagzeile der schönen neuen EU-Welt: Weltweit wettbewerbsfähige krisenfeste Industrie. Sofern diese existierte, wären zukunftsfähige Arbeitsplätze von vorneherein eine Selbstverständlichkeit. Dass die EU-Industrie alles andere als krisenfest ist, beweisen die wirtschaftlichen Probleme, die seit der COVID-19-Pandemie weltweit auftreten. Seit Jahrzehnten haben die großen

357 Bundesministerium der Finanzen: Schnelle und spürbare Entlastung in Milliardenhöhe; 05.09.2022. https://www.bundesfinanzministerium.de/Content/DE/Standardartikel/Themen/Schlaglichter/Entlastungen/schnelle-spuerbare-entlastungen.html

Chefökonomen die weltweite wirtschaftliche Verflechtung gepredigt. Die Kostenrechnung vieler Unternehmen führte zum Outsourcing, anfangs in die Nachbarländer, dann immer weiter um den Globus. Auf diese Weise entstanden wechselseitige Abhängigkeiten. Das feierten die Wirtschaftsweisen als Segen für alle beteiligten Länder. In der Theorie mögen sie Recht gehabt haben. Denn eine weltwirtschaftliche Verflechtung reduziert die Wahrscheinlichkeit von Konflikten unter den verflochtenen Ländern. Wäre da nicht die Fünf-Prozent-Faustregel, die nicht nur im Sozialbereich, sondern auch im Geschäftsleben gilt. Der Automobilhersteller Henry Ford soll einmal gesagt haben, ein Kunde, der mehr als fünf Prozent seines Umsatzes ausmache, sei nicht sein bester Kunde, sondern sein potenzieller Feind. Denn damit entsteht unter Umständen eine gefährliche Abhängigkeit, die existenzbedrohend sein kann.

In diese Falle sind Trippelschritt für Trippelschritt viele Industrie- und Handelsunternehmen hineingeraten. Deutschland im Falle des Gas- und Rohölimports aus Russland unter der Regierung Merkel mit Riesenschritten. Und gegenüber China, auch wenn der moralische Zeigefinger gehoben wird wegen diverser Menschenrechtsverletzungen. Dabei geht es nicht nur um Mikrochips und Datenverarbeitungsgeräte, sondern um ganz banale Dinge wie elektrische Geräte, Werkzeuge, Armaturen für Sanitärbedarf, Textilien und chemische Erzeugnisse. Besonders prekär ist die Situation bei den Antibiotika und anderen Arzneimittelgrundstoffen. 80 bis 90 Prozent aller Wirkstoffe werden in China oder Indien produziert. Einzig und allein Penicillin wird mit staatlicher Unterstützung noch in Europa hergestellt, sonst keine Antibiotika mehr [(358)]. Für 50 Millionen Euro hat die österreichische Regierung in Wien für zehn Jahre den Verbleib des Produktionsstandortes in Tirol erkauft.

358 Frankfurter Allgemeine Zeitung: Andreas Mihm; Penicillin-Hersteller bleibt doch in Europa, 27.07.2020

Prekär wird es dann, wenn bei den außereuropäischen Herstellern Produktionsstillstand oder Qualitätsprobleme auftreten. Zum Beispiel beim Blutdrucksenker Nifedipin, dessen Wirkstoff beim indischen Hersteller nicht den europäischen Reinheitsbestimmungen entsprach und das deshalb für Monate nicht verfügbar war. Wie in Indien behördliche Kontrollen/Audits verlaufen können, mag man sich vorstellen, wenn man selbst einmal für einige Zeit in Indien gewesen ist.

Analoges hinsichtlich der Lieferfähigkeit gilt für eine Vielzahl anderer Chemikalien, die in Europa ab einer Tonne nur noch dann hergestellt und verarbeitet werden dürfen, wenn sie nach der REACH-Verordnung[359] bei der ECHA[360] registriert und zugelassen worden sind. Da werden rasch siebenstellige Beträge fällig, mehr als bei der Arzneimittelentwicklung in der präklinischen Phase. Sofern Umsatz und Gewinnmarge bei diesen Stoffen die Registrierungs- und Zulassungskosten nicht kompensieren können, werden diese Stoffe eben nicht mehr in Europa hergestellt. Und dann streitet man sich mitunter mit der ECHA, ob Erdnussbutter in einer mechanischen Mausefalle als Biozid registrierungs- und zulassungspflichtig ist, obwohl sie als Lebensmittel eingestuft wird.[361] Weil die Erdnussbutter als Lockmittel wirkt. Damit soll nicht Sinn und Zweck der REACH-Verordnung infrage gestellt werden. Aber sie weist doch zuweilen sonderbare bürokratische Blüten auf.

Soll die schöne neue EU-Welt nicht von vorneherein zur Scheinwelt werden, dann müssen sich die Nationalökonomen als Ratgeber für Industrie und Wirtschaftspolitik von der Idee einer absoluten

359 REACH: **R**egistration, **E**valuation, **A**uthorisation an Restriction of **Ch**emicals.

360 ECHA: **E**uropean **Ch**emicals **A**gency

361 ECHA, Board of Appeal, A-013-2017, 4 April 2019: Decision of the Board of Appeal of the European Chemicals Agency.

Globalwirtschaft verabschieden. Es wird dann auch in den Lehrstühlen der Volkswirtschaft der Universitäten wieder schick sein, über autarke Wirtschaftsräume zu dozieren. Und vielleicht würde dann die oben erwähnte Fünf-Prozent-Faustregel Eingang in die Lehrbücher finden. Zum Beispiel jeweils nur fünf Prozent Energieträger wie Erdgas oder Erdöl aus je einem Lieferland. Fünf Prozent Datenverarbeitungsgeräte, Chemikalien und vieles mehr. Zugegeben, das sind Fantastereien eines Naturwissenschaftlers, der gewohnt ist, logisch zu denken. Und zwar über den Tellerrand des Tagesgeschehens hinaus.

12.

Die Dummen zur Kasse bitte

Die Träume von der großen Transformation, die zu verwirklichen den Völkern Europas und letztlich der ganzen Welt auferlegt wird, erfordern nicht nur ein epochales Umdenken bezüglich der Lebensgestaltung und der materiellen Lebensgrundlagen, sondern auch Unmengen an Energie. Energie im doppelten Sinn: Die mentale Energie und Stärke der Menschen, auch bei Inkaufnahme einer Minderung des Lebensstandards und der Versorgungssicherheit den Übergang zu einer CO_2-freien Weltwirtschaft zu verwirklichen. Und die physikalische Energie, die für diesen Übergang unabdingbar ist. Denn das bedeutet nichts anderes, als die nicht-fossilen Energieformen Licht, Wind und Wasser in elektrische Energie umzuwandeln, um diese entweder direkt zu nutzen oder Energiespeicher aufzufüllen. Das können Batterie-Großanlagen sein, Pumpspeicherkraftwerke, Wasserstoff oder Stoffe, die über die Wasserstoff-Schiene erzeugt, gespeichert, direkt genutzt oder in andere Stoffe umgewandelt werden. Darin eingeschlossen die Energie, die das dann geschaffene neue Weltwirtschaftssystem zu seiner Aufrechterhaltung benötigt.

Erfahrungsgemäß ist die mentale Energie wesentlich schwerer aufzubringen als die physikalische. Schon gar nicht, wenn die Menschen dazu kritische und damit unbequeme Fragen stellen. Etwa die Frage, ob nicht die Überbevölkerung auf diesem Globus die Hauptursache für das CO_2-Problem und andere existenzbedrohende Probleme sei. So, wie der Zusammenhang in Abbildung 6 und 7 in Kapitel 2. es nahelegt. Wobei bislang noch völlig offen ist, ob die CO_2-Emission wirklich die einzige Ursache der Änderung des Wettergeschehens ist. Wie in Kapitel 1. erwähnt könnte auch der Ozonabbau über der Antarktis und der Arktis in der Stratosphäre und die damit verbundene Änderung der Jetstreams eine entscheidende Rolle spielen. Aber der herrschende Mainstream ist sakrosankt, unantastbar heilig. Ihn in Frage zu stellen ein Sakrileg. In Frage stellen kann, wer gelernt hat, frei zu denken und das erforderliche Wissen besitzt.

Unterstellen wir bei den folgenden Betrachtungen für Deutschland, die EU und die gesamte Welt den in Kapitel 5. aufgeführten Primärenergieverbrauch. Der setzt sich zusammen aus dem Endenergieverbrauch und den Energieverlusten, die bei der Erzeugung von Endenergie aus der Primärenergie entstehen. Bei der „grünen" Energieerzeugung läuft es nicht anders ab, auch da sind Energieverluste unvermeidbar, weshalb mit dem Primärenergiebedarf kalkuliert werden muss. Denn der muss letztlich erzeugt werden. Unterstellen wir weiterhin, dass dieser Primärenergiebedarf national und global in den nächsten 30 Jahren unverändert bleibt.

Das ist zwar völlig irreal, denn die fortschreitende Digitalisierung wird wesentlich mehr Energie benötigen als in anderen Bereichen Energie eingespart werden kann. Außerdem werden die Milliarden Menschen, die augenblicklich am Existenzminimum und damit auch am Energieminimum leben, etwas besser leben wollen, sofern man sie lässt. Aber der eingefrorene Energiebedarf erleichtert unsere folgenden Berechnungen. Gehen wir dabei nicht wie in Kapitel 8. Tabelle 2 vom gegenwärtigen Leistungsstand der Anlagen aus, sondern von den in Zukunft zu erwartenden Anlagen, die sich in Planung befinden. Also dann von fünf Megawatt bei Onshore-Windenergieanlagen und zehn Megawatt bei Offshore. Bei Photovoltaikanlagen der Jahre 2000 bis 2021 beträgt der Wirkungsgrad maximal 20 Prozent. Neue Tandem-Photovoltaik könnte in Zukunft den

Wirkungsgrad auf 40 Prozent steigern.[362] Dann könnte man in Mitteleuropa mit einer Stromerzeugung von ca. 400 kWh pro Jahr und Quadratmeter rechnen. Von diesen Werten ausgehend können wir dann das Szenario erweitern. Nachfolgende Tabelle zeigt Ihnen den Bedarf an nicht-fossilen Energieerzeugungsanlagen auf. Die errechneten Zahlen sind zur besseren Lesbarkeit auf 1000 aufgerundet.

Tabelle 4

	Deutschland 3.387 Mrd.kWh	**EU-27 22.685 Mrd.kWh**	**Welt 157.098 Mrd. kWh**
Photovoltaik			
Modulfläche km²	9400(1)	40.000 (2)	40.000 (3
WEA onshore(4)	428.000	2862.000	19.820.000
Fläche km² onshore	66.000	441.000	3.053.000
WEA offshore(5)	111.000	738.000	51.100.000
Fläche km² offshore	22.000	147.000	10.220.000

(1) PV-Module mit 180 kWh/m²;Jahr (2) PV-Module mit 290 kWh/m²;Jahr
(2) PV-Module mit 200 kWh/m²;Jahr (4),(5) Werte nach Tabelle 2. Kapitel 8

Wie in Kapitel 8. erwähnt steht für die Offshore-Windkraft lediglich eine ausgewiesene Fläche von 3100 Quadratkilometern zur Verfügung. Nehmen wir noch ein Teil der Küstenstreifen in Nord- und Ostsee hinzu, so kommen wir maximal auf 3500 Quadratkilometer. Darauf haben gerade mal 17.500 WKAs Platz, was einer künftigen Energieerzeugung von 534 Milliarden Kilowattstunden entspricht. Wohlgemerkt bei modernen 10-Megawatt-Anlagen. Folglich muss

362 Fraunhofer-Institut für Solare Energiesysteme ISE: Tandem-Photovoltaik – der Weg zu höheren Wirkungsgraden. 2022.

die Differenz zu den 3387 Milliarden Kilowattstunden, also 2853 Milliarden, aus der Photovoltaik und den Onshore-WKAs kommen. Selbst wenn man Alle Wohnhäuser mit Solarheizung und Wärmepumpen ausstatten würde, verminderte sich der Bedarf nur um magere vier Prozent, denn die brauchen auch Strom zum Betrieb.

Mit Recht werden Sie nun einwenden, Biogasanlagen und Wasserkraft würden als nicht-fossile Energielieferanten einen weiteren Beitrag leisten. Wasserkraft ist zumindest in Deutschland ausgereizt, Genehmigungen sind aufgrund des bürokratischen und naturschützerischen Widerstands nicht mehr möglich. Folglich machte der aus Wasserkraft erzeugte Strom 2021 lediglich 3,6 Prozent der deutschen Stromerzeugung aus.[363] Beim Gesamt-Primärenergiebedarf spielt Wasserkraft eine so geringe Rolle, dass sie in der Statistik zusammen mit anderen als „sonstige Energieträger" gerade einmal 1,3 Prozent erreicht.[364] Selbst Pumpspeicherkraftwerke scheitern mit dem Genehmigungsantrag. Und Biogasanlagen mit den erforderlichen Monokulturen stehen der Artenvielfalt entgegen, die nach dem *Green Deal* der EU wiederhergestellt werden soll. Wie in Kapitel 6. dargelegt steht der Flächenbedarf an Monokulturen in keinem vernünftigen Verhältnis zur erforderlichen Stromproduktion. Also entweder oder.

Wenn wir uns also auf die verbleibenden zwei Optionen beschränken, dann können wir den Flächen- bzw. Anlagenbedarf der beiden in Abhängigkeit voneinander berechnen. *(Siehe dazu: Anhang, Seite 259, Abb. 16, **Erforderliche Anlagen PV/WKAs.**)*

---

363 Destatis, Pressemitteilung Nr. 116 vom 17. März 2022: Stromerzeugung 2021: Anteil konventioneller Energieträger deutlich gestiegen.

364 Umweltbundesamt Deutschland: Primärenergieverbrauch; 25.03.2022.

Wie aus der Abbildung hervorgeht, müsste man unter Berücksichtigung der Offshore-Windkraftanlagen (WKAs) entweder rund 8000 Quadratkilometer Photovoltaik und keine WKAs bereitstellen oder im anderen Extrem etwa 360.000 WKAs ohne Photovoltaik. Der Schnittpunkt der beiden Geraden ergibt angenähert 4000 Quadratkilometer Photovoltaik und 180.000 On-shore WKAs à 5 Megawatt.

Für Sie zur Ernüchterung: Stand 2021 waren in Deutschland 59,11 Gigawatt(Peak) Photovoltaik installiert, was einer Fläche von 295 Quadratkilometern entspricht. Im gleichen Jahr befanden sich in Deutschland aufgerundet 28.300 WKAs mit durchschnittlich knapp zwei Megawatt Leistung je Anlage. Geht man von einer 50:50-Verteilung für die restliche Energieerzeugung aus, so wären 180.000 Onshore-WKAs à fünf Megawatt Leistung erforderlich. Mit anderen Worten, bis zum 2045 von der deutschen Bundesregierung proklamierten fossilfreien Energieparadies müssen in den verbleibenden Jahren rund 150.000 Windkraftanlagen der höheren Leistung gebaut und 30.000 der alten Leistung ersetzt werden. Zudem warteten 3700 Quadratkilometer Photovoltaik auf ihre Installation. Und weiterhin für Sie zur Ernüchterung: Unterschiedlich von Bundesland zu Bundesland dauert der Prozess von der Planung bis zur behördlichen Genehmigung durchschnittlich zwei bis fünf Jahre. Dann erst darf die Anlage gebaut werden.[365] Wesentlich leichter tut man sich bei Photovoltaikanlagen auf Dächern und Fassaden, sofern kein Denkmalschutz oder Ensembleschutz dagegensteht. Auch auf Freiflächen bis zu neun Meter Länge und drei Meter Höhe braucht man keine Genehmigung, sofern keine Bebauungspläne dagegensprechen.

---

365 Bundesverband Windenergie: https://www.wind-energie.de/themen-mensch-und-umwelt/planung/#:~:text=Der%20Planungsprozess%20f%C3%BCr%20Windenergieprojekte%20ist,Genehmigung%204%20bis%205%20Jahre.

Angesichts dieses Planungsvorlaufs muss man sich die Frage stellen, ob sich das Parlamentspersonal in Ländern, Bund und EU überhaupt der Gesamtplanungszeit bewusst ist. In unserem Szenario 180.000 Genehmigungsprozesse von jeweils zwei bis fünf Jahre, denn auch die alten Anlagen müssen durch neue ersetzt werden. Dazu projektierte Baukosten auf der Preisbasis 2022 von 8,5 Millionen Euro pro 5-Megawatt-Anlage.[366] Insgesamt also mehr als 1,5 Billionen Euro. Rechnen wir die fehlende Photovoltaik noch hinzu, dann ergibt sich ein Gesamtinvestitionsvolumen von 2,6 Billionen Euro. Damit verbunden die Kosten für den Rückbau der konventionellen Energieerzeugungsanlagen, insbesondere der Kernkraft. Mit anderen Worten, die Umwandlung von funktionsfähigen Anlagen zu Bauruinen und deren Beseitigung im kindlichen Glauben, alle 195 Staaten dieser Erde hätten das gleiche Interesse, die finanziellen Mittel und die Fähigkeit, ihre gesamte Energiebasis auf nichtfossile Erzeugung umzustellen. Wobei offen bleibt, wie sich die Anlagenpreise angesichts Rohstoffknappheit, zusammengebrochener Lieferketten und Abhängigkeit von Zulieferländern weiterhin nach oben entwickeln. Sowohl für den Rückbau als auch für den Neubau. Denn in Deutschland werden weder die wesentlichen Teile für Windkraftanlagen noch für Photovoltaikanlagen hergestellt. Bislang nicht berücksichtigt in diesem Zusammenhang die Kosten für die erforderliche Infrastruktur, Stromkabel für die Offshore-WKAs, Stromtrassen für die flächendeckende Versorgung und vieles mehr. Die vollmundigen Propagandareden grüner und weniger grüner Abgeordneten nicht nur in Deutschland lassen in diesem Lichte nur den Schluss zu, dass sie entweder selbst keine Ahnung von der realen Lage haben oder diese im Sinne der Volksverdummung verschleiern. Man könnte durchaus von *Doppeldumm* sprechen.

---

366 https://www.energieatlas.bayern.de >thema_wind> daten

13.

Nicht zu Ende gedacht

Bei den gesamten Betrachtungen zur Gewinnung fossil-freier Energie haben wir geflissentlich unterschlagen, dass die Sonne nur tagsüber und der Wind nicht stetig weht. Wenn er zu schwach oder zu stark weht, dann stehen die Windkraftwerke still. Und dass der Himmel mal von Wolken verhangen und im Winter die Sonnenstrahlung schwächer ist. Und wir haben ebenso vorsätzlich vernachlässigt, dass der Energiebedarf in Haushalten, Gewerbe und Industrie stets Schwankungen unterliegt. Sei es Stunde für Stunde am Tag, sei es im Wochenrhythmus oder im Jahresverlauf. Weiterhin haben wir außer Acht gelassen, dass fossile Energieerzeugung stets eine Grundlast sicherstellen muss, damit das Stromnetz nicht zeitweise zusammenbricht. Das heißt, wenn kein Wind weht und keine Sonne scheint, dann müssen 100 Prozent Strom aus Energiespeichern kommen. Für die Netzagentur sorgt dieser Zappel- oder Flatterstrom aus Photovoltaik und Windenergie oft für graue Haare. Vornehm nennt man ihn volatiler Strom. Wenn aber greller Sonnenschein und Wind knapp unterhalb der Abschaltgrenze für Spitzenerzeugung sorgen, dann können die Kraftwerke nicht schnell genug herunterfahren. Folglich muss der Überschussstrom Abnehmer im Ausland finden. Denen ist er aber geschenkt noch zu teuer. Also muss die Überproduktion noch mit einem Geldgeschenk dem Abnehmer schmackhaft gemacht werden. In der Branche spricht man dann von Negativpreisen, ein Synonym für Verlustgeschäft. Hilft auch das nicht, dann erhalten die Windkraftbetreiber Stilllegungsprämien. Ähnlich wie die Landwirte von Zeit zu Zeit Stilllegungsprämien für Anbauflächen oder Schlachtprämien erhielten. Das ist dann etwa so, wie wenn ein Autohersteller vom Staat oder der EU Geld für jedes nicht produzierte Auto erhält.

Eine Windkraftanlage zu bauen dauert vom ersten Baggereinsatz bis zur ersten Umdrehung der Rotorblätter in der Regel weniger als sechs Monate.[367] Die administrativen Hindernisse einschließlich Umweltproteste, jahrelanger Genehmigungsverfahren und Kosten sind allerdings oftmals ernüchternd und nervtötend.[368] Von der Vorprüfung bis zur endgültigen Genehmigung zahlten vier Fünftel aller Investoren im Durchschnitt 230 Euro pro Kilowatt installierte Leistung. Das sind bei einer modernen Onshore-Anlage von fünf Megawatt allein 1,15 Millionen Euro Gebühren.[369] All das und noch mehr wird jedoch von den ideologie-affinen Umweltpredigern geflissentlich verschwiegen oder allenfalls verschämt heruntergespielt. Fakten lassen sich zwar unterschlagen, trotzdem existieren sie und verschwinden nicht aus der Welt.

Leider sind keine Daten über die zeitlichen Schwankungen des gesamten Primärenergiebedarfs national oder international verfügbar, so sehr man in den diversen Datenbanken auch sucht. Beschränken wir uns deshalb auf die Stromerzeugung aus Biomasse, Wasser- und Windkraft sowie Licht in Bezug auf den Stromverbrauch in Deutschland. *(Siehe dazu: Anhang, Seite 259, Abb. 17 und 17 b,* ***Stromerzeugung und Stromverbrauch Januar – Dezember 2021 bzw. März 2021****.)*

---

367 EnBW Energie Baden-Württemberg AG: Windkraft an Land; Bau und Planung

368 EnBW Energie Baden-Württemberg AG: Projekttierungs- und Genehmigungsprozess bei Windenergie Onshore

369 Jürgen Quentin: Dauer und Kosten des Planungs- und Genehmigungsprozesses von Windenergieanlagen an Land; Fachagentur für Windenergie an Land. Berlin, 24.02.2015. Gefördert durch Bundesministerium für Wirtschaft und Energie.

Wie Abbildung 17 zeigt, schwanken Erzeugung und Verbrauch sowohl im Monats- als auch im Tagesverlauf. Einem vergleichbaren Rhythmus unterliegt der weitaus größere Primärenergiebedarf, der bisher auf fossiler Energie basiert. Der Bruttoinlandsstromverbrauch belief sich 2021 auf 562 Milliarden Kilowattstunden,[370] das sind nur 16,7 Prozent des gesamten Primärenergieverbrauchs. Für den Gesamtenergiebedarf bräuchte man auf der Basis Strom durchschnittlich 387 Gigawatt Leistungsbereitschaft, die jede Sekunde, jede Minute zur Verfügung stehen müssten. Natürlich zuzüglich der Schwankungsunterschiede nach oben, wie Abbildung 18 zeigt. Sie erkennen daraus, wo wir heute hinsichtlich Transformation stehen und wohin wir müssten. *(Siehe dazu: Anhang, Seite 260, Abb. 18,* ***Leistungsbedarf nicht-fossiler Energieträger für den Gesamt-Primärenergiebedarf.****)*

Erschrecken Sie angesichts der letzten Abbildung nicht. Sie zeigt Ihnen, dass sich allein in Deutschland der Bestand an fossil-freien Energieerzeugungsanlagen binnen zwanzig Jahren versechsfachen müsste, um dann annähernd CO_2-frei zu sein. Dabei wurde der Einsatz von Biomasse einschließlich Biogas mitaufgeführt, obwohl die dafür erforderlichen Landflächen für Monokulturen dem Ziel der Artenvielfalt entgegenstehen. Angesichts des politisch gelenkten medialen Getöses um die bisher als Erfolge proklamierten Trippelschritte eigentlich eine Bankrotterklärung für die erklärten Ziele. Umweltministerien von Bund und Ländern verkünden regelmäßig die frohe Botschaft, grüner Strom mache bis zu 48 Prozent des Bruttostromverbrauchs aus. Damit wird dem Konsumenten suggeriert, die restlichen 52 Prozent schaffen wir dann spielend. In Wirklichkeit, siehe oben, sind es lediglich acht Prozent des gesamten Primärenergiebedarfs. Es liegt noch ein weiter Weg vor uns. Auch Statistik

370 BDEW Bundesverband der Energie- und Wasserwirtschaft e.V.: Stromerzeugung und –verbrauch in Deutschland, Stand 10.12.2021.

ist ein Instrument zur Volksverdummung, man muss nur die passenden Daten herauspicken und nicht genehme unterschlagen.

Ende 2021 lag der Bestand für Windenergie Onshore/Offshore sowie Photovoltaik bei insgesamt 70 Gigawatt Leistung.[371/372] Folglich bleibt für die restlichen rund 20 Jahre zur Zielerreichung eine Lücke von 330 Gigawatt. Im Durchschnitt wäre also ein realer jährlicher Zuwachs von rund 17 Gigawatt nötig. Unter Berücksichtigung des Rückbaus alter Windenergieanlagen gab es 2021 einen bundesweiten Netto-Zubau von 1,7 Gigawatt, also nur zehn Prozent des Benötigten. Noch Fragen zur irrwitzigen Energiepolitik der regierenden und ehemals regierenden Deutschen Parteien?

Dazu noch ein paar nackte Zahlen: im Vergleich zu 2020 ging die Stromerzeugung durch nicht-fossile Anlagen 2021 um 7,6 Prozent zurück, wogegen der Anteil an Kohleenergie um 24,9 Prozent zunahm. Kernenergie produzierte im Vergleichszeitraum 7,4 Prozent mehr Strom. Beide stehen auf der Abschussliste, beide bräuchte man zwingend, sollen angesichts der globalen Energiesituation seit 2022, nicht nur wegen des Krieges in der Ukraine, in Deutschland nicht die Lichter ausgehen und die Fabriken stillstehen.

Unterstellen wir ganz blauäugig, bis 2045 hätten es deutsche Regierungen – welche der jetzigen Parteien hat bis dahin überlebt? – und Investoren tatsächlich geschafft, die Photovoltaik und Windenergieanlagen soweit aufzubauen, dass eine Leistungsbereitschaft von 400 Gigawatt vorhanden wäre, wie oben im Diagramm dargestellt. Das wäre zwar ein Wunder, die aber können mitunter geschehen. Dann

---

371 IWR Internationales Wirtschaftsforum Regenerative Energien: News 21.01.2022.

372 Statista: Stromerzeugung durch Photovoltaik in Deutschland bis 2021; Statista Research Department, 06.04.2022. Anmerkung: Die Angabe in Terawattstunden wurde umgerechnet in Gigawatt (Basis Jahrestage und Stunden).

müssten bei Flaute und Wolken immer noch konventionelle Kraftwerke die Produktionslücken füllen, um die Energieversorgung zu gewährleisten. Was aber heißt, dass das Null-CO_2-Ziel immer noch nicht erreicht wäre. Folglich bräuchte man nicht-fossile Überkapazitäten, mit denen man Energiespeicher füllen könnte, um aus diesen bei Bedarf die Energieversorgung sicherzustellen. Die nachfolgende Abbildung zeigt in Etwa die installierte Leistung, die nötig wäre, die unter dem Strich bestehenden Lücken zu füllen. Das heißt, man müsste etwa das Doppelte an geplanter Leistung, also rund 700 bis 800 Gigawatt, an Photovoltaik und Windkraftanlagen bereitstellen. Mit anderen Worten, nicht 2,6 Billionen Euro Investition, sondern 5,2 Billionen. Diese Abschätzungen alle auf der Zahlengrundlage von 2021, Preiserhöhungen und Inflationsquoten bis zur wirklichen Erstellung der Anlagen nicht berücksichtigt. *(Siehe dazu: Anhang, Seite 260, Abb. 19, **Zu installierende Leistung für 100% nicht-fossile Energieerzeugung**.)*

Wie Sie auf dieser o. g. Abbildung sehen, bräuchten wir für die Lücken unterhalb der kritischen Linie Energiespeicher, für die wir einen Zeitraum von mindestens zwei, besser drei Monaten veranschlagen müssen. Dass diese Abschätzung realistisch ist, beweist der von der Deutschen Bundesregierung verabschiedete Notfallplan Gas[373], in dem bei 90 Prozent Füllstand der Erdgasspeicher von drei Monaten Versorgungssicherheit ausgegangen wird. Wohlgemerkt für die auf Erdgas angewiesenen Verbraucher, nicht für die gesamte Energieerzeugung. Diese betrachten wir hier. Während des klimakillenden Energiezeitalters hatten wir gebundene Energie im Keller oder in Halden, Tanks und Gasometern vorrätig: Kohle, Öl, Gas. Gasometer sind heute Entertainmentcenter oder Industriedenkmäler. Die erfolgreich – für wen erfolgreich? – durchgeführte große

373 Bundesministerium für Wirtschaft und Klimaschutz: FAQ Liste – Notfallplan Gas; Berlin, 23.Juni 2022.

Transformation erlaubt diese Speicherarten nicht mehr, denn das Endziel zumindest in der Europäischen Union ist die absolute CO_2-Neutralität in allen Lebensbereichen. Fast ist man geneigt, von einer Endlösung zu sprechen. Denn es könnte durchaus das wirtschaftliche Ende dieser Region sein. Also eine selbstverordnete Endlösung.

Bleiben wir bei den Fakten und Gegebenheiten, die uns gegenwärtig zur Verfügung stehen. Physik und Chemie setzen uns dabei die Grenzen. Energie kann man speichern als

- potenzielle Energie – **Pumpspeicherkraftwerke**, Hubspeicherkraftwerke
- kinetische Energie – **Schwungradspeicher**
- chemische Energie – **Batterien, Galvanische Zellen, Wasserstoff und Folgeprodukte**
- thermische Energie – **Thermochemische u. Latentwärmespeicher**
- und elektrische Energie – **Kondensatoren**, Supraleitende Magnete.

Die fett gedruckten Speicher sind Stand der Technik. Schwungradspeicher und Kondensatoren dienen bisher nur dem Kurzzeitbedarf, also um den sogenannten Zappelstrom auszugleichen. Wärmespeicher sind nur für Raumheizung sinnvoll, wenn überschüssige Energie in großen Stein- oder Betonblöcken als Wärme gespeichert und bei Bedarf über ein Rohrsystem wieder in den Heizungskreislauf zurückgeführt wird. Zur Anschaulichkeit: Wenn Sie ein durchschnittliches vollisoliertes Einfamilienhaus von 140 Quadratmetern Wohnfläche haben mit einem Beton-Wärmespeicher von zwei Kubikmetern, dann können Sie mit einer Energiezufuhr von rund 60 Kilowattstunden bei einer Radiatorenheizung gerade mal für drei Tage Wärme speichern. Dabei müssen sie darauf achten, dass der Wärmespeicher nicht kälter als 50 °C und nicht wärmer als 100 °C wird, sonst gibt es Blasen im Heizungskreislauf,[374] sofern Wasser als Wärmeträger verwendet wird. Diese Art der Energiespeicherung eignet sich nur für Insellösungen bei Raumheizung und Warmwasser. Geringfügig besser sieht es aus, wenn man an Stelle der Radiatoren Fußboden-/Wandheizung benutzt oder gleich Luftzirkulation.

Gehen wir bei unserer Abschätzung zur Energiespeicherung von Abbildung 19 aus und nehmen wir sehr optimistisch an, wir kämen mit einem Speichervorrat von zwei Monaten aus. Dann müssten wir Speichermöglichkeiten für ein Sechstel des gesamten Primärenergiebedarfs auf der Basis 2021 haben, somit rund 565 Milliarden Kilowattstunden. Da könnte es in den Wintermonaten durchaus kritisch werden. An Speicherarten im großen Maßstab haben wir derzeit nur drei Möglichkeiten zur Verfügung. Nämlich Pumpspeicherkraftwerke, Batterien und Gas in Form von Wasserstoff oder Methan. Letztere als *Power-to-Gas* bezeichnet. Alle drei sind mit einem beträchtlichen Handicap belastet, dem Wirkungsgrad. Man muss immer mehr Energie hineinstecken als man dann wieder herausbekommt. Anders ausgedrückt die Unmöglichkeit des Perpetuum Mobiles.

Beginnen wir mit den Pumpspeicherkraftwerken. In Deutschland gibt es 31 Pumpspeicherkraftwerke, die Stand 2022 in Betrieb sind. Leider wird bei den Angaben auch kräftig gemogelt. So wird auf der Website *Projektträger Jülich/Forschungszentrum Jülich GmbH* fälschlich behauptet, das Walchenseekraftwerk in Kochel am See, Bayern, sei ein Pumpspeicherkraftwerk.[375] Für die klimapolitische Propaganda ist diese Falschaussage durchaus nützlich, handelt es sich doch mit 124 Megawatt Leistung um eines der größten seiner Art in Deutschland, das deklariert man gerne als Energiespeicher.

374 Die Berechnung erfolgt aus der spezifischen Wärmekapazität des Betons, dessen Dichte und der Temperaturdifferenz: $\Delta E = c_v * \rho * V * \Delta T = 0{,}88 * 2{,}4 * 2.000 * 50$ kJ = 58,7 kWh. Siehe Lehrbücher der Physik.

375 https://www.energiesystem-forschung.de/energiesystem/energie_speichern

Auch die Anpreisung von Druckluftspeichern als vielversprechende Technologie ist salopp ausgedrückt heiße Luft. Auch im physikalischen Sinne. Denn bei der Kompression von Luft wird viel Wärme frei, bei einer Verdichtung auf 70 bar wird die Luft rund 600 Grad Celsius heiß, was jede Speicherkaverne irreparabel schädigen würde. Also müsste man die Wärmeenergie erst in Wärmespeichern „zwischenlagern", um dann beim Betreiben der Generatoren die Druckluft wieder aufzuwärmen, sonst würden die Generatoren im Betrieb vereisen.[376] Dabei beträgt der Wirkungsgrad magere 40 Prozent, wirtschaftlich völlig unrentabel. Die finanzielle Förderung des Projektträgers durch das Bundesministerium für Wirtschaft und Klimaschutz entbehrt nicht einer gewissen Süffisanz.

Die wirklichen Pumpspeicherkraftwerke haben zusammen eine Speicherkapazität von 37,4 Millionen Kilowattstunden.[377] Werden die in Planung befindlichen Pumpspeicherkraftwerke tatsächlich gebaut, dann könnte man mit einer Energiespeicherung von 55 Millionen Kilowattstunden rechnen. Tun wir mal so als ob. Zur Erinnerung: Für die Zweimonats-Reserve brauchen wir 565 Milliarden! Die Pumpspeicherkraftwerke bringen uns praktisch keinen Schritt weiter, das ist aufgerundet die vierte Nachkommastelle. Um die wiederzugewinnen, muss man bei durchschnittlich 70 % Wirkungsgrad zum „Aufladen" 78,6 Millionen Kilowattstunden aufwenden. Für Deutschland typisch und delikat in diesem Zusammenhang: 2009 entschied der Bundesgerichtshof, dass für die zum Auffüllen der Wasserspeicher aufzuwendende Energie volle Netznutzungs-

376 Die meisten realen Gase und Gasgemische erwärmen sich beim Komprimieren (Joule-Thomson-Effekt). Führt man die Wärme ab und entspannt sie im Anschluss, dann kühlen sie sich um diesen Wärmebetrag ab. Praktische Anwendung: Luftverflüssigung nach dem Linde-Verfahren.

377 https://de.wikipedia.org/wiki/Liste_von_Pumpspeicherkraftwerken

Entgelte zu zahlen seien, da es sich um Letztverbraucher handele.[378] Somit handelt es sich nach Juristenansicht bei Pumpspeicherkraftwerken nicht um Kraftwerke! Die Folge: Die Wirtschaftlichkeit der Anlagen wurde drastisch herabgesetzt, neue Investitionen sind schon aus diesem Grund nicht interessant. Ganz abgesehen davon, dass in Deutschland weder die Geländeverhältnisse noch die Genehmigungsverfahren einen weiteren und vor allem zügigen Ausbau erlauben, um nennenswerte Energiereserven zu schaffen. Bei Deutschlands größtem Pumpspeicherkraftwerk Goldisthal in Thüringen dauerte es vom Planfeststellungsverfahren 1993 bis zur Fertigstellung zehn Jahre, nachdem der Bund für Umwelt und Naturschutz Deutschland (BUND) gegen Zahlung von sieben Millionen D-Mark (ca. 3,65 Millionen Euro) seine Klage zurückzog.

Es ist zwar richtig, dass zum Beispiel Norwegen mit über 45 Prozent Wasserkraftanteil am Primärenergiebedarf eine Spitzenposition einnimmt und Stromexporteur ist.[379] Aber der Klimawandel in Form von verringerten Niederschlägen sorgt auch dort für sinkende Wasserstände in den Stauseen. Als Folge ergeben sich verminderte Stromexporte nach Europa.[380] Ähnlich ist die Lage in Schweden. Andere Länder der EU haben gleiche Probleme, brauchen aber den Strom aus Wasserkraft in jedem Fall selbst. Wir sollten also nicht darauf vertrauen, elektrische Energie aus Skandinavien kaufen zu können.

Folglich müssen 565 Milliarden Kilowattstunden Energiereserve für Deutschland über Batterien und Wasserstoff/Methan gespeichert werden, will man für zwei Monate eine Reserve haben. Betrachten wir zunächst die galvanischen Zellen, bekannt als Batterien für den

---

378 Bundesgerichtshof: Beschluss EnVR 56/08 – Pumpspeicherkraftwerke; verkündet am 17. November 2009

379 Bundeszentrale für politische Bildung: Erneuerbare Energien; 09.07.2019

380 SPIEGELWirtschaft: Norwegen will Stromexporte nach Europa notfalls zurückfahren. 09.08.2022

Einmalgebrauch, als Akkumulatoren für das Wiederaufladen. Für E-Autos, Haushaltsgeräte, Werkzeuge, Laptops und Mobiltelefone sind uns die Lithium-Ionen-Akkus vertraut. Dazu ganz allgemein: Galvanische Zellen sind Vorrichtungen zur Umwandlung von chemischer Energie in elektrische. Dazu eignen sich mehr oder weniger alle Metalle und chemische Verbindungen, die untereinander ein unterschiedliches elektrochemisches Potenzial aufweisen. Uns geläufig sind der alte Blei-Akku und die erwähnten Lithium-Ionen-Akkus. Wichtig dabei, braucht man die Energiespeicherung für mobile oder stationäre Zwecke?

Entscheidend bei mobilen Bereichen, zum Beispiel E-Auto oder Laptop, ist die Energiedichte, also was „wiegt" eine Kilowattstunde. Und natürlich was kostet ein Kilowatt Leistung und wie viele Ladezyklen hält der Akku aus, bevor er ersetzt werden muss. Nach den Statistiken des Kraftfahrt-Bundesamtes[381] muss man für die Gesamtheit aller Fahrzeuge unter Berücksichtigung der jeweils durchschnittlichen Fahrkilometer und dem durchschnittlichen Energieverbrauch je 100 Kilometer gestaffelt nach Gewichtsklassen eine anteilige Zwei-Monats-Reserve von aufgerundet 31 Milliarden Kilowattstunden für den Sektor Verkehr bereithalten.

Das ist die energetische Seite. Dazu kommt der Materialbedarf. Pro Kilowattstunde Speicherkapazität rechnet man mit etwa 150 Gramm Lithium. Nach[382] hat der Akku eines Pkw durchschnittlich 64 Kilowattstunden Kapazität. Bei rund 48,5 Millionen Pkws 2021 wäre das ein Bedarf von aufgerundet 456.000 Tonnen Lithium. Dazu käme die gleiche Menge an Cobalt oder ein Gemisch

381 KBA Kraftfahrt-Buundesamt: https://www.kba.de/DE/Statistik/Fahrzeuge/fahrzeuge_node.html

382 https://ev-database.de/cheatsheet/useable-battery-capacity-electric-car. Anmerkung: Diese Datenbank listet alle auf dem Markt erhältlichen E-Autos auf. Damit sind die Durchschnittswerte repräsentativ.

von Nickel-Mangan-Cobalt. Auf den Pkw-Bestand der EU hochgerechnet wären das über drei Millionen Tonnen! Den Gütertransport haben wir dabei noch nicht mitgerechnet. Weltweit werden die Lithiumvorräte auf 14 Millionen Tonnen beziffert, wovon Chile mit geschätzten acht Millionen die weltweit größten Reserven hat. Wobei sich China in Chile bedeutende Förderrechte gesichert hat.[383] Sie sehen, die Zukunft der E-Autos sieht gar nicht so rosig aus. Denn wie schon erwähnt brauchen auch Mobiltelefone, Laptops und viele mobile Elektrogeräte Lithium-Akkus. Weil Lithium als das leichteste Metall die leistungsfähigsten Akkus pro Volumeneinheit möglich macht. Und weil wir dem Rest der Welt außerhalb der Europäischen Union, das sind 7,4 Milliarden Menschen, wenigstens jedem zehnten ein E-Mobil zugestehen sollten. Das wäre die untere Schwelle der Gesinnungsethik. Und es wäre beim aktuellen Stand der Technik ein Bedarf von hochgerechnet rund 50 Millionen Tonnen Lithium.

Voreilige Schlüsse zum Ende der Lithiumeuphorie brauchen wir aber nicht zu ziehen. Wie bei den Kohle- und Erdölvorkommen beziffern sich die aktuell bekannten Weltvorräte auf den Augenblick. Ähnlich dachte man vor 100 Jahren bei der Kohle und vor 70 Jahren beim Erdöl. Inzwischen weiß man, dass die Kohlevorräte auf der Basis des Verbrauchs um das Jahr 2000 für rund zweihundert Jahre reichen könnten. Selbst wenn die bekannten Lithium-Vorkommen auf dem Festland erschöpft sind, im Meerwasser befinden sich bei einer Konzentration von wenigstens 0,000017 % etwas über 230 Millionen Tonnen Lithium. Deren Gewinnung allerdings neue Techniken und vor allem viel Energie erfordert.[384] Und es wäre eine Frage des Preises.

383 Asia financial: China's BYD Wins Chile Lithium Extraction Contract; January 13, 2022

384 https://www.chemie.de: Elektrochemische Zelle erntet Lithium aus Meerwasser; 07.06.2021, King Abdullah University of Science and Technology (KAUST).

Trotzdem bleibt es bislang Augenwischerei im postfaktischen Ökowahn, bis zum Jahr 2035 das Verbot der herkömmlichen Verbrennermotoren durchzusetzen im naiven Glauben, bis dahin könne jeglicher Verkehr, auch der Güterverkehr, mit E-Mobilen stattfinden. Oder auf Wasserstoffbasis, auch das eine Gutmenschenrechnung, wie später gezeigt wird. Weder national in Deutschland noch auf EU-Ebene. Von globaler Umstellung ganz zu schweigen. Auch das Argument, die Mobilität auf den öffentlichen Personenverkehr und den Gütertransport auf die Schiene zu verlegen, angesichts des desolaten Zustands der Infrastruktur, über Jahrzehnte ebenso heruntergewirtschaftet wie das Bildungswesen, ist nur medienwirksames Theater.

Tun wir jedoch so, als sei die Frage der E-Mobilität bis 2035 gelöst und die Realisierung abgehakt. Dann müssten wir für die erwähnte Zweimonats-Energiereserve immer noch 565 Milliarden Kilowattstunden in Akkus und/oder als *Power-to-Gas* zu speichern. Die Speicherkapazität der bestehenden und geplanten Pumpspeicherkraftwerke haben wir ja schon als vierte Nachkommastelle erwähnt. Es wären zwar die noch nicht existierenden Hubspeicherkraftwerke denkbar. Deren Prinzip ist analog den Pumpspeicherkraftwerken: Man hebt eine Last eine gewisse Höhe und speichert damit potenzielle Energie. Lässt man die Last an einer Aufhängung wieder nach unten und betreibt durch die Bewegung der Masse einen Generator, so gewinnen wir über die kinetische Energie wieder elektrische. Das funktioniert auch, wenn man die Last zur Erzeugung elektrischer Energie im Schacht eines Bergwerks hinunterlässt und zur Energiespeicherung wieder hochzieht.

Als Rechenbeispiel: Zieht man eine Masse von 1000 Tonnen Beton – ein Würfel von 7,50 m Kantenlänge – 100 Meter nach oben, dann haben wir potenzielle Energie gespeichert. Und lässt sie dann bei Bedarf wieder nach unten, dann wird die potenzielle Energie zu kinetischer Energie und man kann damit rund 272 Kilowattstunden elektrische Energie erzeugen.[385] Theoretisch, denn der Wirkungsgrad macht uns auch hier die Rechnung madig. Ähnlich wie beim Pumpspeicherkraftwerk müssen wir mit 15-25 % Verlust rechnen, wir haben also insgesamt mindestens 320 Kilowattstunden aufzuwenden, um die geforderten 272 kWh wiederzugewinnen. Mit einem Taschenrechner können Sie selbst ausrechnen, wie viele Millionen solcher Betonklötze der Kantenlänge 7,5 m und wie viele Türme oder Schächte wir bräuchten, um auch nur zehn Prozent der Energiereserve auf diese Weise zu speichern.[386] Der Betonwürfel von 1000 Tonnen ist natürlich nur die Theorie. Für deren vertikale Bewegung bräuchte man Seile mit einer entsprechenden Traglast, die aus Sicherheitsgründen nur ein Bruchteil der Bruchkraft sein darf. Für Schwerstlasten gibt es Seile von bis zu 80 Tonnen Bruchlast,[387] entsprechend können sie mit 20 Tonnen sicher belastet werden, wobei das Eigengewicht der Seile eingerechnet werden muss. Ein Hebewerk mit acht Tragseilen brächte es auf einen Würfel von höchstens 150 Tonnen, vorausgesetzt die Achsen der Umlenkrollen brechen nicht. Und vorausgesetzt die Statik der Hubtürme würde dies erlauben. Das bringt uns also nicht sonderlich weiter an unser Idealziel. Ungeachtet dessen geistert die Idee durchs Internet und beschert so manchem Umweltpolitiker glänzende Augen und leistet durch ihn der Volksverdummung weiteren Vorschub.

385 $E_{pot} = m*g*h = 1000*1000\ kg * 9{,}81\ m/s^2 *100\ m = 981.000.000$ Joule = 272,5 kWh.

386 Bestimmt haben Sie richtig gerechnet. Es sind (565.000.000.000 * 0,1)/272 = 207,7 Millionen Betonklötze bzw. bei 500-m-Schächten 41,5 Millionen.

387 Bruchlast ist kein korrekter Ausdruck. Bruchkraft wird in der Praxis in Kilo-Newton angegeben, dividiert durch die Erdbeschleunigung 9,81 m/s^2 ergibt sich die Masse, bei der das Seil reißt.

Somit bleibt uns nur die Kombination von galvanischen Zellen und Wasserstoff bzw. Methan und seinen Verwandten, das wir aus CO_2 und Wasserstoff gewinnen können,[388/389] neudeutsch *Power-to-Gas.* Bei den galvanischen Zellen, sprich Akkus, liegt derzeit der Schwerpunkt auf den Lithium-Ionen-Akkus zur Speicherung elektrischer Energie. So sind Stand 2022 Akkus zur dezentralen Speicherung in Ein- und Mehrfamilienhäusern mit 40,5 kWh zu etwa 26.000 Euro auf dem Markt. Preis- und Verfügbarkeitsprognose im Nebel der Zukunft. Damit kommt man im Winter aber nicht weit. In den Monaten Oktober bis März braucht der durchschnittliche deutsche Haushalt pro 24 Stunden etwa 73 kWh. Von April bis September verzichten wir auf Raumwärme und verbrauchen nur 14,2 kWh täglich.

Über die Entwicklung und Massenproduktion neuartiger galvanischer Zellen Prognosen anzustellen ist derzeit wie der Blick in die berühmte Kristallkugel. Ebenso unsicher ist, ob der gute alte Blei-Akku ausgedient hat oder vor einer Renaissance steht. Recherchiert man in den einschlägigen Wissenschaftsjournalen, dann stößt man auf eine große Anzahl erfolgversprechender Neuentwicklungen, die uns vom Lithium unabhängig machen sollen. Zum Beispiel die vielen Möglichkeiten bei Redox-Flow-Zellen, Flüssigbatterien, bei denen die stromliefernden Reaktionspartner in gelöster Form vorliegen und über die unterschiedlichen Ladungen ihrer Ionen die Basis zur Stromspeicherung darstellen. Das kann man mit den Elementen Vanadium, Eisen, Zink und sogar mit dem Holzrohstoff Lignin als

388 Sabatier-Prozess, 1902: Herstellung von Methan aus Kohlenstoffdioxid oder Kohlenstoffmonoxid: $CO_2 + 4\ H_2 = CH_4 + 2\ H_2O$ + 165 kJ/mol und $CO + 3\ H_2 = CH_4 + H_2O$ + 206,2 kJ/mol

389 Paul Sabatier (1854–1941), französischer Chemiker, Pionier der katalytischen Hydrierung in der Organischen Chemie. Entwickelte zusammen mit Jean Baptiste Senderens den Sabatier-Prozess. 1912 Nobelpreis für Chemie.

Ausgangssubstanz machen. Lignin fällt bei der Zellstoff- und Papierherstellung als Abfallprodukt in hunderttausenden Tonnen an. Viel Aufhebens gemacht wird um die Eisen-Redox-Flow-Batterien, die nach Herstellerangaben[390] eine Betriebsdauer von 25 Jahren haben sollen und mindestens 20.000-mal ge- und entladen werden können, dabei täglich bis zu 12 Stunden Strom liefern können. Der Nachteil ist, dass alle diese Systeme eine sehr niedrige Energiedichte haben und damit viel Platz benötigen. Bringen es Lithium-Ionen-Batterien auf bis zu 500 Wattstunden pro Liter Batterievolumen, so schaffen es die derzeit besten Redox-Flow-Batterien lediglich auf etwa 30 Wattstunden. Anstelle der oben erwähnten 40,5-kWh-Lithiumbatterie mit 81 Liter Volumen bräuchte man also ein Volumen von 1350 Litern. Bleiben wir also vorerst bei den Akkus, die derzeit „in" sind.

Die Großanlage Hornsdale in Südaustralien speichert Strom aus Windkraftanlagen auf der Basis von Lithium-Ionen-Akkus mit einer Kapazität von fast 200.000 Kilowattstunden bei einer Investition von umgerechnet etwa 150 Millionen Euro.[391] Wollten wir damit auch nur 10 Prozent unserer Zweimonatsreserve von 565 Milliarden kWh speichern, so bräuchten wir 282.500 solcher Speicher und hätten dafür im Jahr 2017 mehr als 42 Billionen Euro bezahlen müssen. Selbst bei einer 10 %-Einmonatsreserve wären es 21 Billionen. Damit Sie einen Anhaltspunkt haben: 2021 betrug Bruttoinlandsprodukt der gesamten Welt 96,3 Billionen US$.[392)] Solche Zahlen sind politisch nicht opportun, sie übersteigen zudem das Vorstellungsvermögen sowohl des Normalbürgers als auch der Politiker aller Farben, die anstelle der Grundrechenarten grüne Ideologiebesessenheit bevorzugen.

---

390 ESS Incorporated, Wilsonville, Oregon, USA

391 Hornsdale Power Reserve: Construction Cost 172 A$.

392 World Economic Outlook Database, April 2022: https://www.imf.org/en/Publications/WEO/weo-database/2022/April

In diesem Zusammenhang die diversen Vorschläge zur dezentralen Energiespeicherung bei Häusern, den Insellösungen. Also statt des Kohlenkellers und des Heizöltanks den Akku und den Wärmespeicher, gespeist von Photovoltaik und Solarthermie. Wie erwähnt ist es eines der Ziele der großen Transformation, jegliche fossile Energie zu ersetzen durch nicht-fossile. Also letztlich durch Elektrizität und Wasserstoff bzw. den daraus hergestellten Gasen, hauptsächlich Methan. Bei diesen müsste aber das bei der Verbrennung freiwerdende CO_2 „eingesammelt" und dem Herstellungskreislauf wieder zugeführt werden. Lassen wir Wasserstoff und seine Folgeprodukte vorerst beiseite und bleiben wir zunächst beim Akku und dem Warmwasserspeicher. Energieautarke Häuser müssten auf ihren Dächern Photovoltaikmodule für den durchschnittlichen Jahresbedarf haben, also rund 17.700 Kilowattstunden. Das entspricht einer Fläche von 112 Quadratmetern PV-Module in Südrichtung. Dazu noch Stromspeicher für die Nachtversorgung und die sonnenfreie Zeit. Mit 25 Kilowattstunden ist es dabei nicht getan, das reicht gerade mal für einen Tag im Winter. 50 kWh wären besser. Stand 2022 muss man mit knapp 700 Euro pro kWh rechnen, also fallen für zwei Tage Energievorrat rund 35.000 Euro Investition an. Da tut jeder Hausbesitzer besser daran, allen Strom ins Netz einzuspeisen und allenfalls sein Dach mit Solarthermie zu ergänzen. Und zu Hause die persönliche Isolierung mit dicken Wollpullovern und Thermohosen zu ergänzen.

14.

Wasserstoff – der neue Prophet

Welche Zeitung man aufschlägt, welchem Klimaapostel und umweltaffinen Politiker man begegnet, Wasserstoff als der große Heilsbringer geistert durch alle Medien. Für den nüchternen Chemiker und Techniker ist Wasserstoff geeignet als Betriebsenergie, Energiespeicher und Rohstoff. Also für

- Verkehrsmittel aller Art
- Stromerzeugung
- Heizung
- Prozessenergie (Grüner Stahl, grüner Zement, grüner Dünger und... und ... und ...)
- Chemische Produkte aller Art

und einiges mehr. Bevor aber grüner Stahl und andere Grünlinge produziert werden muss vorher grüner Wasserstoff vorhanden sein. Das klappt wirtschaftlich nur mit Elektrolyse von Wasser, das dabei zu Wasserstoff und Sauerstoff zerlegt wird. Also kommt als Energiequelle nur über Windkraft, Photovoltaik oder Wasserkraft erzeugter Strom infrage. Strom über die Schiene Biogas lassen wir geflissentlich beiseite, denn die damit verbundenen Monokulturen kollidieren mit dem Anspruch der Biodiversität. Das ist einer der essenziellen Punkte des Green Deal.

Die elektrolytische Herstellung von Wasserstoff ist spätestens seit 1866 mit der Beschreibung des Hofmannschen Zersetzungsapparats[393] bekannt. Acht Jahre später erwähnte der französische Schriftsteller Jules Verne in seinem Roman *Die geheimnisvolle Insel* die Verwendung von Wasserstoff als Brennstoff der Zukunft. Gewonnen aus Wasser durch Elektrizität, allerdings ohne die Herkunft der Elektrizität zu berücksichtigen.[394] Seither wurde eine ganze Reihe unterschiedlicher Elektrolyseverfahren für großtechnische Anwendung entwickelt, von der klassischen alkalischen Elektrolyse (AEL) über die Protonen-Austausch-Membran-Elektrolyse (PEMEL) zur Hochtemperaturelektrolyse (HTEL). Hoffnungen setzt man auch in die Kapillar-Elektrolyse, die einen Wirkungsgrad von 98 Prozent haben soll.[395] Zuweilen geistert Biowasserstoff durch die Presse. Gemeint ist die Wasserstoffproduktion durch Purpurbakterien, durch Gärung von Clostridien oder anderen Bakterien und unter bestimmten Bedingungen Grünalgen.[396] Das ist lediglich das sensationsheischende Rauschen durch den Blätterwald, die Produktionsmengen wären selbst in riesigen Bioreaktoren so lächerlich gering, dass sie keine Rolle als nicht-fossile Energiequelle spielen würden. Es bleibt also zur Bedarfsdeckung nur die großtechnische Elektrolyse mit verschiedenen Verfahren.

---

393 August Wilhelm Hofman (1818–1892), bedeutender deutscher Chemiker, Synthese von Anilin auf der Basis von Benzol, Erforschung der Anilinfarbstoffe und von Reaktionsmechanismen (Hofmann-Umlagerung, Hofmann-Regel). Gründer der Deutschen Chemischen Gesellschaft.

394 Jules-Gabriel Verne (1828–1905), französischer Schriftsteller, gilt als einer der Begründer der Science-Fiction-Literatur, z. B. Die Reise zum Mittelpunkt der Erde, 20.000 Meilen unter dem Meer, Reise um die Erde in 80 Tagen.

395 Hodges, A. et al.: A high-performance capillary-fed electrolysis cell promises more cost-competentive renewable hydrogen; Nature Communications 13, Article number: 1304 (2022) https://doi.org/10.1038/s41467-022-28953-x. Anmerkung: Bisher liegen nur Laborergebnisse vor.

396 Ding, C. et al.: Biological and fermentative production of hydrogen. In: Handbook of Biofuels Production (Second Edition), 2016.

Allen gemeinsam sind die für Visionäre lästigen Naturgesetze, hier der Energiebedarf. Um aus Wasser einen Kubikmeter gasförmigen Wasserstoff bei Normaltemperatur und Atmosphärendruck zu gewinnen, das sind 89,3 Gramm, benötigt man eine elektrische Energie von theoretisch 3,54 Kilowattstunden unabhängig vom Verfahren. Dazu kommt der Wirkungsgrad bei den einzelnen Produktionsmethoden, der sich ebenfalls wie ein roter Faden durch das Thema zieht. Er liegt in der Regel bei 70 %, im besten Fall bei 80 %. Das heißt, man muss rund 40 bis 25 % mehr Energie zur Erzeugung von Wasserstoff aufwenden als theoretisch erforderlich, so dass man im besten Fall etwa 4,5 Kilowattstunden pro erzeugten Kubikmeter einkalkulieren muss.

Die Erzeugung ohne unmittelbaren Verbrauch nützt nichts ohne passende Speicher. Das kann in Druckbehältern bis zu 800 bar und mehr geschehen, durch Verflüssigung, durch chemische Bindung als Metallhydride oder organische Verbindungen, zum Beispiel als Methan (Power-to-Gas) oder Methanol. Auch hier läuft nichts ohne zusätzliche Energie. Bei der Komprimierung auf 700 bar muss man etwa 12 Prozent der theoretischen 3,54 Kilowattstunden einkalkulieren, bei der Verflüssigung einschließlich Transport zur Entnahmestelle, z. B. Tankstelle, bis zu 50 Prozent. Dazu kommen bei noch so guter Isolierung rund drei Prozent Verdampfungsverluste pro Tag (Boil-Off-Verluste). Ein Autotank wird also ohne einen gefahrenen Kilometer jeden Tag leerer. Denn Wasserstoff wird bei -252,9 °C bei Normaldruck flüssig und lässt sich erst bei -240 °C und einem Druck von 13 bar verflüssigen. Dem nicht genug, beim Umfüllen, z. B. in einen Pkw-Tank, muss man auch noch rund sechs Prozent Schwund und damit Energieverlust einkalkulieren. Ein Kaufmann würde sagen, ein miserables Geschäft.

Bleiben wir bei den Verkehrsmitteln und den Spekulationsblasen, die sich um wasserstoffbetriebene Pkw, Lkw, Schiffe und Flugzeuge ranken. *Das* Antriebsmittel der Zukunft als Teil der künftigen heilen neuen Welt. Für solche Fantastereien ist der Naturwissenschaftler im Verein mit dem Kostenrechner der geborene Spaßverderber. Um Missverständnissen vorzubeugen: Prinzipiell ist es möglich, mit Wasserstoff ebenso wie mit Flüssiggas Antriebsaggregate für alle möglichen Verkehrsmittel zu betreiben. Es wird auch in den Teilen der Welt der Treibstoff der Zukunft sein, wo die technischen Möglichkeiten realisiert und die Infrastruktur geschaffen werden können. Aber es erinnert Vieles dabei an die vormaligen Witze des fiktiven Senders Radio Eriwan in der Sowjetzeit: Im Prinzip ja, aber ...

Wie oben gezeigt kommt verflüssigter Wasserstoff für Straßen- und Schienenfahrzeuge wegen der steten Verdampfung nicht in Frage. Schon aus Sicherheitsgründen, denn bereits 4,4 Prozent Volumenanteil des verdampfenden Wasserstoffs bilden mit Luft ein explosives Gemisch, eine noch glimmende Zigarettenkippe genügt zum großen Knall. Also braucht man Druckbehälter, die bis zu 800 bar befüllt werden können und deren Prüfdruck wesentlich höher liegen muss. Beim derzeitigen Stand der Technik sind damit Reichweiten über 700 Kilometer möglich.[397] Im Prinzip ja, aber ... es ist nicht jedermanns Sache, von seinem Wohnort 100 Kilometer und mehr zur nächsten Wasserstofftankstelle zu fahren. Da müsste in Deutschland zuerst ein Tankstellennetz für Wasserstoff geschaffen werden, wie es für Benzin und Diesel vorhanden ist. Zeitraubendes Schlange stehen beim Auftanken ist keine deutsche Grundtugend. Urlaubsfahrten von Deutschland nach Frankreich und dem grenznahen Italien sind möglich, wenn der Rücktransport im Abschlepp-Modus erfolgt.

Eine ganz andere Dimension erwartet uns beim Lkw-Verkehr. Ein 40-Tonner Sattelzug müsste für eine 700-km-Distanz immerhin

---

397 https://h2.live/wasserstoffautos/

rund 68 kg Wasserstoff in seinen Druckgastanks mit einem Gesamtvolumen von 1,7 Kubikmetern haben.[398/399] Bei einem Airbus A350-900 sieht es für einen Flug von Frankfurt nach New York noch gewaltiger aus. Da muss man als Richtwert mit 5.800 kg Kerosin pro Flugstunde rechnen[400] und etwas mehr als 8 ½ Stunden Flugzeit, also mindestens 49.300 Kilogramm Treibstoff. Kerosin hat etwa den gleichen Brennwert wie Diesel, folglich wären nach[406] rund 17.500 Kilogramm Wasserstoff zu tanken, bei Druckbehältern von 700 bar somit fast 440 Kubikmeter, natürlich zuzüglich der Sicherheitsreserve wie im Luftverkehr vorgeschrieben. Zum Vergleich: ein Airbus A350-900 hat eine Tankkapazität von 138 Kubikmetern.[401] Abgesehen vom immensen Sicherheitsrisiko wäre die Betankung mit flüssigem Wasserstoff auch nicht das Gelbe vom Ei, das Tankinnenvolumen würde sich lediglich auf rund 250 Kubikmeter verkleinern, die erforderliche Kälteisolierung bedingte aber wieder ein größeres Gesamtvolumen. Analoges wäre bei Schiffen zu betrachten, was aber dieses Kapitel zu sehr in die Länge zöge.

Angesichts solcher Zahlen ist es eigentlich unverantwortlich, wenn die deutsche Bundesregierung auf ihrer Website [402] glauben machen will, Fliegen mit Wasserstoff sei die Zukunft ohne exorbitante Kostenexplosion. Technisch wird dies mit Sicherheit möglich sein, aber

---

398 Wasserstoff hat bei 15 °C und 700 bar Druck eine Dichte von ca. 40 kg/m³. Berechnet aus den Van-der-Waals-Konstanten für Wasserstoff. Flüssiger Wasserstoff hat eine Dichte von ca. 71 kg/m³.

399 Brennwert von Diesel: 11,8 kWh/kg; von Wasserstoff: 33,3 kWh/kg. 1 kg Wasserstoff liefert bei der Verbrennung also 2,82-mal so viel Energie wie Diesel.

400 https://www.airliners.net/forum/viewtopic.php?t=1355819

401 https://www.lufthansa.com/de/de/35a

402 Die Bundesregierung: Interview mit Björn Nagel vom DLR; „Luftfahrt ist in grundlegender Architektur neu zu gestalten“, 22. Juni 2022. https://www.bundesregierung.de/breg-de/themen/klimaschutz/gruenes-fliegen-2054386

zu welchen Kosten? Und volksverdummend wird es, wenn gar der Herstellung von synthetischem Kerosin das Wort geredet wird, das aus Wasserstoff und dem CO_2 aus der Luft hergestellt werden soll, um damit CO_2-neutral zu fliegen. Weil damit das CO_2 im Kreislauf bleibt, also alles heil und umweltfromm. Hat sich dazu wenigstens einer aus dem Berliner Dunstkreis Gedanken gemacht, welchen Energieaufwand man betreiben muss, um aus einem Kubikmeter Luft gerade mal 0,4 Liter CO_2 zunächst an einem Trägermaterial zu fixieren, um es dann davon wieder abzutrennen?[403] Dazu gibt es sehr viele wissenschaftliche Veröffentlichungen und Dissertationen. In allen kann man den energetischen Aspekt für die verschiedenen Methoden nachlesen. Es reicht, im Internet nach „CO_2 adsorption desorption" zu googeln. Auch eine Abtrennung im Rahmen der Luftverflüssigung ist uneffektiv und energiefressend.

Dazu noch eine Bemerkung zum *Carbon Capture and Storage (CCS)*. Lapidar ausgedrückt, man fängt das CO_2 wo man es erwischt und sperrt es in großen Hohlräumen ein, für immer und ewig. Auf die Idee kamen, wie könnte es anders sein, US-amerikanischen Wissenschaftler bei der Überlegung, nicht auf fossile Brennstoffe verzichten zu müssen.[404] Als CO_2-Gefängnis kommen demzufolge alle geologisch stabilen Hohlräume infrage, in denen die Natur vormals Öl und Erdgas speicherte. Aber auch salzwasserführende Gesteinsschichten (*Saline Formations*) sollen dazu dienen. Dazu müsste das in den Fabriken und Kraftwerken entstehende CO_2 abgetrennt und zu den Speicherorten verfrachtet werden. So weit, so gut oder so schlecht, denn das kostet viel Energie und viel Energie wiederum viel Geld. In der oben zitierten Studie machten sich die Autoren

403 Ein aktueller CO_2-Gehalt von 400 ppm (parts per million, Volumen) entspricht 0,4 Milliliter pro Liter, somit 0,4 Liter pro Kubikmeter.

404 Congressional Research Service: Carbon Capture and Sequestration (CCS) in the United States; Updated October 5, 2022.

auch Gedanken über die direkte Abtrennung von CO_2 aus der Atmosphäre, genannt *Direct Air Capture (DAC)* und kamen dabei auf einen Kostenbereich von etwa 94 bis 232 US$ pro „eingefangener" Tonne CO_2 beim technischen Stand von 1921. Um Ihnen den Unsinn solcher Überlegungen nahezubringen: Von 2010 bis 2020 wurden weltweit fast 389 Milliarden Tonnen CO_2 in die Atmosphäre gepustet.[405] Deren Abtrennung würde also im billigsten Fall einen Betrag von 36,5 Billiarden US$ bedeuten, also 36,5 Tausend Billionen. Selbst das Jahr 2020 alleine schlüge mit 3,3 Billionen zu Buche, wobei der Gesamtenergieaufwand noch gar nicht betrachtet wurde.

Das deutsche Umweltbundesamt sieht sie Sache etwas skeptischer und verweist auf mögliche ökologische Schäden.[406] Dazu macht es sich tiefschürfende Gedanken über mögliche Konflikte bei der Nutzung von geologischen Formationen und hält eine *unterirdische Raumordnung* für dringend erforderlich. Bürokraten können nun einmal nicht aus ihrer Haut. Aber was bei dieser Speicherung keineswegs sicher ist: Wie reagiert unter hohem Druck gespeichertes CO_2 in Gegenwart von dem dort unten immer vorhandenen Wasser mit den verschiedenen geologischen Formationen? Und wie reagieren dann oder unabhängig davon die geologischen Formationen auf den Druck des eingepressten CO_2?

Denn den damit befassten Geologen ist hinlänglich bekannt, dass es fast überall im Inneren der Kontinente alte Verwerfungen in der Erdkruste gibt, die unter Spannung aktiv werden können. Wenige Zentimeter Versatz können Erdbeben auslösen und Lecks

---

405 Statista Research Department: CO2-Emissionen weltweit in den Jahren 1960 bis 2020; 27.07.2022.

406 https://www.umweltbundesamt.de/themen/wasser/gewaesser/grundwasser/nutzung-belastungen/carbon-capture-storage#grundlegende-informationen

verursachen.[407/408] Aufmerksam auf dieses Phänomen wurde man, als man Wasser in tiefe Bohrlöcher pumpte. Welche Katastrophe eintreten kann, wenn unterirdisch verpresstes CO_2 plötzlich an die Oberfläche gerät, musste man 1986 erleben, als im Nyos-See, einem Kratersee in Kamerun, plötzlich große Mengen an Kohlenstoffdioxid austraten, in zwei naheliegende Täler strömten und etwa 1700 Menschen sowie Tausende von Tieren starben.[409] Bekanntlich sind vier Prozent CO_2 in der Atemluft tödlich.

Kommen wir zu Stromerzeugung und Heizung. Technisch das geringste Problem, sofern elektrolytisch erzeugter Wasserstoff über das 511.000 Kilometer lange deutsche Gasverteilungsnetz in ausreichender Menge zu Gaskraftwerken und Privatverbrauchern gelangt.[410] Das heißt, solange Photovoltaik und Windkraftanlagen Strom liefern. Wenn diese nicht oder nicht genügend produzieren, dann brauchen wir Vorratsspeicher für Wasserstoff. Blauäugig und fachlich unbedarft werden dazu von nicht wenigen Ministern und Abgeordneten sowie deren – gekauften? – Beratern dem Volk die bisherigen Erdgasspeicher in Deutschland präsentiert. Eine publizitätsträchtige Idee ohne Materialkenntnis. Denn Wasserstoff ist ein sehr flüchtiger Geselle. Durch kleinste Risse und Poren quetscht er sich hindurch, unter hohem Druck und in Anwesenheit von Spuren von Wasser ist er sogar zur Materialermüdung und damit zum Bruch von herkömmlichen Stahlrohren fähig. Weshalb man von Wasserstoffkorrosion und Wasserstoffversprödung spricht.

---

407 https://www.scinexx.de/news/technik/unterirdische-co2-speicher-koennen-erdbeben-ausloesen/

408 Zoback, Mark D., Gorelik, Steven M.: Earthquake triggering and large-scale geologic storage of carbon dioxide; PNAS Vol. 109, No. 26, 10164-10168, June 18, 2012. https://doi.org/10.1073/pnas.1202473109

409 Wikipedia: Nyos-See.

410 Bundesministerium für Wirtschaft und Klimaschutz: Erdgasversorgung in Deutschland.

Das heißt, vor der Verwirklichung der Transformationspläne müsste erst die Materialverträglichkeit und der zulässige Druck des gesamten Erdgasnetzes sichergestellt sein. Für die Techniker ein beträchtliches Problem, den von den großen Verdichtern beim Einspeisen bis zur letzten Schweißnaht bei Rohrverbindungen muss alles penibel auf seine Eignung geprüft und getestet werden. Da kann man nicht einfach sagen, weil das Material sich bei Erdgas und Methan bewährt hat, ist es auch für Wasserstoff geeignet.[411] Und was die Gasspeicher anbelangt, so sind die meisten der so genannten Porenspeicher für Wasserstoff völlig ungeeignet. Nach Fußnote 411 werden nur vier von 16 Porenspeichern „als geeignet angesehen". Deren Tauglichkeit müsste allerdings individuell überprüft werden. Die Wasserstoffmoleküle sind so klein, dass sie durch die Gesteinsformationen, meist Sandstein, hindurchdiffundieren. Und weg sind sie. Bleiben also von den 51 Speichern nur die 31 Kavernenspeicher in den Salzstöcken. Die gesamte Speicherkapazität soll 24,6 Milliarden Kubikmeter betragen.[412] Das ist die Theorie, die uns das Bundesministerium als Praxis verkauft. In Wirklichkeit muss man das bombastisch anmutende Volumen unterteilen in das so genannte Kissengasvolumen und das Arbeitsgasvolumen. Das Kissengasvolumen ist das Volumen an Erdgas, das aus geologischen Stabilitätsgründen immer im Speicher bleiben muss. Nachdem Porenspeicher für Wasserstoff ausscheiden bleiben nur die Erdgas-Kavernenspeicher mit einem Arbeitsvolumen von rund 15,3 Milliarden Kubikmetern.[413] Das sind 15,3 Kubikkilometer, diese Zahl

411 https://www.bveg.de/wp-content/uploads/2022/06/20220610_DBI-Studie_Wasserstoff-speichern-soviel-ist-sicher_Transformationspfade-fuer-Gasspeicher.pdf; veröffentlicht Juni 2022, 222 Seiten.

412 Bundesministerium für Wirtschaft und Klimaschutz: Instrumente zur Sicherung der Gasversorgung, 2022: https://www.bmwk.de/Redaktion/DE/Artikel/Energie/gas-instrumente-zur-sicherung-der-versorgung.html

413 DVV Media Group GmbH: Untertage Gasspeicherung in Deutschland; 0179-3187/2011, 2020. DOI 10.19225/201101.

brauchen wir noch später. Um eine weitere falsche Schlussfolgerung zu vermeiden, zu der die ministerielle Website verleitet: Bei der Speicherangabe handelt es sich nicht um das Gesamtvolumen der Speicherkavernen, sondern um das Volumen des Erdgases bei Normaldruck, wenn es wieder beim Verbraucher entnommen wird.[414] Das Gas befindet sich auf bis zu 250 bar komprimiert in den Kavernen. Dass die Kavernen dicht sind, weiß man vom Erdgas,[415] nicht aber vom Wasserstoff. Der könnte mit seiner Flüchtigkeit auch aus diesen Lagern verschwinden. Dieses Risiko sickerte offensichtlich langsam und bedächtig auch in Berlin durch, wenngleich es nicht in das ideologische Konzept passte.

Deshalb ist man dabei, im brandenburgischen Rüdersdorf in 1000 Meter Tiefe in einer 500-m^3-Versuchskaverne die Speichermöglichkeiten von Wasserstoff und vor allem die Reinheit bei der Wiederentnahme zu untersuchen. Man stelle sich in diesem Zusammenhang vor, der Vorstandsvorsitzende eines Konzerns würde anordnen, sämtliche Produktionsanlagen des Konzerns durch neue zu ersetzen. Ohne vorher die neuen eingehend auf Einsatzfähigkeit, Produktivität und Wirtschaftlichkeit prüfen zu lassen. Wenn er unglaubliches Glück hätte, dann würde alles bestens funktionieren und er könnte sich feiern und prämieren lassen. Wenn alles schiefginge, dann würde er zu seinem Abschied noch eine dicke Abfindung kassieren können. Genau dies ist die Situation bei ideologisch-politischen Weichenstellungen.

414 Sie können das leicht nachrechnen: Deutschland verbrauchte 2021 90,5 Milliarden Kubikmeter Erdgas (Statista), bezogen auf den Normaldruck. Eine Dreimonatsreserve entspricht 22,6 Milliarden. Das ist geringfügig weniger als die veröffentlichte Gesamt-Speicherkapazität.

415 Mit Einschränkungen. Auch bei Kavernenspeichern gibt es Leckagen, so genannten Gasschlupf.

Gehen wir bei diesem Thema noch einen Schritt weiter und betrachten die Zweimonatsreserve, die erwähnten 565 Milliarden Kilowattstunden. Wie in Kapitel 13. nachgewiesen übersteigt selbst die Speicherung von zehn Prozent davon in Akku-Großanlagen jegliche Wirtschaftsleistung. Es sei denn die Bundesregierungen der Gegenwart und der Zukunft schüfen *Sondervermögen*, wie dies mit 100 Milliarden für die Bundeswehr und weiteren hunderten Milliarden zur Abmilderung der Energiekosten infolge des Russland-Ukraine-Krieges praktiziert wurde. Sondervermögen sind nicht die weißen Kaninchen aus dem Zauberhut, sondern die Erblast für die gegenwärtige und die künftigen Generationen. Denn es sind und bleiben Schulden. Diese Lasten wird man am schnellsten durch eine Währungsreform los, wie die Folgejahre von zwei Weltkriegen zeigten. Oder man schleppt die öffentliche Verschuldung so lange mit, bis infolge der fortschreitenden Inflation ihr Anteil gemessen am Bruttoinlandsprodukt vernachlässigbar gering ist. In beiden Fällen zahlen die Steuerpflichtigen durch Vermögensverlust, entweder abrupt oder lebenslänglich.

Führen wir also das Gedankenexperiment durch, Wasserstoff durch Elektrolyse mit grünem Strom zu gewinnen, den ersteren zu speichern und dann wieder in Strom zurück zu verwandeln. Dazu benötigen wir zuerst Wasser hohen Reinheitsgrades, sonst gibt es Probleme beim Dauerbetrieb der Anlagen. Bringt also nichts, Rhein oder Donau anzuzapfen. Wasser zu filtern und zu entsalzen kostet schon mal Energie und Geld. Technisch ist es kein Problem. Ist dieser Schritt getan, dann können wir anschließend elektrolysieren und haben nach Speicherung des so erzeugten Wasserstoffes die Wahl, ob wir mit diesem über Brennstoffzellen oder Gasturbinen wieder Strom gewinnen. Brennstoffzellen haben nach dem Stand der Technik einen Wirkungsgrad von etwa 60 Prozent. Unterstellen wir für die Zukunft, dass ein Wirkungsgrad von 70 Prozent möglich sei.

Die Stromerzeugung mit Gas-/Dampfturbinen lassen wir hier außen vor, ihr Wirkungsgrad beträgt rund 50 Prozent. Um dann 565 Milliarden Kilowattstunden aus dem Wasserstoff-Kavernenspeicher wiederzugewinnen, bräuchten wir also Wasserstoffenergie von rund 810 Milliarden Kilowattstunden. Diese chemische Energie muss mit Elektrolyse aus Wasser erzeugt werden. Seien wir auch hier optimistisch und gehen von 85 Prozent Wirkungsgrad aus, so müssten wir für den gesamten Kreislauf rund 950 Milliarden Kilowattstunden aufwenden, um an dessen Ende die besagten 565 Milliarden wieder herauszubekommen. Die Gesamtenergieerzeugung müsste somit um knapp 400 Milliarden Kilowattstunden erhöht werden, um die Zweimonatsreserve zu sichern. Entsprechend mehr Photovoltaik und Windkraft müsste damit installiert werden. Argumentieren Sie nun nicht, zwei Monate Energiepolster sei zu viel. Wenn Sie zurückblättern zu den Abbildungen 17 und 18, dann können Sie leicht erkennen, dass es bei einem Ein-Monats-Polster eng werden kann. Im Sommer scheint zwar mehr Sonne, dafür gibt es weniger Windenergie, im Winter ist es umgekehrt.

Bei dieser Betrachtung haben wir aber noch nicht den Platzbedarf für den zu speichernden Wasserstoff berücksichtigt. Er muss wie oben dargelegt einen Energieinhalt von 810 Milliarden Kilowattstunden haben. Das entspricht einem Volumen bei Normaldruck von rund 230 Kubikkilometern.[416] Alle Kavernengasspeicher Deutschlands zusammen haben jedoch nur ein Arbeitsvolumen von 15,3 Kubikkilometern! Wie erwähnt ebenfalls bei Normaldruck. Wo in aller Welt sollen 215 Kubikkilometer neuer Speicherplatz herkommen?

416 2 Gramm Wasserstoff (1 mol) haben bei Normaldruck ein Volumen von 22,4 Litern. Seine chemische Energie bei der Reaktion mit Sauerstoff zu Wasser beträgt 0,07939 kWh/mol. Das Volumen für 810 Milliarden kWh in Litern lässt sich mit dem Dreisatz berechnen, daraus die Umrechnung auf Kubikkilometer.

Selbst wenn man dem Deutschen Verein des Gas- und Wasserfaches (DVGW)[417] Glauben schenkt, in den 511.000 Kilometern Gasverteilernetz 220 Milliarden Kilowattstunden Energie auf Vorrat speichern zu können, blieben umgerechnet immer noch etwas mehr als 155 Kubikkilometer fehlendes Speichervolumen. Auch wenn Sie bei dieser Abschätzung die Werte auf eine Monatsreserve halbieren, bleibt eine erschreckende Speicherlücke. Wobei wie gehabt zwischen Speichervolumen und Arbeitsvolumen zu unterscheiden ist. Angesichts dieser Zahlendiskrepanzen ist der Verdacht zwingend, dass die politischen Betreiber des wirtschaftlichen Umbaus mit ungewissem Ausgang ganz bewusst gezielte Fehlinformation betreiben, die letztlich das Fazit Volksverdummung rechtfertigt. Eine ungenügende – Note sechs – fachlich fundierte Gesamtbewertung durch Juristen, Politologen, Soziologen und sonstigen Nichtnaturwissenschaftlern, aus denen sich die Mehrheit des Deutschen Bundestags konstituiert, ist keine nationale Schande. Aber eben diese Gesamtbewertung durch Auftragsgutachten mit vorgegebenem Ergebnis zu erkaufen oder noch kostengünstiger einfach als Umweltevangelium der Bevölkerung anzudienen, sozusagen als Erleuchtung aus der Ideologie, das ist vorsätzliche Irreführung. Wie die Lemminge laufen die Parteien, die sich immer noch als Volksparteien verstehen, hinterher.

Mit der hier beschriebenen Wasserstoffherstellung und -speicherung ist es aber noch nicht getan. Denn bisher haben wir nur über Wasserstoff als Energieträger gesprochen, nicht aber über Wasserstoff als Ausgangsstoff für eine Reihe von Synthesen für chemische Grundstoffe. Aus wird denen wiederum eine Vielzahl von chemischen Produkten hergestellt, die in nicht wenigen Bereichen unseres Lebens, auch als Arzneimittel, eine wichtige Rolle spielen. Bislang geschah dies zum Beispiel über die Schiene Erdgas – Wasserstoff – Ammoniak. Dieses ist Ausgangsstoff nicht nur für eine stattliche Palette von Stickstoff-

417 https://www.dvgw.de/pressematerial

düngern, sondern für einen reich verästelten Stammbaum von wichtigen Erzeugnissen. Ob zur Herstellung von Grundchemikalien, die ihrerseits den Grundstock für wichtige Erzeugnisse sind, ob zur Herstellung von Textilfasern, von Arzneimitteln oder für die Herstellung von Zellstoff und Papier, es ist eine Schlüsselverbindung, ohne die wir ein jämmerliches Dasein fristen müssten.

Mit oder ohne Russland-Ukraine-Krieg, nach den Plänen der großen Transformation wäre Erdgas ebenso wie Erdöl und Kohle als chemischer Rohstoff ohnehin durch Wasserstoff als Energiebasis und Rohstoff ersetzt worden. Ebenso wie Kohle bei der Verhüttung von Eisenerzen und anderen Erzen im Rahmen der Metallgewinnung. Die dafür benötigten Energiemengen sind bei dem in Kapitel 5. aufgelisteten Primärenergiebedarf noch gar nicht enthalten, denn sie werden bei der Erzeugung und dem Verbrauch von Primärenergie statistisch nicht erfasst. Umso euphorischer werden neue Technologien beschworen, die bis zum Jahr 2050 die CO_2-Klimavorgaben erfüllen sollen. Eine der erhofften Schlüsseltechnologien ist die Eisen- und Stahlherstellung mit Hilfe von Wasserstoff anstelle von Kohle. Verständlich, denn die bisherige Verhüttung trägt weltweit bis zu sieben Prozent des CO_2-Ausstoßes bei.

Grüner Stahl aus Eisenerz durch grünen Wasserstoff herzustellen ist keine Zauberei. Wenn im Chemieunterricht mit einer einfachen Versuchsapparatur gezeigt werden kann, dass Eisenoxide mit Wasserstoff in der Hitze zu Eisen reduziert werden können, dann ist dieses Prinzip auch tauglich für die industrielle Produktion. Bevor wir darauf näher eingehen einige Zahlen, um die weltweite Wirkung der europäischen und insbesondere der deutschen Pläne, grünen Stahl mit grünem Strom zu produzieren. Bilder mehr sagen als viele Worte, deshalb die Darstellung im Diagramm. *(Siehe dazu: Anhang, Seite 261, Abb. 20,* ***Rohstahlerzeugung 2021 Auswahl Ländervergleich.****)*

Was Deutschland anbelangt, so ist es mit zwei Prozent am Weltanteil innerhalb der EU zwar ganz vorne, aber global gesehen hat es das Prädikat „unwichtig". Schweden gar produziert nur rund ein Zehntel gemessen an der deutschen Produktion. Ungeachtet dessen machen sich gerade diese beiden Länder stark, die vorgegebenen EU-Ziele auch in der Stahlproduktion zu erfüllen. Bislang ist oder war die Produktion jeder Tonne Stahl mit der Emission von rund 1,9 Tonnen CO_2 gekoppelt. Das machte nach Abbildung 20 immerhin etwas mehr als zehn Prozent der weltweiten CO_2-Emission aus.[418] Dabei entfallen auf Deutschland und Schweden gerade einmal 0,23 Prozent Stahl-Emissionsanteil. Um diesen Betrag möchten die beiden Länder durch den grundlegenden Umbau der Eisenerz-Verhüttung die globale Emission vermindern. Denn von den anderen EU-Ländern konnte man außer Finnland bislang keine Innovationsvorhaben auf diesem Gebiet vermelden.

Überspringen wir gedanklich die Brückentechnologie, bei der anstelle von Kohle und Koks Erdgas zur Reduktion von Eisenerz verwendet und damit ein erster Schritt zur CO_2-Einsparung gemacht wird. Das Endziel ist der vollständige Einsatz von Wasserstoff, wo bei der Verhüttung neben Eisen in Form von Eisenschwamm lediglich Wasserdampf entsteht. Für eine Tonne Eisenschwamm benötigt man theoretisch 70 Kilogramm Wasserstoff. Klingt doch gut, oder? Wären da nicht die Grundrechenarten, die unsere Visionen stören. Mit den zu Beginn dieses Kapitels aufgeführten Zahlen landet man bei rund 3500 Kilowattstunden, die man für diese 70 Kilogramm mindestens bei der Elektrolyse von Wasser aufwenden müsste. Bleibt es bei der Rohstahl-Jahresproduktion von 40,1 Millionen Tonnen in Deutschland, dann werden abzüglich der 18,5

418 https://www.iea.org/news/global-co2-emissions-rebounded-to-their-highest-level-in-history-in-2021

Millionen Tonnen Recycling-Schrott[419/420] etwas mehr als eine Milliarde Kilowattstunden grüner Strom benötigt. Allein für den so erhaltenen Eisenschwamm bräuchte man zusätzlich 136 5-Megawatt-Onshore-Windkraftanlagen. Womit man aber noch keinen Rohstahl hätte. Dazu muss der Eisenschwamm zusammen mit Stahlschrott im Lichtbogenofen geschmolzen werden, was weitere 525 Kilowattstunden pro Tonne erfordert,[421] für die Gesamtproduktion einschließlich Recycling-Schrott also zusätzlich 21 Milliarden Kilowattstunden, womit wir insgesamt auf einen zusätzlichen Bedarf von rund 2700 5-Megawatt-Windkraftanlagen kämen. Sie sehen, da purzeln einem nur so die Milliarden vor die Füße. Dabei darf man nicht vergessen, Stahlherstellung ist ein kontinuierlicher Prozess, der muss wie bei der Glasherstellung 24 Stunden nonstop laufen, sonst sind die Anlagen kaputt. Also braucht man kontinuierliche Wasserstoff- und damit Stromversorgung. Folglich brauchen wir auch hier ein Zwei-Monats-Polster analog wie beim bisherigen Strombedarf. Das entspricht einem zusätzlichen Kavernenvolumen von zwei Kubikkilometern Wasserstoff bei Normaldruck, das bislang ebenso wenig vorhanden ist wie für die Stromreserve im Netz.

Man könnte die Energie- und Speicherbetrachtungen beliebig fortsetzen, denn jegliche Herstellung von Verbrauchs-, Gebrauchs- und Produktionsgegenständen benötigt Rohstoffe und Energie. Dabei wird in den Zukunftsträumereien auf nationaler als auch auf

---

419 https://www.recyclingnews.de/rohstoffe/schrott-vor-steiler-karriere/

420 Weltweit wurden 2021 564 Mio Tonnen Stahlschrott im Elektroverfahren recycelt, aber zum größten Teil mit Strom aus fossilen Energien. Quelle: https://www.recyclingnews.de/zahl-des-monats/564-mio-tonnen-stahl-im-elektroverfahren-produziert-stahlindustrie-setzt-weltweit-mehr-schrott-ein/

421 Kleimt, B. et al.: Erhöhung der Energie- und Materialeffizienz der Stahlerzeugung im Lichtbogenofen; ISBN 978-3-935317-86-3 TK Verlag Karl Thomé-Kozmiensky.nn

EU-Ebene tunlichst unterschlagen, dass die Gewinnung und der Transport von Rohstoffen meist aus Drittländern ebenfalls Energie verschlingt. Energie, die ganz und gar nicht grün ist. Somit bleibt zum Beispiel im grünen Stahl so lange ein kräftiger Grauschimmer, solange die Lieferländer der Rohstoffe weder wirtschaftlich noch technisch in der Lage sind, vollständig auf nicht-fossile Energiegewinnung umzustellen. Ganz abgesehen davon, dass bei der Stahlerzeugung im Lichtbogenofen zwangsläufig CO_2 entsteht durch den Verbrauch der Grafitelektroden. Aber Grün ist „in", eine Marketingsäule für den Illusionspalast „Goldene Zukunft". Ähnlich wie Bio im Supermarkt. Aber wehe, wenn der Bio-Apfel einen Wurm enthält. Deshalb sollte man bei allen Zukunftsvisionen sorgsam prüfen, ob nicht schon von vorne herein der Wurm drin ist. Sonst bleiben es Träume im Wolkenkuckucksheim.

15.

Bis zur bitteren Neige

Der Titel dieses letzten Kapitels ist von Johannes Mario Simmel (422) gestohlen. Aber der gleichnamige Roman könnte durchaus auf die Gegenwart umgeschrieben werden, es genügt, die Personen auszutauschen und die Rahmenhandlung umzudeuten. Etwa so: Die großen Erfolge der alternden Filmdiva Europa liegen bereits Jahrzehnte zurück. Die Welt, die ihr zu Füßen lag, hat sie vergessen, sie ist nicht mehr relevant im Filmgeschehen. Nun lebt sie von den Zuwendungen ihres großen Bruders in Amerika und dämmert zwischen Depressionen und Alkoholnebel dahin. Den Versuch, wieder mit einer kleinen Filmrolle Fuß zu fassen, vermasselt sie, die Grenze zwischen Wirklichkeit und Illusion verschwimmt ...

Das klingt zwar bitterböse, ist aber Realität. Bereits in den 1980er-Jahren waren sich die Fachleute deutscher Großbanken darüber im Klaren, dass das Zentrum der Weltwirtschaft künftig der *Pacific Rim* sei, jener Gürtel rund um den Pazifik, der sich von den Ländern Südost-Asiens über China bis zu den USA und über Mexiko und den Pazifikstaaten Südamerikas bis nach Australien erstreckt. Die Rolle Europas sahen bereits damals die Banker als Nebenrolle. Wie sollte auch einem Kontinent ohne nennenswerte Rohstoffe und Bodenschätze angesichts ausufernden Hedonismus und schwindender Leistungsbereitschaft mehr bleiben als eine Nebenrolle? Eingebettet in die schönste, aber übelste Variante der Demokratie, dem

422 Johannes Mario Simmel (1924–2009), österreichischer Schriftsteller und Drehbuchautor. Verfasser zahlreicher Romane, Erzählungen, Dramen, Essays und Kinderbüchern, von denen viele verfilmt wurden.

Rundum-Versorgungsanspruch der Bevölkerung, von ihren Abgeordneten zur eigenen Existenzsicherung fürsorglich gefördert.

Wie ein roter Faden zieht sich der Traum vom Schlaraffenland durch die Menschheitsgeschichte bis hin zur bedingungslosen Grundversorgung, in Deutschland über die Zwischenstation Bürgergeld. Dieses umfasst Dienst-, Geld- und Sachleistungen zumindest für zwei Jahre ohne Wenn und Aber.[423] Also kann eine Vierpersonen-Bürgergeld-Familie mit zwei Kindern bis 13 Jahren für Wohnungsmiete, Heizkosten, Krankenversicherung zuzüglich zu den Regelleistungen nach Verrechnung mit dem Kindergeld monatlich mit einer Nettozahlung von 2.952 Euro rechnen.[424] Zum Vergleich: Um einschließlich Kindergeld das gleiche Nettoeinkommen zu erzielen müsste ein berufstätiger Alleinverdiener 2023 monatlich 3.370 Euro brutto verdienen,[425] dafür aber täglich zur Arbeit gehen/fahren und er könnte seine Wegekosten zur Arbeitsstelle nur zum geringen Teil steuerlich geltend machen. Entschließt sich der Bürgergeldbezieher zu einer Teilzeitarbeit und verdient damit monatlich netto 1.000 Euro, dann kann er sein Monatseinkommen auf 3.772 Euro aufstocken[426] und lebt trefflich davon im Vergleich zum Vollzeitbeschäftigten. Zumindest für zwei Jahre. Dann ein Weiterbewilligungsantrag gestellt oder ein Jahr malochen wie dies die Dummen ein Leben lang tun, anschließend wieder zwei Jahre Hängematte.

Werten Sie diesen Absatz nicht als herzlose Diskriminierung derer, die gesundheitlich nicht mehr in der Lage sind, ihren Lebensunterhalt

423 Bundesministerium für Arbeit und Soziales: https://www.bmas.de/DE/Service/Gesetze-und-Gesetzesvorhaben/Buergergeld/buergergeld.html

424 https://www.buerger-geld.org/rechner/ergebnis/ Voraussichtlicher Anspruch 2023, wobei 1.000 Euro für Miete, 500 Euro für Heizung und 22 Euro Zuschuss Warmwasser angenommen wurden.

425 Lohnsteuer-Rechner: Lohnsteuerklasse 3/2 mit Kirchensteuer

426 https://www.buerger-geld.org/zuverdienst/

zu verdienen. Die Rede ist auch nicht von Alleinerziehenden mit kleinen Kindern, was zumindest für einige Jahre keine Vollzeitbeschäftigung erlaubt. Aber es kann nicht geleugnet werden, dass ein beträchtlicher Teil der Bezieher keine sonderliche Neigung zu dauerhafter Beschäftigung hat und auch keine Bereitschaft zeigt, sich durch Fortbildung beruflich zu qualifizieren. Sofern die Intelligenz dafür vorhanden ist. Bei manchen Ausländern kommt noch die Weigerung hinzu, die deutsche Sprache zu erlernen. Das brauchen sie auch nicht, die staatliche Apanage sprudelt auch so. Man schlendere nur einmal durch die Prekariatsviertel der Großstädte, wo die Kinder das süße Elend des Nichtstuns von den Eltern lernen. Da gibt es keine Behörde wie zum Beispiel in der Schweiz, wo sich die Bezieher von Arbeitslosengeld wöchentlich melden müssen, um ihren Unterhaltsanspruch aufrecht zu erhalten. Die Gutmenschen deutscher Parteien würden dies als entwürdigend schmähen. Diese Menschen müssten autoritär an die Hand genommen werden, um wieder in der Selbstversorgung zu landen. Auch hier gilt die Erfahrung: Menschen müssen geführt werden, Menschen wollen geführt werden. Mit gut zureden und sozialen Streicheleinheiten kommt man keinen Schritt weiter, sondern fördert die Anspruchshaltung. Der Wahn von absoluter Selbstbestimmung und Selbstverwirklichung ist nichts Anderes als schrankenloser Egoismus, der tödlichgiftige Pfeil ins Herz eines jeden Gemeinwesens, im Kleinen wie im Großen.

Wie zu Zeiten der römischen Kaiser sind Brot und Spiele die Garanten für die Ruhigstellung des Prekariats, heute despektierlich umbenannt in Stütze und Glotze. Im Unterschied zu damals allerdings müssen die Bürger die Spiele selbst bezahlen in Form des Rundfunkbeitrags, aus dem es mit wenigen Ausnahmefällen kein Entkommen gibt, womit er zu einer Quasi-Steuer wird. Bezieher von Arbeitslosengeld 2 sind eine solche Ausnahme, wenn sie dies beantragen. Nebenwirkung der Konstruktion: Nach der Redewendung *Wes Brot ich ess, des Lied ich sing* vermeiden es öffentlich-rechtliche Sender tunlichst, scharfe Kritik an den Regierungen von Bund und Ländern zu üben, auch wenn diese mehr als berechtigt ist. Kräftige Schelte können dagegen Parteien erwarten, deren Umzug auf die Regierungsbank nicht befürchtet werden muss. Als Konsequenz beansprucht der Bereich Arbeit und Soziales im Deutschen Bundeshaushalt 2022 35 Prozent der Gesamtausgaben, mit dem Bundeszuschuss für die Krankenversicherung sind es 41,2 Prozent, was im Verbund mit den anderen Ausgaben nur mit einer Nettokreditaufnahme von knapp 100 Milliarden Euro zu bewerkstelligen ist. Dabei sind die 300 Milliarden aus den „Wumms- und Doppel-Wumms" für Bundeswehr und Gaspreis-Abwehrschirm als Sondervermögen bezeichneten Schulden noch nicht enthalten.

Angesichts dieser finanziellen Misere, die übrigens neben den deutschen Bundesländern auch die anderen EU-Staaten ähnlich heimsucht, bleiben für die großartig proklamierte große Transformation zumindest aus dem Staatssäckel allenfalls ein paar magere Euro. Mit anderen Worten, dringende jahrzehntelang unterlassene Sanierungsmaßnahmen auf allen Gebieten der Infrastruktur, sei es Verkehr, digitale Vernetzung, Verwaltungs- und Genehmigungsverfahren und vieles mehr bleiben auf der Strecke. Von der Verteidigungsfähigkeit ganz zu schweigen. Folglich ist der wirtschaftliche Umbau in Richtung CO_2-Neutralität Unternehmensangelegenheit und Privatsache ohne Wenn und Aber. Schließlich unterstellt man, dass „die" Unternehmen letztendlich satte Gewinne machen, womöglich sogar Übergewinne, ist die Transformation erst mal vollständig abgearbeitet. Nicht in Erwägung wird gezogen, dass viele von ihnen auf dem Weg dorthin im globalen Wettbewerb auf der Strecke bleiben.

Bislang ist man dazu ein Trippelschrittchen vorangekommen, von vollmundiger Politpropaganda und gewieften Werbemanagern aufgeblasen zu Gullivers Riesenschritten im Zwergenland.[427] Die Gründe für die nahe an der Stagnation dahindümpelnde Entwicklung sind rasch aufgezählt und gelten nahezu für ganz Europa.

- Ausufernde, hemmende und zeitaufwendige Bürokratie sowie Denkmalschutz bei Genehmigungsverfahren.
- Mangelnde Akzeptanz in der Bevölkerung und Verhinderungsaktionen durch Interessensgruppen bei Windkraftanlagen und Stromtrassen.
- Fachkräftemangel, allgemein Arbeitskräftemangel in ganz Europa.
- Jugendarbeitslosigkeit durch Akademikerüberhang einerseits und Schul-/Ausbildungsabbruch andererseits.
- Demographische Entwicklung in Europa.

Über die wie Unkraut in fetter Erde wuchernde Bürokratie auch beim Aufbau nicht-fossiler Energieerzeugung brauchen wir nicht viele Worte zu verlieren. Am problemlosesten ist das Photovoltaikmodul auf dem eigenen Hausdach, solange das Haus nicht unter Denkmalschutz steht oder die Module das Gesamtbild des Ortes stören. Ist also nichts für das malerische Bauerngehöft in einem Dorf in den bayerischen Alpen. Komplizierter wird es bei den Wärmepumpen, wie in Kapitel 9. geschildert. Der bekannte lange Atem ist erforderlich bei Windkraftanlagen, die bekanntlich den Hauptanteil nicht-fossiler Energie erzeugen sollen. Stand 2022 muss man für eine Onshore-Anlage je nach Leistung, Nabenhöhe und Bundesland zwischen neuerdings 15 Monaten und fünf Jahren rechnen.

---

427 Jonathan Swift: Gullivers Reisen, ein satirischer Roman, Erstveröffentlichung 1726.

Ist die Anlage endlich genehmigt, sind alle Teile der Anlage bestellt und lieferbereit, dann braucht es nur noch 60 bis 80 jeweils buchdicke Einzelgenehmigungen für den Transport der Teile zur Baustelle,[428] wobei Bund, Länder und Kommunen einzeln die Anträge bearbeiten und genehmigen, je nach Zuständigkeit für die Straßen. Und wehe, ein schützenswerter Baum behindert den Schwertransport, dann muss eine neue Route mit einem neuen Genehmigungsverfahren gefunden werden.

Mangelnde Akzeptanz in der Bevölkerung und Verhinderungsaktionen durch Umweltaktivisten und Naturschützer sind hinlänglich bekannt. Ganz nach dem Motto: Grüne Energie selbstverständlich ja, jedoch bei mir nur durch die Steckdose. Surrende Rotoren, Stromtrassen, igittigitt. Wasch´ mir den Pelz, aber mach´ mich nicht nass. Dabei darf man die objektiven Kriterien nicht außer Acht lassen. Die Rotoren von Windkraftanlagen erzeugen je nach Blattspitzengeschwindigkeit aerodynamische Geräusche unterschiedlicher Intensität, weshalb sie den Bestimmungen des Bundesimmissionsschutzes sowie den technischen Anleitungen zum Schutz gegen Lärm (TA Lärm) unterliegen. Rotordurchmesser und Umdrehungen pro Minute bzw. Sekunde bestimmen die Blattspitzengeschwindigkeit, die damit auch für Vögel und Fledermäuse entscheidend sein kann. Wenn man durch die Lande fährt und bei den Windkraftanlagen die Drehzahlen stoppt, dann kommt man in der Regel auf zwei bis vier Sekunden für einen Umlauf. Bei einem Rotorblatt von 80 Metern Länge begegnet also einem anfliegenden Vogel eine Blattspitze mit einer Geschwindigkeit von rund 250 bzw. 125 Metern pro Sekunde,[429] das sind immerhin Reisegeschwindigkeiten

428 Focus Online, 21.07.2022

429 Geschwindigkeit = Kreisumfang*Drehzahl = 2*r*pi = 2*80*3,14*0,5 (0,25) = 250 (125) m/s. Drehzahl = 1/2 bzw. 1/4 s^{-1}. Das Rechenbeispiel basiert auf einer modernen großen Anlage.

eines Düsenjets bzw. einer Turboprop-Maschine, die bis zur Rotorblattmitte zwar um die Hälfte abnehmen, für Ausweichmanöver der biologischen Flieger aber immer noch zu schnell sind. Zum Glück umfliegen die meisten Vögel Windkraftanlagen, dafür sorgt schon deren Schall. Trotzdem gibt es einen Blutzoll. Inkonsequent sind die Tierschützer aber dann, wenn angesichts totgefahrener Kröten, Igel, Hasen, Füchse und Rehe auf den Landstraßen nicht vor den Autokonzernen gegen den Automobilbau demonstriert wird. Was allerdings wiederum logisch ist, denn dorthin kommt man nur mit dem Auto oder Bus.

Verlassen wir beim Thema Große Transformation Bürokratenärger und Aktivistenwiderstand. Irgendwann werden die europäischen Regierungen und insbesondere die deutsche verlässliche Zahlen in ihren Fachausschüssen haben, um das gewaltige Vorhaben Null-Emission unter Ausschluss von Ideologievorgaben durchkalkulieren zu lassen. Die Zahlen gibt es zwar heute schon, wie in diesem Buch reichlich, aber nicht vollständig aufgelistet. Dann wird sich unter anderem herausstellen, dass die 2-Prozent-Flächenvorgabe für Windkraftanlagen eines dann vormaligen Bundesministers für Wirtschaft und Klimaschutz, Robert Habeck, bei weitem nicht ausreicht.

Null-Emission CO_2 bedeutet einen Strukturwandel während einer Generation, wie er in der Menschheitsgeschichte noch nie vorgekommen ist. Es bedeutet, sämtliche handwerklichen und industriellen Prozesse infrage zu stellen, bestehende Produktionsanlagen und Wertschöpfungsketten zu zerstören und neue zu erschaffen, welche den quasireligiösen Geboten des Gottes Klimaschutz genügen. Unterstellen wir, die hierfür erforderlichen finanziellen Mittel würden herbeigezaubert, dann könnte in Deutschland und ganz Europa fortgesetzt und vollendet werden, was bislang in mehr als zwanzig Jahren nur mühsam vorankam. Die vollständige Wärmeisolierung aller Wohn- und Geschäftshäuser einschließlich der Betriebsgebäude,

Wärmerückgewinnung aller Abluft, Photovoltaik auf allen Dächern und einem Großteil der Felder. Der flächendeckende Ausbau einer leistungsfähigen und kostengünstigen Verkehrsinfrastruktur, welche den Individualverkehr minimiert. Denn vor dem Bau fossil-freier Kraftwerke sollte und muss zuerst die Energieeinsparung stehen.

Die Umstellung der gesamten chemischen Industrie auf Wasserstoffbasis, weg von der Petro- und Kohlebasis, damit verbunden die Kombination von Industriezweigen in unmittelbarer Nachbarschaft, um im Produktionsprozess unvermeidlich emittiertes CO_2 gleich vor Ort zu binden oder für Synthesen zu nutzen. Der Aufbau einer gigantischen und zwangsläufig energiefressenden Kreislaufwirtschaft, in der alle Produkte nach ihrem „Ableben" nach Bestandteilen getrennt und wiederverwertet werden können. Aus der Sicht eines Chemikers ist dies alles möglich. Denn hätte es zum Beispiel keine Kohle gegeben und statt ihrer in den Flözen nur jede Menge alter Autoreifen, dann hätten die Chemiker eben aus diesem „Rohstoff" die gesamte chemische Industrie aufbauen können.

Angesichts dieser losen Aufzählung erkennen Sie leicht, dass bei dem vorgegebenen EU-Projekt wirtschaftlich kein Stein auf dem anderen bleiben würde. Allerdings ein Vorhaben ohne die wichtigste Voraussetzung: Millionen von Menschen, die koordinierend planend und praktisch arbeitend in der Lage sind, dies zu schaffen. Der Bedarf an Menschen bezieht sich auf alle Leistungsebenen, vom exzellenten Wissenschaftler und Planer über den hochqualifizierten Handwerker bis hin zum weniger qualifizierten Arbeiter. Für diesen Masterplan der Menschheit braucht man Leute, die zupacken können, die Initiative ergreifen, die auf die 35-Stundenwoche pfeifen und die über Life-Work-Balance nur lächeln. Diese Menschen fehlen in ganz Europa. Händeringend werden in Anzeigenblättern in ganzseitigen Inseraten Arbeitskräfte für einfachste Aufgaben gesucht. Für Facharbeiter und Facharbeiterinnen nehmen manche

Firmen Zuflucht zu Headhuntern, den modernen Menschenjägern für den Arbeitsmarkt. Bei Automobilkonzernen ist es üblich, den Beschäftigten 14 Monatsgehälter plus Jahresprämie zu zahlen, nur um eine Abwanderung zu verhindern. Wo sollen dann die zusätzlichen Arbeitskräfte für den großen Wurf herkommen?

Wenn man in den Web-Seiten der Länder wie Frankreich, Spanien, Italien usw. stöbert, dann trifft man überall auf das gleiche Problem: Es fehlen einfach die Menschen. Gebetsmühlenhaft vorgetragene Forderungen, über Einwanderung den Fachkräftebedarf zu decken, sind in fast allen EU-Mitgliedsstaaten gang und gäbe. Aber die Fachkräfte kommen nicht, angestrandet werden fast ausschließlich Menschen aller Schattierungen, deren berufliche Qualifikation allenfalls für Hilfsarbeiten ausreicht. Begleitet von der sprachlichen Barriere, die ohne kräftige Eigeninitiative auf Jahre hinaus bestehen bleibt, denn die Ankömmlinge bilden schnell Gemeinschaften, die oft genug in Parallelgesellschaften münden. Das ist kein Vorwurf an die, die ankommen. Das ist eine ganz und gar normale psychologisch fundierte Reaktion. Ähnlich verhielten und verhalten sich europäische Auswanderer, die in Nord- oder Südamerika ankamen. Qualifizierte Arbeitskräfte müssten aus Drittstaaten angeworben werden, denn Europa lechzt insgesamt danach. Aber wäre dies nicht eine neue Form des Kolonialismus? So wie vor Jahrhunderten die Sklaven gefangen und verkauft wurden, so würden in eben diesen Ländern die tatsächlichen und potenziellen Leistungsträger weggekauft. Auf dass diese Länder noch weiter im Sumpf der Armut und der Abhängigkeit versinken. Dabei geht es nicht um das Neudeutsche *Braindrain*, die Abwerbung von Akademikern, sondern um die wichtigste Elite eines Landes, die qualifizierten Fachkräfte und Handwerker, ohne die keine Volkswirtschaft auf Dauer einen einmal erreichten Wohlstand erhalten kann.

Wie sieht die Zukunft eines Landes aus, wenn rund ein Siebtel der arbeitsfähigen Jugendlichen zwischen 15 und 29 Jahren dauerhaft arbeitslos ist? Diese Frage müssen sich nicht nur Griechenland und Spanien stellen, sondern die Hälfte aller EU-Staaten. Deutschland nimmt mit 5,6 % in der Hitliste den letzten und damit besten Platz ein.[430] Aber auch das ist zu viel. Angesichts der dringend gesuchten Arbeitskräfte besonders in den am stärksten betroffenen Ländern eigentlich ein Hohn und ein Armutszeugnis. Am Ausbildungssystem kann es nicht liegen. Griechenland hat nach Kroatien mit 95 % die höchste Abschlussquote im Sekundarbereich II (entspricht Berufsschulabschluss im dualen System), aber die höchste Jugendarbeitslosigkeit in der EU. Spanien dagegen hat nach Luxemburg die niedrigste Quote im Sekundarbereich II, rangiert aber in der Jugendarbeitslosigkeit gleich nach Griechenland. Liegt es daran, dass die jungen Männer und Frauen sich weigern dorthin zu gehen, wo jede Menge Unternehmen mit offenen Stellen, gut dotiert und krisenfest, auf die Bewerbung vergeblich warten? Dazu müssten jedoch die jungen Leute der Generation Schneeflocke die jeweilige Landessprache lernen. In Deutschland wurde der Versuch mit jungen Spaniern gemacht, die Hälfte warf das Handtuch.[431] Ohne Härte gegen sich selbst und den Willen, in Abendkursen intensiv die Landessprache zu lernen, klappt das nicht. Dazu kommt die weit auseinanderklaffende Schere bei Hochschulabsolventen und Schulabbrechern. Im Wintersemester 2020/21 standen in Deutschland 2,9 Millionen Studentinnen und Studenten 1,5 Millionen junge Menschen zwischen 25 und 34 Jahren gegenüber, die keinerlei

430 Statista/Eurostat: Europäische Union: Jugendarbeitslosenquoten in den Mitgliedsstaaten im August 2022. 04.10.2022

431 Deutschlandfunk/Archiv: Ludger Fittkau, 08.08.2016; Spanische Auszubildende – Die Sprache ist oft das größte Problem.

Schulabschluss vorweisen konnten.[432/433] Sicherlich mit eine Folge der Flüchtlingswelle der Jahre 2015 und folgende, aber nicht nur.

Woher also sollen die nicht nur für das „tägliche" Wirtschaftsleben dringend benötigten Arbeitskräfte kommen? Sondern in naher Zukunft für das bombastische Vorhaben der Großen Transformation? Menschen fehlen nicht nur in Deutschland, sondern in allen Ländern Europas in allen Bereichen. Die Ursache dafür ist recht banal. Effektive Geburtenkontrolle wird in den Ländern erfolgreich praktiziert, die das nicht sollten und in jenen Ländern ebenso erfolgreich verweigert, die das müssten. Die folgenden Grafiken zeigen anschaulich die Entwicklung seit 1950. *(Siehe dazu: Anhang, Seite 262, Abb. 22, **Altersmedian Europa – Deutschland 1950–2021**, Seite 262, Abb. 23, **Geburten pro Frau Europa – Deutschland 1950–2021**, Seite 264, Abb. 23, **Afrika/Asien Altersmedian und Geburten pro Frau**.)*

Die drei Abbildungen bedürfen eigentlich keiner besonderen Erläuterung. Europa und insbesondere Deutschland ist im Verbund mit weiter steigender Lebenserwartung auf dem Wege zur Vergreisung und des dementen Dahindämmerns. China hinkt dieser Entwicklung nur 10 Jahre hinterher, bis 2032 hat es den gleichen Altersmedian wie Deutschland 2022.[434] Und damit auch die gleichen Probleme. Die politische Gilde in ganz Europa brummelt angesichts dieser Entwicklung stets das gleiche Mantra vor sich hin: Anwerbung und Einwanderung von Fachkräften, egal woher, egal welcher Hautfarbe. Ob Frankreich, Spanien, Italien, alle wollen wie Deutschland die eigene Bevölkerungsmisere durch Menschenimporte mildern und nach Möglichkeit vollständig kompensieren. So

432 Statista: J. Rudnicka, 07.09.2022: Statistiken zum Thema Studium.
433 OECD Bildung auf einen Blick 2022, 582 Seiten.
434 Statista: René Mutschler, 17.08.2022; Durchschnittsalter der Bevölkerung Chinas bis 2050

wie man Waren importiert, so möchte man auch hochqualifizierte Arbeitskräfte importieren. Aber das klappt nicht, denn „Man hat Arbeitskräfte gerufen, und es kommen Menschen“, um den Schriftsteller Max Frisch[435] zu zitieren.

Menschen kommen in Hülle und Fülle nach Europa aus all den Ländern, in denen Kriege, Elend und fehlende Zukunftsperspektiven zum Abwandern bewegen. Aber nur ein Teil von ihnen kann in einen wie auch immer gearteten modernen Arbeitsprozess eingegliedert werden. Das aber bräuchten die Volkswirtschaften Europas, soll der alte Kontinent durch und durch ergrünen. Insofern ist es ein unverantwortlicher Politiker- und Bürokratenwahn, den Ankömmlingen zwar Aufenthaltsgenehmigung befristet oder unbefristet zu gewähren, aber keine Arbeitserlaubnis. Selbst dann nicht, wenn Firmen dies dringend beantragen. Und andererseits lamentieren die gleichen Politiker, Deutschland brauche dringend Fachkräfte. Wogegen Arbeitsunwillige, siehe eingangs dieses Kapitels, in der Hoffnung auf Wahlstimmen in der sozialen Hängematte alimentiert werden. Die Bevölkerung, ehemals als Volk bezeichnet, trägt dies stoisch resignativ mit, um bei lautem Murren oder hörbaren Protesten nicht als Diskriminierer oder Ultrarechte tituliert zu werden. Auch das ist eine subtile Form der Volksverdummung.

Gehen wir bei dieser Betrachtung unter dem Aspekt Große Transformation noch einen Schritt weiter. Nahezu alle hauptsächlichen Bauteile von Photovoltaikanlagen werden nicht oder nur zum geringen Prozentsatz in Deutschland oder Europa hergestellt. China, Südkorea und andere südostasiatische Staaten haben den Markt unter sich aufgeteilt. Gleiches gilt in etwas geringerem Ausmaß

435 Max Rudolf Frisch (1911–1991), Schweizer Schriftsteller, Verfasser von Theaterstücken, Erzählungen und Romanen, z. B. Biedermann und die Brandstifter, Stiller, Homo faber, Mein Name sei Gantenbein, Don Juan oder Die Liebe zur Geometrie.

für die Windkraftanlagen. So zum Beispiel ist der letzte Hersteller von Rotorblättern aus Deutschland verschwunden. Die Produktion der Seltenerdmetalle für die Permanentmagnete in den Stromgeneratoren beherrscht China mit einem Weltmarktanteil von fast 60 Prozent.[436] Zusammen mit den fehlenden Arbeitskräften, dem schier endlos wachsenden bürokratischen Dschungel nicht nur in Deutschland sowie der postfaktischen querdenkerischen Ablehnung neuer Technologien kein gutes Feld für die Saat einer CO_2-freien Zukunft in Europa.

Wie in den vorangehenden Kapiteln widerspruchsfrei dargelegt, werden die Investitionen in einen kompletten Umbau der Energieerzeugung hin zu ausschließlich grüner Energie und deren Speicherung allein in Deutschland Billionen und Aberbillionen Euro kosten. Wohlweislich verschweigen dies Bündnis 90/Die Grünen und mit ihnen im Schlepptau die Parteien, die sich als Volksparteien titulieren. Die Einzelrechnungen werden ja nicht im Block zu Weihnachten präsentiert, sondern Jahr für Jahr, mal eine Billion, mal zwei oder mehr. Abgesehen davon, dass sich niemand diese Zahlen vorstellen kann, es wirkt der Gewöhnungseffekt. 100 Milliarden? 200 Milliarden? Kein Problem, diese Zahlen begleiten das Jahr 2022. Eine Billion? Die wird 2025 ebenso verständnislos akzeptiert werden wie die Hundert-Milliarden drei Jahre zuvor. Vorausgesetzt, die Energiespeicher lassen sich realisieren, wie es notwendig ist. Denn wir sprechen über die bessere Zukunft, nicht über die Kosten.

Über die Kosten machen sich allenfalls Volkswirtschaftler und Betriebswirtschaftler Gedanken. Die aber werden zu diesem Thema in den Parlamenten nicht gehört. Denn angesichts der dargelegten

436 elektroniknet.de: Heinz Arnold, 24. März 2021; Seltene Erden – Diese zehn Länder produzieren am meisten. https://www.elektroniknet.de/power/diese-zehn-laender-produzieren-am-meisten.184867.

Unsummen werden zumindest in der globalen Übergangszeit zum restlos grünen Zeitalter die Schrittmacher Deutschland und Europa in der Kosten-Nutzen-Falle sitzen. Denn die Produktion von Wirtschaftsgütern wird so lange auf dem Weltmarkt nicht wettbewerbsfähig sein, solange die Energiekosten und damit die Erzeugerkosten in den „grünen" Staaten höher sind als in den „grauen". Dass die nicht-fossile Energiegewinnung auf viele Jahre hinaus teurer bleiben wird als die fossile, ist so sicher wie das Amen in der Kirche. Denn letztlich muss in neue Anlagen, Stromtrassen und Energiespeicher zuerst investiert werden, um dann Energie zu gewinnen. Diese Investitionskosten fließen notgedrungen in den Erzeugerpreis ein, währenddessen in den „grauen" Ländern dieser Kostenanteil entfällt. Damit ist es sehr wahrscheinlich, dass in den „grünen" Ländern eine Deindustrialisierung stattfindet. Denn Konzerne bis hin zu den mittelgroßen Unternehmen werden, sofern sie globale Märkte bedienen, dorthin gehen, wo am kostengünstigsten zu produzieren ist.

Unterstellen wir, ausnahmsweise der Tagträumerei zugeneigt, innerhalb der EU gelänge planmäßig bis 2050 die Umstellung auf fossilfreie Energieerzeugung. Dies im Verein mit den Industriezweigen, die bislang CO_2 als zwangsläufiges Neben- oder Abfallprodukt freisetzten. Dann wäre die globale CO_2-Emission auf der Basis des Jahres 2021 um gerade einmal 9,6 Prozent gesunken.[437] Ob man damit die Welt retten kann? Denken wir das Szenario weiter. Der weitaus größte Teil der Anlagen, mengen- bzw. massenmäßig, muss wie oben dargelegt aus Drittländern bezogen werden. Diese produzieren bislang und mit Sicherheit noch über Jahrzehnte mit fossiler Energie. Also wird die Herstellung von Anlagen für fossil-freien Strom zunächst einen Mehrverbrauch an fossiler Energie und damit eine

437 https://www.iea.org/reports/global-energy-review-co2-emissions-in-2021-2. Globale Emission 2021: 36,3 Milliarden Tonnen.

höhere Emission von CO_2 mit sich bringen. Das heißt, zunächst treiben wir den Teufel mit Beelzebub aus.

Fantasieren wir weiter und unterstellen, bis 2070 hätten alle Länder dieser Welt einen annähernd gleichen Lebensstandard und würden die dafür erforderliche Energie restlos aus nicht-fossilen Quellen decken. Dann würde ein vergleichbarer Effekt eintreten wie beim Modell Europa. Annähernd gleicher Lebensstandard bedingt zunächst einen steilen Anstieg des fossilen Energieverbrauchs. Der allerdings ist unabdingbar für die Finanzierung der Investitionen in die angestrebte Null-CO_2-Ära. Der sich daran anschließende Übergang zur fossil-freien Energieerzeugung würde wie in Europa aus dem gleichen Grund einen weiteren Anstieg der Emissionen mit sich bringen. Oder aber der Übergang verläuft parallel zur globalen Egalisierung des Lebensstandards, finanziert von den „alten" Ländern und der Weltbank. Wobei dieser Weg nur über eine gigantische globale Verschuldung gangbar ist, ein ungedeckter Wechsel auf die Zukunft.

Dazu kommt ein weiterer Wermutstropfen in das nur scheinbar berauschende Zukunftsgetränk. Besser gesagt ein ganzes Sortiment an Bitterstoffen. In vier von fünf Kontinenten liegt die Reproduktionsrate pro Frau zum Teil deutlich unter zwei. Afrika bleibt das demografische Tsunamizentrum mit 4,3 Geburten. Das heißt ganz nüchtern, dass mit einer Zeitverschiebung von maximal zehn Jahren diese drei Kontinente die gleichen Probleme erwarten, mit denen Europa und insbesondere Deutschland schon heute kämpfen.[438] Auf lange Sicht wird eine Menschenlawine aus Afrika das alte Europa überrollen, der Mittelmeerraum ist nur der Beginn. Sofern sich der gebrechliche alte Kontinent nicht mit Waffengewalt dagegen wehrt. Diese Option ist heute ein Sakrileg. Noch.

438 Siehe Fußnote 440.

Die Zukunft der Kontinente hin oder her, ob mit Menschen oder ohne, immer wird es Wetter geben. Mal schön, mal schlecht, mal mit Katastrophen, mal ohne. In der Regel wahllos verteilt über die ganze Welt, zuweilen mit erkennbarem Trend, manchmal in chaotischem Zick-Zack. Die Summe der Wetterereignisse, also der Zustand der Atmosphäre, in einem bestimmten Gebiet über einen längeren Zeitraum ergibt das Klima. Wie im Verlaufe dieses Buches gezeigt ist es mehr als fragwürdig, einen einzigen Faktor – die Treibhausgase – als Ursache für Wetteranomalien und Wettertrends zu deklarieren. Wäre dem so, dann müsste vor zwei Jahrtausenden – siehe Kapitel 2. – der CO_2-Gehalt der Atmosphäre höher gewesen sein als heute. Denn damals lag die globale Durchschnittstemperatur um zwei bis zweieinhalb Grad Celsius höher als heute. Das ist mehr als der internationale Weltklimarat[439] als Erwärmung zugestehen möchte. Damit soll beileibe nicht bestritten werden, dass Treibhausgase und insbesondere CO_2 wirkungslos sind. Die physikalischen Grundlagen kann man nicht leugnen. Aber sie sind nicht alleinverursachend.

Angesichts dieser Diskrepanz könnte man mutmaßen, dass die verteufelten anthropogenen Treibhausgase in unserer ach so aufgeklärten Zeit eine ähnliche Rolle spielen wie die Sünden der Menschen im Mittelalter: als *die* Ursache für Unwetter, Missernten, Überschwemmungen und andere Katastrophen. Was die Priester bis ins späte 18. Jahrhundert von der Kanzel predigten und christliche Sekten noch heute behaupten, sollte die Menschen disziplinieren und gefügig machen im Sinne der göttlichen Gebote. Das war die religiöse Form der Volksverdummung. Nachdem es in laizistischen Staaten keinen Gott und keine Götter mehr gibt, sondern nur noch Gespenster,[440] haben andere die Rolle der Sündenprediger übernommen und neue

439 IPCC – Intergovernmental Panel on Climate Change

440 Frei nach Novalis (1772–1801): Wo keine Götter sind, da walten Gespenster ...

Kardinalsünden gefunden. Das Ergebnis ist partiell das Gleiche: Die Kardinal-Umweltsünde CO_2 und die Hölle des Klimawandels. Auch dies eine Form der Volksverdummung. Denn das wirkliche Problem müsste benannt werden, wird aber verdrängt: Wieviel Menschen verträgt die Erde?

Anhang

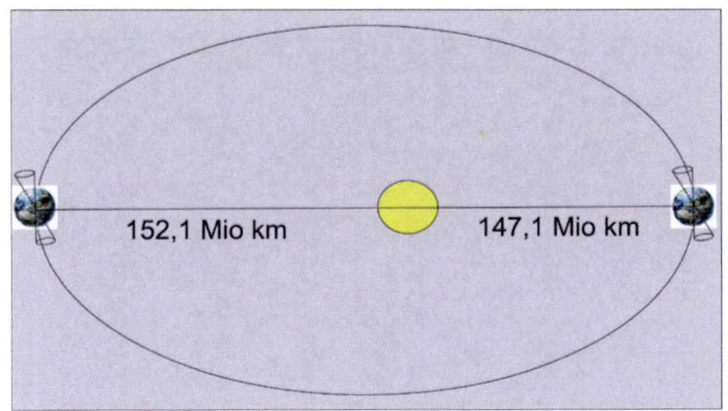

Abb.1: Exzentrizität und Obliquidität, stark überzeichnet

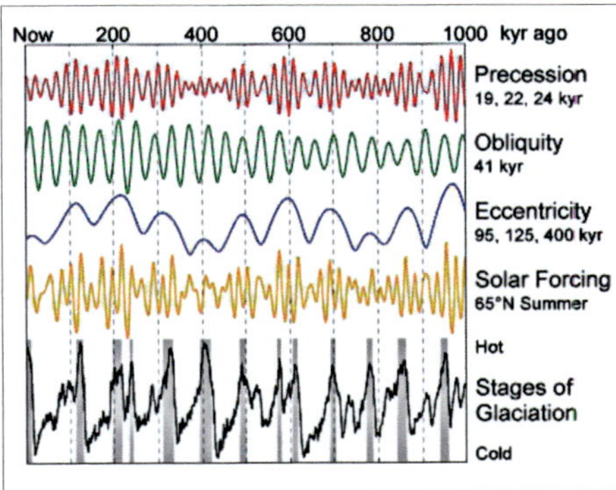

Abb. 2: Solarstrahlung und Eiszeiten im Zeitraum einer Million Jahre bis heute

Quelle: https://de.wikipedia.org/wiki/Milankovi%C4%87-Zyklen, Grafik von Robert A. Rohde. Open Content.

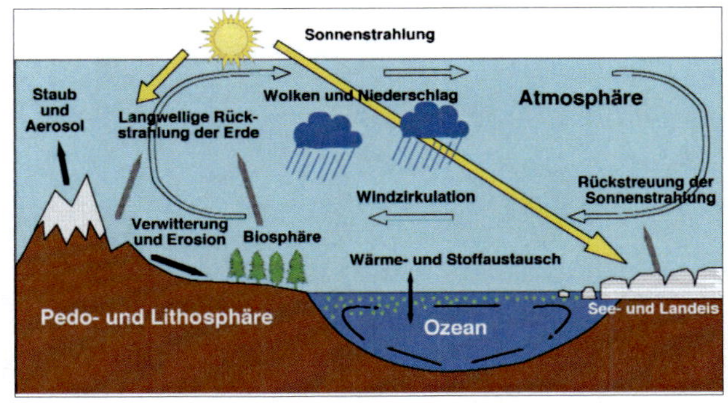

Abb 3: Klimarelevante Faktoren

Quelle: Abbildung aus: W. Oschmann: Vier Milliarden Klimageschichte im Überblick, Deutscher Wetterdienst, Klimastatusbericht 2003

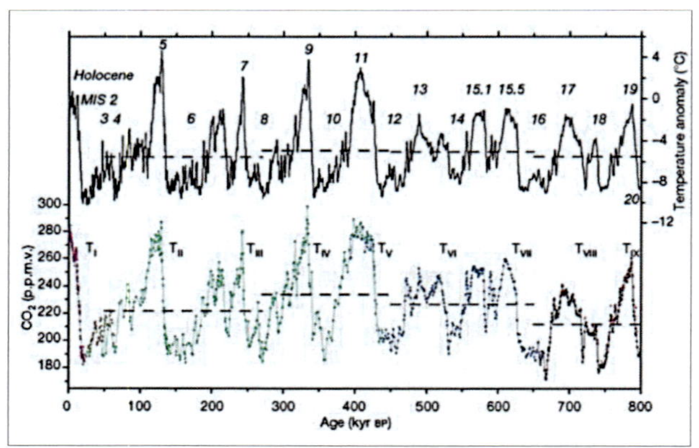

Abb 4: CO2-Gehalt und Temperaturschwankungen in den letzten 800.000 Jahren. Entnommen aus CO2-Gehalt und Temperatur-schwankungen in den letzten 800.000 Jahren. Entnommen aus

Quelle: Lüthi Dieter et al.: High-resolution carbon dioxide concentration record 650,000–800,000 years before present; Nature 453, 379-382 (2008), https://doi.org/10.1038/nature06949

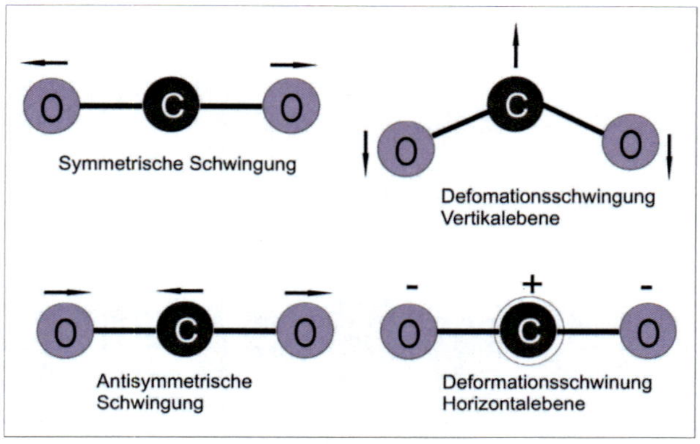

Abb 5: Darstellung CO2-Molekül Schwingungszustände

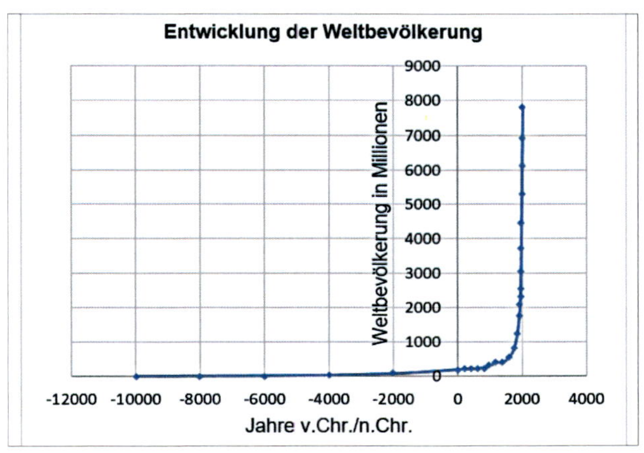

Abb 6: Entwicklung der Weltbevölkerung seit 12.000 Jahren

Quelle: Die Daten zur vorliegenden Grafik wurden den Angaben in: https://de.statista.com/statistik/daten/studie/1066248/umfrage/geschaetzte-entwicklung-der-weltbevoelkerung/(Weidenbach, Bernhard, 20.01.2021) und United Nations World Population Prospects 2019 entnommen.

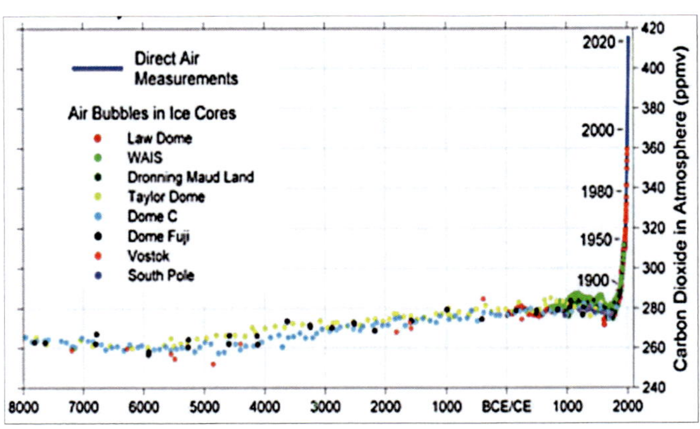

Abb 7: 10.000 Jahre CO2 / 10,000 Years of Carbon Dioxide

Quelle: http://berkeleyearth.org/dv/10000-years-of-carbon-dioxide/ Open Source

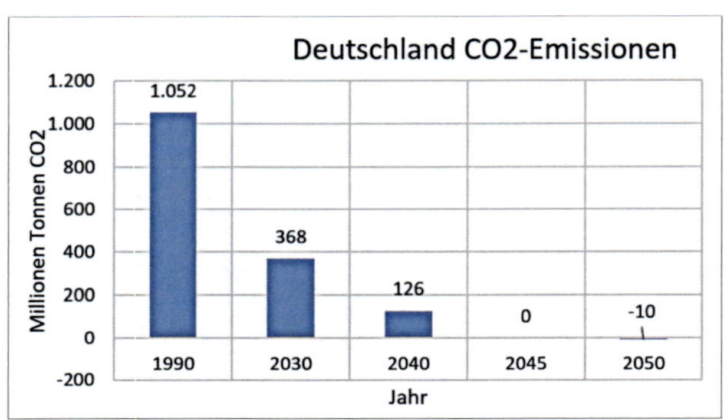

Abb 8: CO2-Emissionsplan Basis 1990

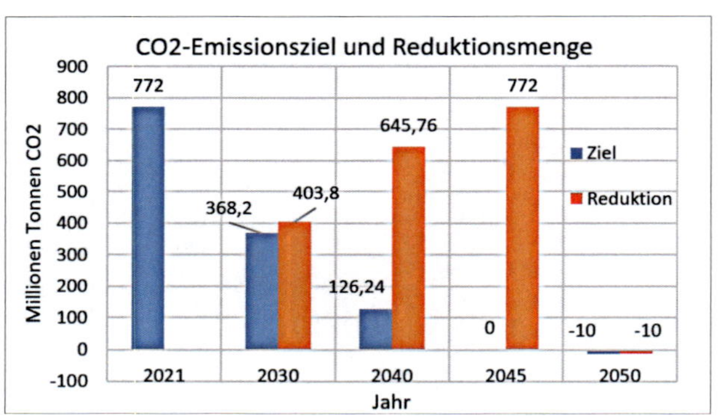

Abb 9: CO2-Äquivalente Reduktionsmenge bis 2045

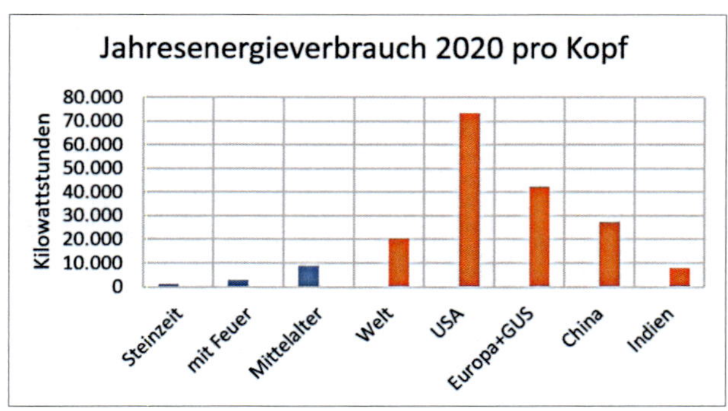

Abb 10: Pro-Kopf-Energieverbrauch pro Jahr

Quelle: siehe Fußnote 174

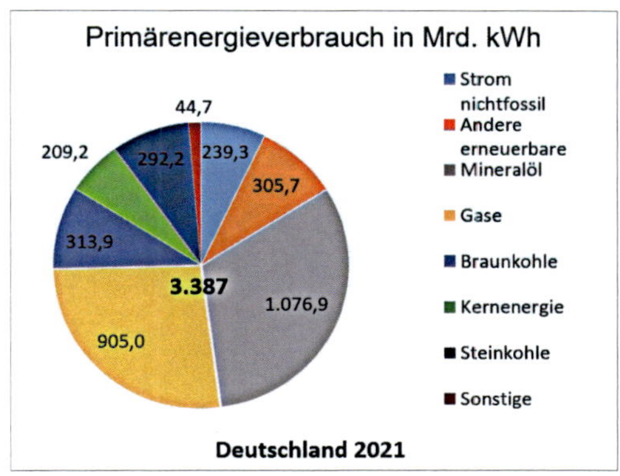

Abb 11: Primärenergieverbrauch in Deutschland 2021

Quelle: AG Energiebilanzen e.V.

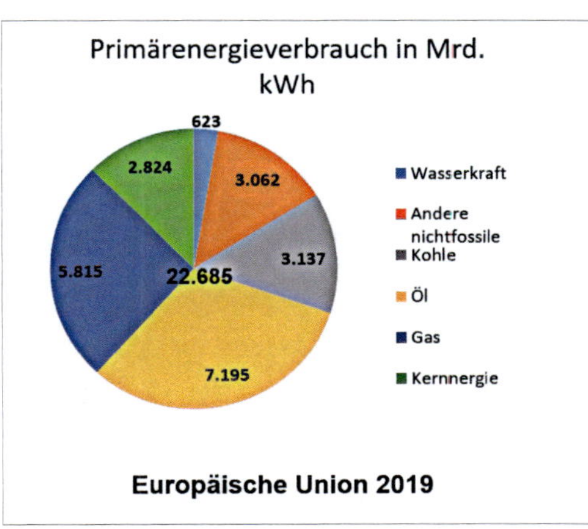

Abb 12: 12: Primärenergieverbrauch EU-27. Anteil Erneuerbare Energien: 19%

Quelle: AG Energiebilanzen e.V.

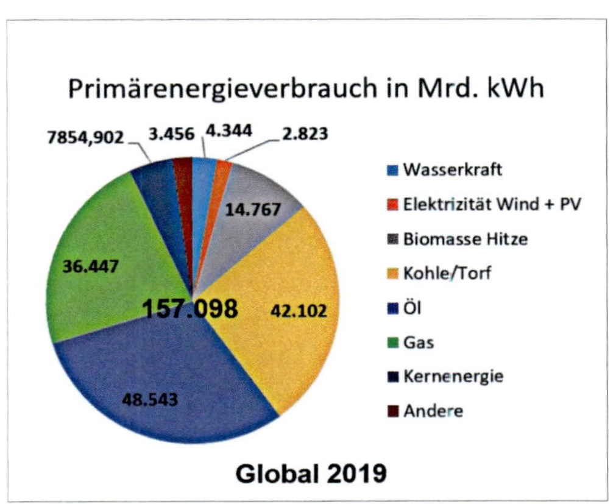

Abb 13: 12: Primärenergieverbrauch Weltweit. Anteil Erneuerbare Energien: 16,5%

Quelle: AG Energiebilanzen e.V.

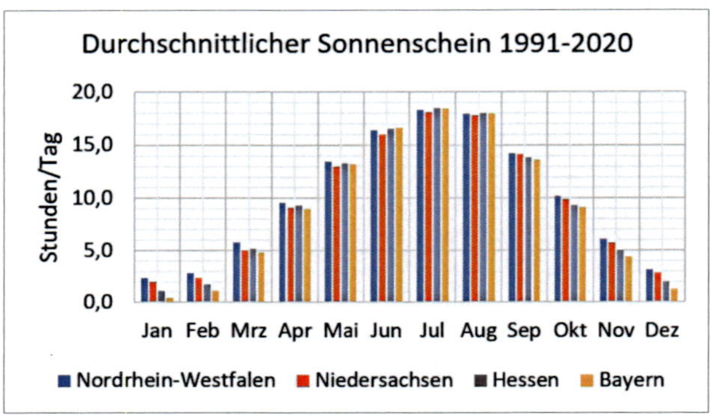

Abb 14: Durchschnittliche Sonnenscheinstunden 2021/22 in Deutschland

Quelle: Die vorliegende Grafik wurde erstellt aus den Datensätzen von: https://www.dwd.de/DE/leistungen/klimadatendeutschland/mittelwerte/sonne_8110_fest_html.html?view=nasPublication&nn=16102

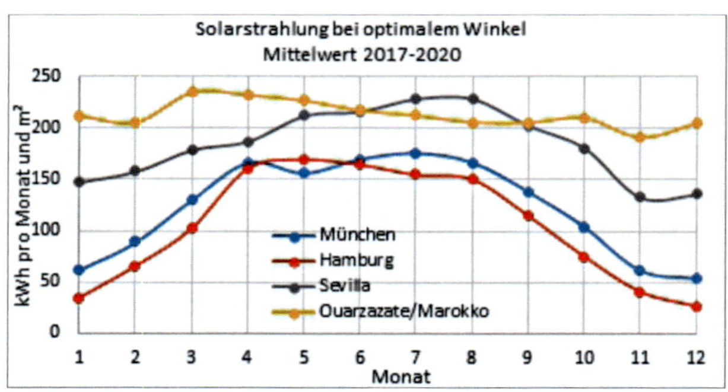

Abb 15: Sonnenenergie in kWh pro Monat und Quadratmeter

Quelle: Die Grafik wurde aus den bei https://re.jrc.ec.europa.eu/pvg_tools/en/ (EuropeanCommission) ausgewiesenen Werten erstellt

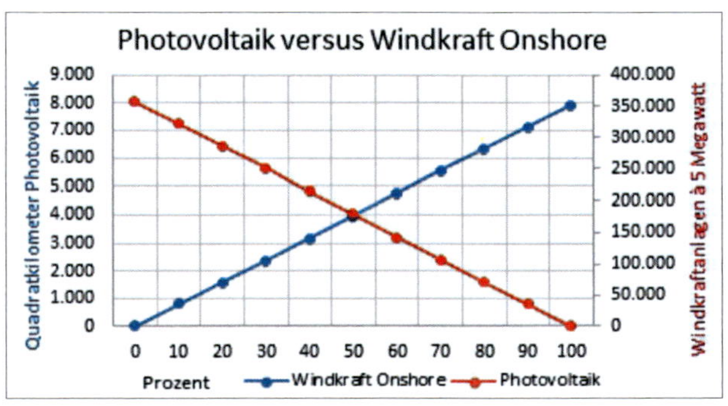

Abb 16: Erforderliche Anlagen PV / WKAs

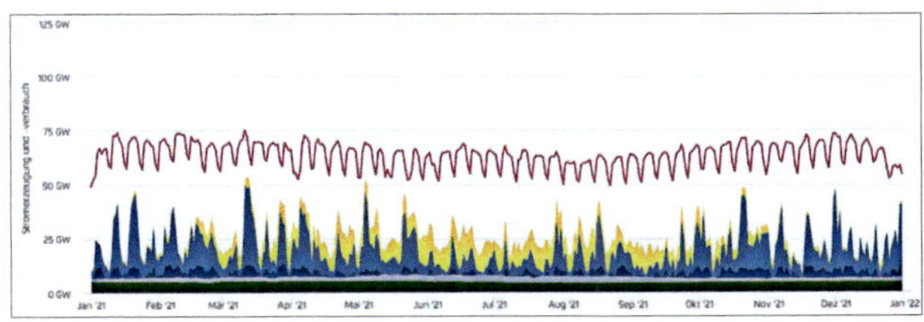

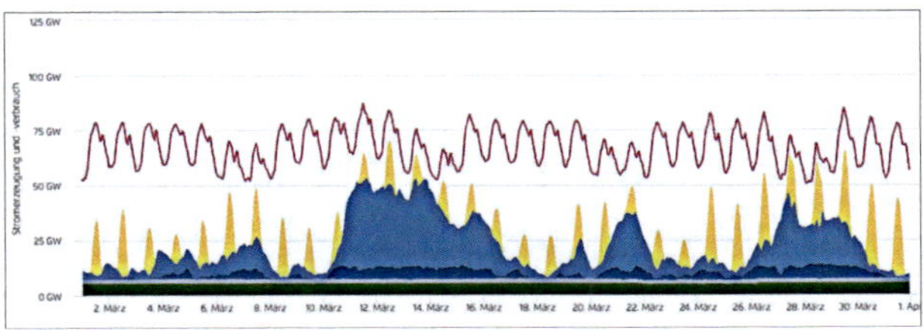

● Biomasse ● Wasserkraft ● Wind Offshore ● Wind Onshore ● Solar

Abb 17 a/b: Stromerzeugung und Stromverbrauch Januar – Dezember 2021 bzw. März 2021

Quelle: https://www.agora-energiewende.de/service/agorameter/chart/power_generation/

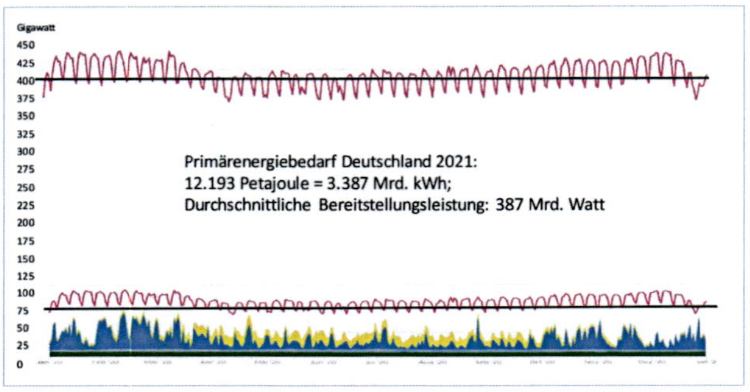

● Biomasse ● Wasserkraft ● Wind Offshore ● Wind Onshore ● Solar

Abb 18: Leistungsbedarf nicht-fossiler Energieträger für den Gesamt-Primärenergiebedarf

Quelle: Arbeitsgemeinschaft Energiebilanzen e.V.: Bericht 2021

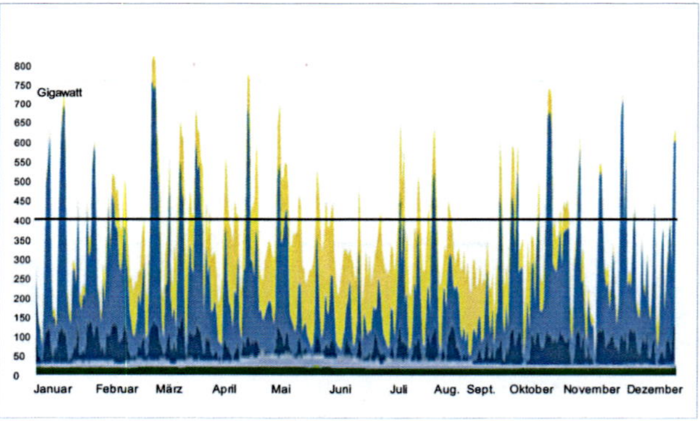

● Biomasse ● Wasserkraft ● Wind Offshore ● Wind Onshore ● Solar

Abb 19: Zu installierende Leistung für 100% nicht-fossile Energieerzeugung

Quelle: https://www.agora-energiewende.de/service/agorameter/chart/power_generation/; Abbil-dung grafisch bearbeitet.

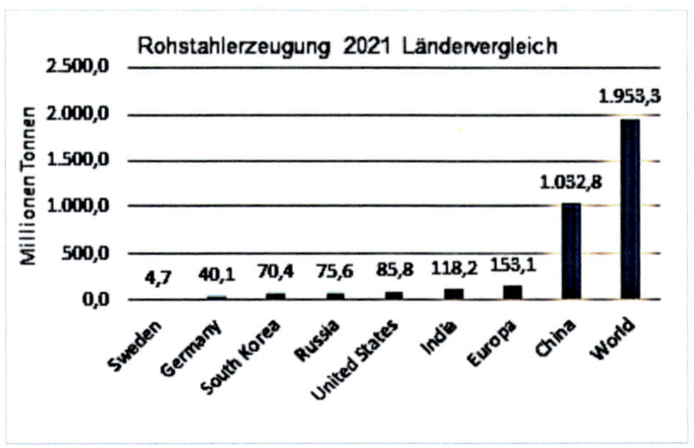

Abb 20: Rohstahlerzeugung 2021 Auswahl Ländervergleich

Quelle: https://worldsteel.org/media-centre/press-releases/2022/december-2021-crude-steel-production-and-2021-global-totals/

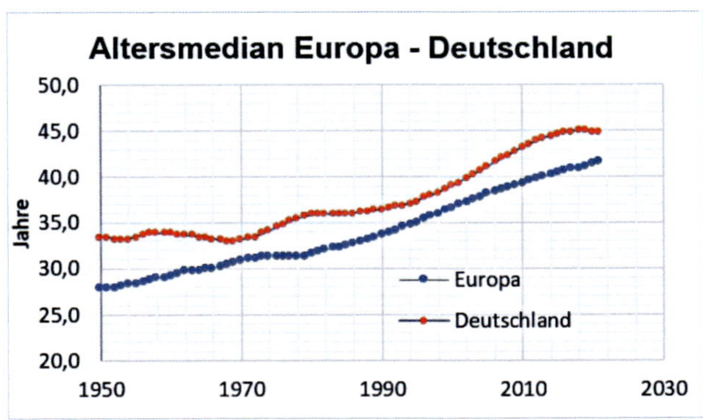

Abb 21: Altersmedian Europa – Deutschland 1950–2021

Quelle: United Nations Population Division World Population Prospects 2022

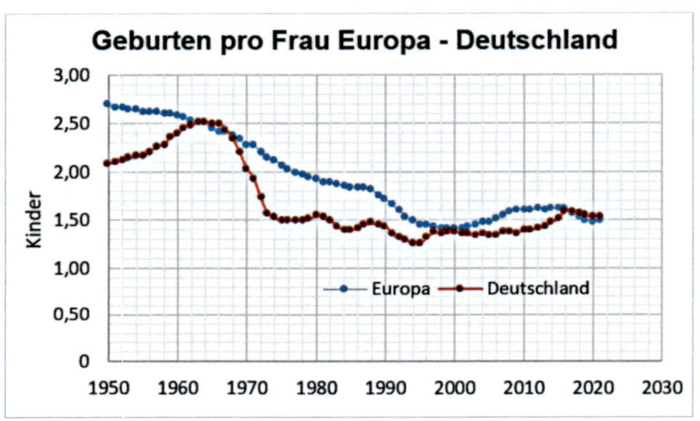

Abb 22: Geburten pro Frau Europa – Deutschland 1950-2021

Quelle: United Nations Population Division World Population Prospects 2022

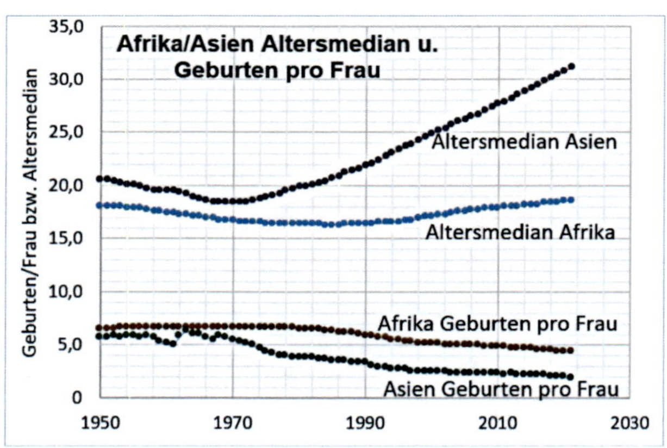

Abb 23: Afrika/Asien Altersmedian und Geburten pro Frau

Quelle: United Nations Population Division World Population Prospects 2022